AGENCIA

ELE

Básico

Manuela Gil-Toresano
(coordinación)

José Amenós
Aurora Duque
Sonia Espiñeira
Inés Soria
Nuria de la Torre
Antonio Vañó

ele

Español Lengua Extranjera

SGEL

Primera edición, 2013

Produce: SGEL – Educación
           Avda. Valdelaparra, 29
           28108 Alcobendas (MADRID)

© Manuela Gil-Toresano (coordinadora pedagógica),
  José Amenós, Aurora Duque, Sonia Espiñeira, Inés Soria,
  Nuria de la Torre, Antonio Vañó

© Sociedad General Española de Librería, S. A., 2013
  Avda. Valdelaparra, 29, 28108 Alcobendas (MADRID)

Coordinación editorial: Jaime Corpas
Edición: Mise García
Diseño de cubierta: Thomas Hoermann
Maquetación: Leticia Delgado
Ilustraciones: Pablo Torrecilla
Fotografías: Cordon Press, Corbis, Firofoto, Getty Images, Godofoto,
Shutterstock: P. 12: Leo Messi (Maxisport / Shutterstock.com);
Carolina Herrera (Joe Seer / Shutterstock.com); Jorge Lorenzo
(Efecreata Photography / Shutterstock.com); P. 23: Emilio y Gloria
Estefan (Helga Esteb / Shutterstock.com); Antonio Banderas y Melanie
Griffith (Featureflash / Shutterstock.com); P. 26: Pau Gasol (s_bukley
/ Shutterstock.com); Melanie Griffith (Featureflash / Shutterstock.
com); Javier Bardem (Featureflash / Shutterstock.com); Gloria Estefan
(Phil Stafford / Shutterstock.com); P. 94: Sello de Picasso (Neftali /
Shutterstock.com); P. 97: Fernando Alonso (Shelly Wall / Shutterstock.
com); Rafa Nadal (Chris Harvey / Shutterstock.com); P. 101: Tienda de
recuerdos (Yuriy Chertok / Shutterstock.com); P. 187: Metro de Ventas
(Nick Lamb / Shutterstock.com)

ISBN: 978-84-9778-754-3
Depósito legal: M-4439-2013
Printed in Spain – Impreso en España

Impresión: Gráficas Rógar, S. A.

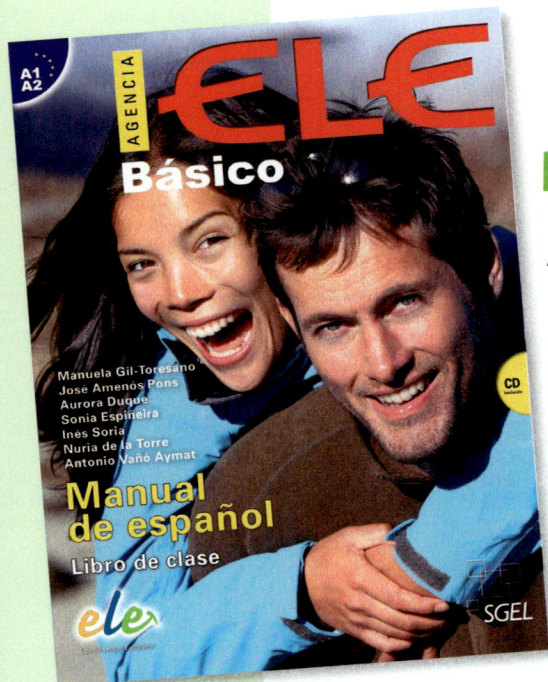

Presentación

AGENCIA ELE es un proyecto para la enseñanza-aprendizaje de español como lengua extranjera (ELE) basado en el Marco Común Europeo de Referencia (MCER). Cubre del nivel A1 al nivel B2, y desarrolla los contenidos que establece el Plan Curricular del Instituto Cervantes (PCIC).

AGENCIA ELE propone un aprendizaje centrado en la acción, con el que el estudiante adquiere sus competencias pragmática, lingüística y sociolingüística formándose como agente social, hablante intercultural y aprendiente autónomo, de la forma como el MCER y el PCIC describen.

Cada nivel consta de:
- Libro de clase + CD
- Libro de ejercicios + CD
- Libro del profesor
- Material multimedia en internet

El libro del alumno AGENCIA ELE BÁSICO consta de 18 unidades y abarca los niveles A1 y A2. La estructura de la unidad es la siguiente:

PORTADA	Una página introductoria para trabajar con imágenes que anticipan los contenidos de la unidad.
PRIMERA LÍNEA	Una sección para la activación de conocimientos y preparación y sensibilización hacia los nuevos contenidos.
AGENCIA ELE	Una muestra de lengua en forma de cómic, donde se presentan los usos de la lengua por parte de los periodistas de una agencia de noticias llamada Agencia ELE.
ENTRE LÍNEAS	Tareas para consolidar el conocimiento formal y para practicar las actividades comunicativas de la lengua: comprensión, expresión e interacción.
EN LÍNEA CON	Tareas contextualizadas en entornos socioculturales y sugerencias para el desarrollo de las estrategias de aprendizaje y de comunicación, donde se aplican los aprendizajes previos.
LÍNEA DIRECTA	La página final ofrece cuadros de sistematización funcional, gramatical y léxica.

En www.agenciaele.com se ofrecen ejercicios interactivos y actividades 2.0 para el alumno, así como un espacio para el profesor, que incluye la guía didáctica.

1 En español

En esta unidad vamos a aprender:

▶▶ A reconocer los sonidos del español y el alfabeto

▶▶ Las palabras necesarias para trabajar con este libro

▶▶ Frases sencillas para hablar en español en la clase

1. ¿Es español?

a Marca las palabras en español. Habla con tu compañero.

- ■ *«Playa» es español.*
- ● *Sí. ¿Y «donna»?*
- ■ *No sé.*

👍 → Sí

→ No

? → No sé

sabata donna

¡Hola!

mujer

PLAYA

chitara

ESTACIÓN

Hello!

queso

teléfono

SHAMPOO

hondartza

stazione

telephon

HOTEL

QUEIXO

champú

guitarra

zapato

niño

enfant HÔTĔL

b Relaciona las palabras en español con las fotos. Escribe y comprueba con tu compañero.

c Escucha y comprueba.

d ¿Conoces más palabras en español? Escribe una lista con tus compañeros.

1: _p l a y a_
2: _ _ _ _ _
3: _ _ _ _ _ _ _ _
4: _ _ _ _ _ _ _
5: _ _ _ _ _
6: _ _ _ _ _ _
7: _ _ _ _ _ _ _ _
8: _ _ _ _ _ _
9: _ _ _ _
10: _ _ _ _ _ _

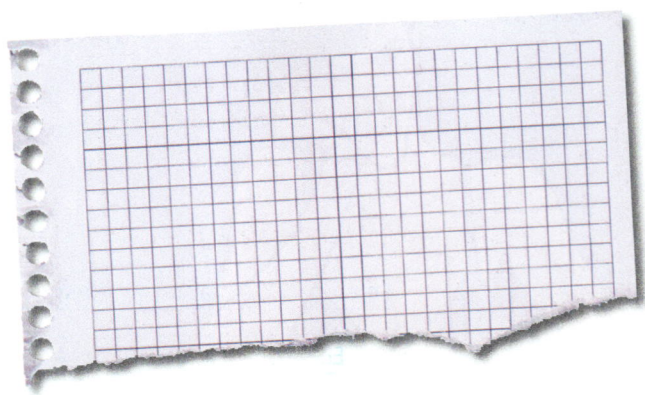

2. Del 10 al 0

a Escribe los números.

cuatro ☐

tres ☐

uno ☐

ocho ☐

cinco ☐

diez

seis ☐

dos ☐

siete ☐

nueve ☐

cero ☐

b Escucha y comprueba.

3. Los sonidos del español: las vocales

a Estas son las vocales del español. Escucha y repite.

a e i o u

b Relaciona las palabras que escuchas con el grupo de vocales correspondiente.

1	a - a
2	
3	i - o
4	
5	a - a - o
6	
7	e - a - i - o
8	
9	u - i - e - a - o
10	

4. Los sonidos del español: las consonantes

a Escucha y observa. Luego escribe ejemplos de cada serie. Busca palabras en las actividades 1 y 2.

ejemplos

/k/	ca	que	qui	co	cu	*queso,* ....
/θ/	za	ce	ci	zo	zu	....
/g/	ga	gue	gui	go	gu	....
/x/	ja	ge / je	gi / ji	jo	ju	....

b Escucha las conversaciones. ¿De qué sonido están hablando? Escribe las palabras relacionadas con cada conversación.

Conversación	Palabras relacionadas
1	_____
2	_____
3	_____
4	_____
5	_____
6	_____

radio   ocho   español   Perú   hola

playa   hotel   niño   paz

champú   diez   paella   Sevilla   guitarra

c Lee las siguientes palabras:

ejemplo   habla   región   España   Chile   gente   jamón

Ecuador   Caracas   Argentina   Miguel   plaza   Málaga

5. Instrucciones

a Escribe las instrucciones en el lugar correspondiente.

INSTRUCCIONES

- lee
- observa
- escucha
- pregunta
- mira
- piensa
- relaciona
- habla con
- completa
- marca
- escribe

piensa

l _ _

h _ _ _ _ _ _ _

Mafalda, sus .... y su ....

e _ _ _ _ _ _ _

p _ _ _ _ _ _ _ _

c _ _ _ _ _ _ _ _ _

o _ _ _ _ _ _ _

m _ _ _ _ _

r _ _ _ _ _ _ _ _ _

- Mira
- Lee
- Habla con
- Escucha
- Pregunta a
- Escribe
- Observa

- el diálogo
- el texto
- la foto
- tu compañero
- la profesora
- los dibujos
- una lista de pal

e _ _ _ _ _ _ _

m _ _ _ _

b Completa los cuadros.

| Un texto con un título | Ocho palabras | Una foto | Dos dibujos |

Un ....

Ocho ....

EL ÁRBOL

El árbol dice "árbol" cuando mueve las hojas.

Una ....

Dos ....

Nicanor Parra

c Relaciona.

- Mira
- Lee
- Habla con
- Escucha
- Pregunta a
- Escribe
- Observa

- el diálogo
- el texto
- la foto
- tu compañero
- la profesora
- los dibujos
- una lista de palabras

6. Masculino y femenino

a Escribe las palabras en el lugar correcto. Habla con tu compañero.

- El niño
- La mujer
- La profesora
- El compañero
- El dibujo
- La foto
- El texto
- La palabra

Sustantivos masculinos	Sustantivos femeninos
....	....
....	....

7. Singular y plural

a Observa:

SINGULAR		PLURAL
La palabra	→	Las palabras
La mujer	→	Las mujeres
El niño ①	→	Los niños
El profesor	→	Los profesores

①

	MASCULINO	FEMENINO
SINGULAR	el niño	la niña
PLURAL	los niños	las niñas

b Escribe el plural. Habla con tu compañero.

La mujer →..................... La playa →.....................
La guitarra →................... La radio →.....................
La foto →........................ La plaza →.....................

El zapato →..................... El texto →.....................
El queso →..................... El compañero →.............
El diálogo →................... El dibujo →.....................

- El plural de «la mujer» es «las mujeres», ¿no?
- Sí.

¿Qué significa «vacaciones»?

🔊 Paloma de vacaciones por España. Escucha y lee.

¿Cómo se dice *beautiful* en español?

Bonito.

¿Cómo se escribe? ¿Con B o V?

Con B.

Perdona, ¿qué hora es?

Je ne comprends pas, eeeeh, no entiendo, no *espagnol*, no hablo español.

Flan, pudin, helado de fresa, de chocolate, de vainilla, tarta helada, tarta de Santiago, fruta...

Fruta: naranja, melón, plátano, manzana...

Más despacio, por favor.

¿Qué significa "cerrado"?

Closed.

CERRADO

¿Nombre?

Bara Anderson.

¿Cómo se escribe?

Be, a, erre, a: Bara. An – der – son, como suena.

¿Sin hache?

Sí, sí, sin hache.

Alergine Complex tres veces al día, cada ocho horas...

Perdone, ¿puede repetir?

Sí, claro, Alergine Complex tres veces al día, cada ocho horas.

1. En clase, en español

a Busca estas frases en el cómic. ¿Quién las dice?

> *No entiendo, no hablo español.*

> *Perdón, ¿puede repetir?*

> *Más despacio, por favor.*

....

b Escucha los diálogos y completa.

c Relaciona preguntas y respuestas. Comprueba con tu compañero.

- ¿Qué significa «abecedario»?
- ¿Cómo se dice *hello* en español?
- ¿Cómo se escribe «hola»?

- Con hache: hache, o, ele, a.
- *Alphabet.*
- «Hola».

2. Abcd... abecedario

a El abecedario o alfabeto español tiene 27 letras; además hay dos dígrafos (*ch* y *ll*) que tienen nombre. Con tu compañero, completa los nombres de las letras que faltan.

> *ese – zeta – jota – uve – cu – eñe – equis – hache – be*

A	B	C	CH	D	E	F	G
a	_ _	ce	che	de	e	efe	ge
H	I	J	K	L	LL	M	N
_ _ _ _	i	_ _ _ _	ka	ele	elle	eme	ene
Ñ	O	P	Q	R	S	T	U
_ _ _	o	pe	_ _	erre	_ _ _	te	u
V	W	X	Y	Z			
_ _ _	uve doble	_ _ _ _ _	i griega	_ _ _ _			

b Escucha y comprueba.

3. ¿Cómo se escribe?

a Escucha los diálogos y marca la opción correcta.

Diálogo 1	Diálogo 2	Diálogo 3	Diálogo 4	Diálogo 5
☐ Con hache ☐ Sin hache	☐ Con ge ☐ Con jota	☐ Con elle ☐ Con i griega	☐ Con una erre ☐ Con dos erres	☐ Con zeta ☐ Con ese ....

b Escucha y escribe la palabra completa en el lugar correspondiente. Después comprueba con tu compañero.

- *Cómo se dice* 🍦 *en español?*
- *Helado.*
- *¿Cómo se escribe?*
- *Hache - e - ele - a - de - o.*

4. Países y ciudades en español

a ¿Cómo se pronuncian? Lee estos nombres de ciudades en español. Después, escucha y comprueba.

LONDRES	PEKÍN	FLORENCIA	JERUSALÉN	ÁMSTERDAM
MÁNCHESTER	LISBOA	GÉNOVA	MOSCÚ	PARÍS
NUEVA YORK	ATENAS	RABAT	EL CAIRO	RÍO DE JANEIRO

b Escucha el deletreo y copia los nombres de algunos países de las ciudades anteriores.

1.................	2.................	3.................	4.................	5.................
6.................	7.................	8.................	9.................	10.................

c Escucha de nuevo y comprueba.

d Juega con tus compañeros al ahorcado con países y capitales en español.

- *La 'a'.*
  - *Sí.*
- *La 'ce'.*
  - *No.*
- *La 'erre'.*
  - *No.*

A _ _ _ A _

5. Nombres y correo electrónico

a Escribe los nombres y direcciones de correo electrónico de tus compañeros.

- *¿Nombre?*
- *Idrissa.*
- *¿Cómo se escribe?*
- *I - de - erre - i - ese - ese - a. Con dos eses.*
- *¿Correo electrónico?*
- *idrissa@telenema.com: I - de - erre - i - ese - ese - a, arroba, te - e - ele - e - ene - e - eme - a, punto - com.*

En español:
@ se dice «arroba».
x – x se dice «guión».
x_x se dice «guión bajo».

1. Un mundo en español

a Pregunta a tu profesor o a tu compañero para completar los textos.

Todo sobre mi *madre*

.... de Pascua (Chile)

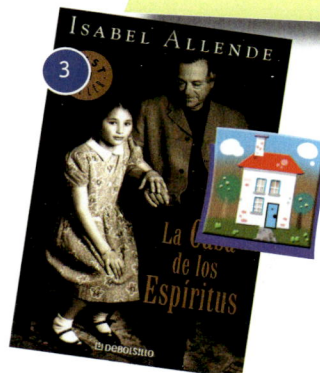

La .... de los espíritus

Costa del ...., España

Abre los ....

.... Guggenheim de Bilbao, España

b Relaciona las imágenes con estas palabras:

> *literatura   arte   cine   vacaciones   cultura   naturaleza*

2. Estudiar español, aprender español

a ¿Por qué estudias español? Escribe una lista con tres intereses y compara con tus compañeros.

ejemplo   Jenny
1. *Cine*
2. *Vacaciones*
3. *Cultura*

Tu nombre: ....
1. ....
2. ....
3. ....

b ¿Cómo puedes aprender más? Relaciona las páginas de internet con estas actividades:

> *leer   escuchar   hablar   estudiar   practicar   aprender*

1. El abecedario o alfabeto

A a *a*	B b *be*	C c *ce*	CH ch *che*	D d *de*	E e *e*	F f *efe*
G g *ge*	H h *hache*	I i *i*	J j *jota*	K k *ka*	L l *ele*	LL ll *elle*
M m *eme*	N n *ene*	Ñ ñ *eñe*	O o *o*	P p *pe*	Q q *cu*	R r *erre*
S s *ese*	T t *te*	U u *u*	V v *uve*	W w *uve doble*	X x *equis*	Y y *i griega*
Z z *zeta*						

2. Números

0	Cero	3	Tres	6	Seis	9	Nueve
1	Uno	4	Cuatro	7	Siete	10	Diez
2	Dos	5	Cinco	8	Ocho		

3. Sustantivos: género (masculino y femenino) y número (singular y plural)

SUSTANTIVOS MASCULINOS	
SINGULAR	**PLURAL**
el niño	los niños
el profesor	los profesores
el texto	los textos

SUSTANTIVOS FEMENINOS	
SINGULAR	**PLURAL**
la niña	las niñas
la mujer	las mujeres
la palabra	las palabras

4. Comunicación en clase

■ No entiendo.	■ ¿Qué significa «cerrado»? ● *Closed.*
■ Perdón, ¿puede repetir?	■ ¿Cómo se dice *bye bye* en español? ● «Adiós».
■ Más despacio, por favor.	■ ¿Cómo se escribe «gente»? ● Ge-e-ene-te-e.

2 Mucho gusto

UNIÓN EUROPEA
ESPAÑA

PASAPORTE

PASAPORTE
PASSPORT

ESPAÑA
ESP
Apellidos/Surname/Nom (1)
RODRIGUEZ ORDEN
Nombre/Given Name/Prénom (2)
GABRIELA
Nacionalidad/Nationality/Nationalité (2)
ESPAÑOLA
Fecha de nacimiento/Date of birth (4)
23-01-1963
Lugar de nacimiento/Place of naissance (3)
SEGOVIA
Fecha de expedición/Date of Issue (4)
18-08-2006
Fecha de caducidad/Date of expiry (10)
18-08-2016

Código/Code
P
PASAPORTE NO /PASSPORT NO /
Tipo/Type
P

Sexo/Sex
F

Firma del titular/Holder's signature/Signature du titulaire (11)
(SEGOVIA)

Oficina Expedidora (8)
28551LGP1

14900<<<70

Carlos Blanco Martínez

..., nº 8
...0 Las Rozas (Madrid)

Tlf.: 91 637 54 38

DOCUMENTO NACIONAL DE IDENTIDAD
PRIMER APELLIDO
Banús
SEGUNDO APELLIDO
Martínez
NOMBRE
Jorge
SEXO   NACIONALIDAD
M   ESP
FECHA DE NACIMIENTO
1987
IDESP
A C C 19
VÁLIDO HASTA
06
ESPAÑA
E

DNI NÚM.

ABONO   ★★★★ TRANSPORTES
★★★
Apellidos García Lobato
Nombre   Luis
Abonado nº   D.N.I.
RVV441   C1
△ R V V 441   cupón mensual
ABONO ★★★ TRANSPORTES
... cupón
← ENE 13   30530013   C1

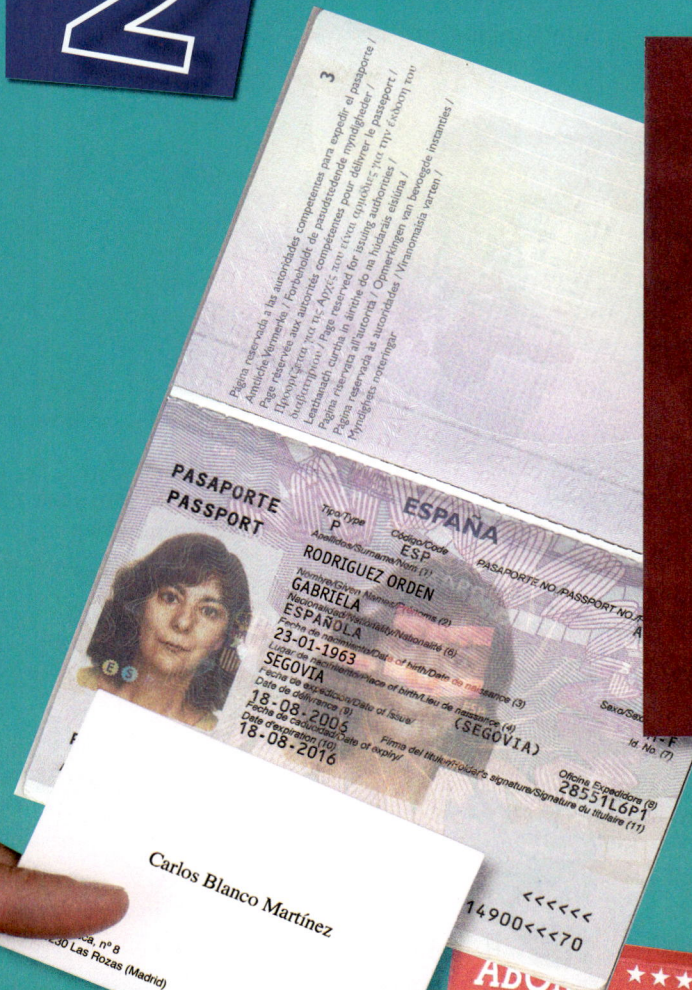

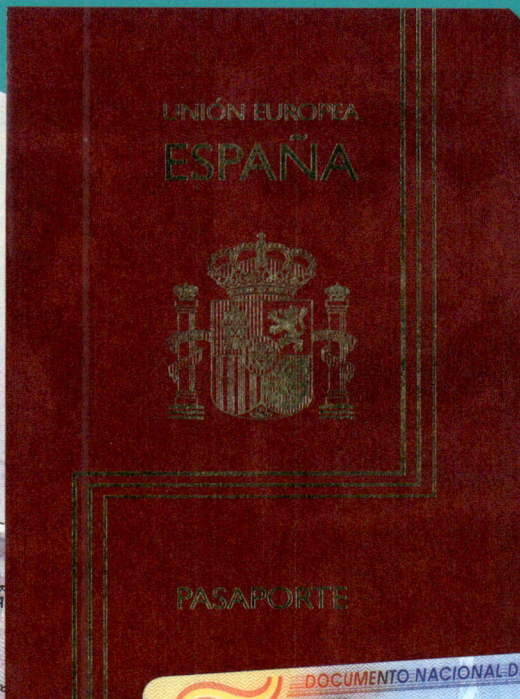

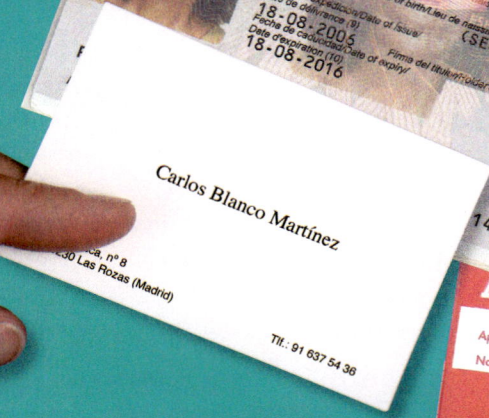

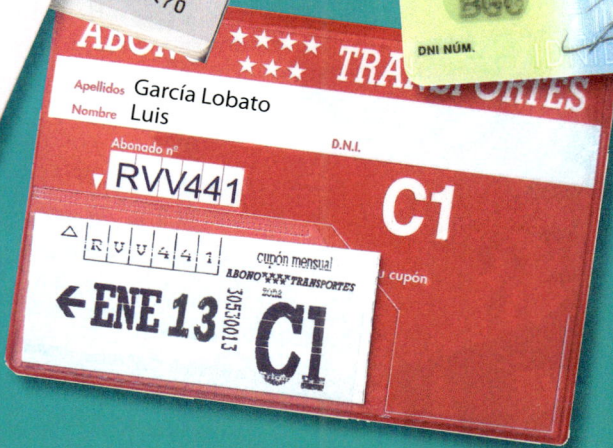

En esta unidad vamos a aprender:

▶▶ Nombres de lenguas, profesiones y nacionalidades
▶▶ Cómo saludar y presentarnos
▶▶ A intercambiar información personal

1. Cinco minutos de famosos

a ¿Conoces a estas personas? Lee los titulares y relaciónalos con las secciones del periódico. Luego busca la foto correspondiente.

1 Julieta Venegas de gira por Europa

2 Mario Vargas Llosa, en el jurado del premio Letras Siglo XXI

3 Jorge Lorenzo gana el Mundial de Motociclismo

Secciones
– música
– política
– literatura
– cine
– deportes

4 Leo Messi gana la *bota de oro*

5 Segundo disco de oro para Juanes

6 Carolina Herrera participa en la Semana de la Moda de Nueva York

7 Penélope Cruz y Benicio del Toro admirados en Hollywood

Ocupación	Nacionalidad
escritor	peruano
cantante	español
actriz	colombiano
futbolista	argentino
piloto	española
actor	venezolana
diseñadora	mexicana

- Yo creo que el 3 es de Deportes.
- ¿Sí? ¿Y quién es Jorge Lorenzo?
- Es un piloto español.
- ¡Ah! Entonces es la foto A.

b Y tú, ¿cómo te llamas? ¿De dónde eres? ¿A qué te dedicas?

2. Nombres y apellidos

a Escucha al doctor Roldán y completa la lista de las personas que tienen cita hoy.

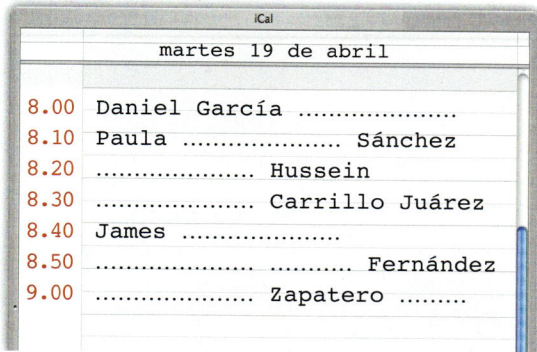

iCal

martes 19 de abril

```
8.00   Daniel García ....................
8.10   Paula .................... Sánchez
8.20   .................... Hussein
8.30   .................... Carrillo Juárez
8.40   James ....................
8.50   .................... .......... Fernández
9.00   .................... Zapatero ........
```

Martín   José Luis

Taylor   Pons

Toledo

Urresti   Montserrat

Fátima

María José

b Subraya los apellidos de las personas. ¿Cuántos apellidos tienen? ¿Y tú?

3. Ocupación y profesiones

Relaciona los dibujos con las profesiones. Después, completa las listas con las profesiones de la actividad 1.

profesor/-a
redactor/-a
....

estudiante
....

enfermero/-a
camarero/-a
fotógrafo/-a
arquitecto/-a
médico/-a
ingeniero/-a

cocinero/-a
administrativo/-a
....

taxista
dentista
periodista
....
....

4. Lenguas y nacionalidades

a ¿De dónde son estas banderas?

b ¿Qué lenguas hablan en cada país? ¿Qué lenguas hablas tú?

■ *Yo hablo alemán, inglés y un poco de español. ¿Y tú?*

■ *Yo, árabe y francés.*

Lenguas

– español   – ruso   – polaco
– inglés   – italiano   – danés
– francés   – japonés   ....
– alemán   – árabe
– chino   – portugués

Agencia ELE

El primer día de trabajo de Paloma Martín en la Agencia ELE.

Es el primer día de trabajo de Paloma Martín. Lee y escucha las conversaciones que mantiene para conocerla a ella y a sus compañeros de trabajo.

1. Saludar, presentar e identificar

Mira otra vez los diálogos del cómic y completa los cuadros.

Saludar
■ Hola, ¿qué tal?
● ....
■ ....

Presentar a otro
■ .... ① Luis, redactor de Cultura.
● Encantado. ②
■ ....
■ .... Rocío, la redactora de Sociedad.
● Mucho gusto.
▲ ....

Identificar
■ ¿......................... Ricardo Cocco?
● Es un músico argentino que vive en Madrid.
■ ¿El señor Ricardo Cocco, por favor?
● Sí, ...

① **Masculino:** Este
Femenino: Esta

② **Masculino:** Encantado
Femenino: Encantada

2. Información personal

Relaciona los elementos de las dos columnas.

1 Hola, me llamo Sergio.
2 ¿Cómo te llamas?
3 ¿A qué te dedicas? / ¿Qué haces?
4 ¿Dónde vives?
5 ¿Vives en Madrid?
6 ¿De dónde eres?
7 ¿Qué idiomas hablas?
8 ¿Estás casado?

a En Madrid, ¿y tú?
b Francés y un poco de árabe.
c Yo, Paloma.
d Pedro Ruiz.
e No, vivo en Las Rozas.
f No, estoy soltero.
g Soy de Barcelona.
h Trabajo en un banco, soy administrativo.

3. Presente de indicativo

Completa las formas de los verbos a partir del cómic y de las preguntas del ejercicio 2.

	Ser	Hablar	Trabajar
Yo	....	hablo	....
Tú	....	....	trabajas
Usted / él / ella	es	....	....

	Llamarse	Dedicarse	Vivir
Yo	me llamo	me dedico	....
Tú	....	....	....
Usted / él / ella	se llama	se dedica	vive

4. Adjetivos de origen y nacionalidad

a Fíjate en las terminaciones y completa los cuadros.

belga, canadiense, danés / danesa, egipcio / egipcia, español / española, estadounidense, francés / francesa, israelí, italiano / italiana, jordano / jordana, portugués / portuguesa, sueco / sueca.

o / a		Consonante / + a		No cambia
egipcio	egipcia	danés	danesa	israelí

b Busca otros ejemplos en la unidad y escríbelos en el cuadro.

5. Mis compañeros de clase

a ¿Qué sabes de tus compañeros de clase? Escríbelo aquí.

Nombre	Apellido(s)	Profesión	Nacionalidad	Vive en	Lenguas que habla

b Ahora pregúntale a cada compañero la información que no sabes y escríbela en el cuadro.

- ■ *Oye, ¿cómo te apellidas?*
- ● *Smith. Y tú, ¿qué idiomas hablas?*
- ■ *Hablo ruso, inglés y un poco de español.*

c Y ahora, escribe este correo electrónico a un amigo español con ayuda de la información del cuadro. Después léeselo a tus compañeros.

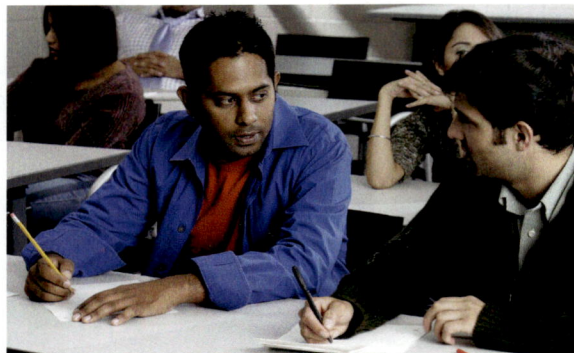

Nuevo mensaje

Enviar Chat Adjuntar Agenda Tipo de letra Colores Borrador

Para:

Cc:

Asunto:

¡Hola, ...!
Ya estoy otra vez en casa. ¡Adiós a las vacaciones!
Este año voy a clase de español dos veces por semana. La clase es muy divertida. Mis compañeros son muy simpáticos.
Por ejemplo, ... Es de .... y trabaja en ....
Habla ....
¡¡Es muy trabajadora y estudia mucho!! También es muy alegre y simpática. ①
.... también es muy majo. Es ....
.... y vive en ....
La profesora se llama .... y es ....
.... Explica muy bien y aprendemos mucho. ¡El español es muy divertido!
¿Y tú? ¿Cómo estás? ¡Escríbeme pronto!
Un abrazo, ②
....

① Fíjate en las terminaciones de los adjetivos para saber si se habla de un hombre o de una mujer.

② Fíjate en la manera de empezar y terminar un correo electrónico informal a un amigo en español.

6. Nuevos compañeros

a Elige una de las dos fichas y complétala con la información que quieras. Tu compañero te hará preguntas sobre tu personaje. Luego tú le harás preguntas sobre el suyo.

■ *¿Cómo se llama tu personaje?*

● *Se llama María de nombre, y Dukakis de apellido.*

■ *¿Es griega?*

● *Sí.*

■ *¿Es tu novia?*

● *No, es una amiga.* ①

① Para hablar de relación:
– Es mi novio/-a
– Es un/una amigo/-a
– Es un/una compañero/-a de trabajo

Nombre: ....

Apellido(s): ....

Nacionalidad: ....

Profesión: ....

Lugar de residencia: ....

Idiomas: ....

Relación: ....

Nombre: ....

Apellido(s): ....

Nacionalidad: ....

Profesión: ....

Lugar de residencia: ....

Idiomas: ....

Relación: ....

b Imagina que tu compañero es uno de los personajes anteriores. Preséntalo a toda la clase.

■ *Esta es María Dukakis. Es profesora de yoga.*

● *Hola, ¿qué tal?*

◆ *Encantada.*

▼ *Bienvenida.*

■ *Este es Pedro. Es un amigo.*

● *Hola.*

◆ *Mucho gusto.*

▼ *Encantada.*

7. El personaje misterioso

Este es un juego muy conocido. Piensa en un personaje. Tus compañeros te harán preguntas para adivinarlo. ¡Ojo!: tú solo puedes contestar «sí» o «no».

■ *¿Es un hombre o una mujer?*

● *Un hombre.*

■ *¿Es actor?*

● *No.*

▼ *¿Es cantante?*

● *Sí.*

■ *¿Es español?*

● *Sí.*

▼ *¿Es Alejandro Sanz?*

● *¡¡Sí!!*

1. ¿Cómo se llaman los españoles?

a ¿Qué nombres de hombre y de mujer asocias con España? Coméntalo con tu compañero.

- *Para mí, un nombre típico de mujer española es* ....
- *Para mí, un nombre típico de hombre español es* ....

b Lee el siguiente artículo sobre los nombres más frecuentes entre los españoles. ¿Se confirman tus ideas? Después, completa el titular del artículo y las listas con la información del texto.

.... y .... son

los nombres más comunes en el siglo XXI

Según el Instituto Nacional de Estadística, los dos nombres de mujer más comunes en España durante el siglo XX fueron María y María del Carmen. En los primeros años del siglo XXI, Lucía es el nombre más frecuente.

En el caso de los varones las preferencias se reparten a lo largo del siglo: durante los primeros cuarenta años el más normal fue José; en los años 50 y 60 el más frecuente era Antonio, y en las dos últimas décadas el preferido fue David. En el siglo XXI empieza el momento de los Alejandros.

En la actualidad, entre los 44 millones de españoles, hay casi tres millones de Marías y seis millones de Antonios.

Los nuevos nombres de moda entre los españoles son: para las niñas, Lucía, María y Paula; para los niños, Alejandro, Daniel o Álvaro.

Solo en regiones con lengua propia se observa la preferencia por nombres autóctonos: Carla y Marc en Cataluña, o Iker e Irati en el País Vasco.

En cuanto a la población de origen extranjero, los latinoamericanos prefieren los nombres compuestos; en concreto, los ecuatorianos eligen Juan Carlos y María Fernanda; los peruanos, Luis Alberto y Ana María; y los colombianos, Sandra Milena y Juan Carlos. Entre los rumanos, los más frecuentes son Ioan y María, y entre los marroquíes, Mohamed y Fátima.

♀	Los ocho favoritos del siglo xx		♂
1	María	....	1
2	....	José	2
3	Carmen	Manuel	3
4	Josefa	Francisco	4
5	Isabel	Juan	5
6	Mª Dolores	José Antonio	6
7	Ana María	David	7
8	Francisca	José Luis	8

♀	...y los nombres que están de moda en el siglo xxi		♂
1	....	....	1
2	....	Daniel	2
3	Paula	....	3

Adaptado de www.20minutos.es/noticia/172326/nombres/as/frecuentes/

c ¿Cuáles son los nombres más frecuentes en tu país? ¿Y cuáles crees que están de moda? Coméntalo con tus compañeros.

- *En mi país, un nombre frecuente para hombre es John. Y para mujer, Anne. Y ahora está de moda Sophie.*

2. Tarjetas con tu nombre

a Lee la información sobre los nombres de Ana y Alejandro y complétala con estas palabras:

alemana
rey
francés
reina
español
médico
actriz

Alejandro

Significado: El protector. De origen griego.
Fecha: 11 de enero (San Alejandro)
Personas célebres y famosas:

Alejandro Magno (............... de Macedonia)
Alexander Graham Bell (..*inventor*.. del teléfono)
Alexandre Dumas (escritor ....)
Alexander Fleming (............... británico, descubridor de la penicilina)
Alejandro Sanz (cantante...............)

Ana

Significado: Llena de gracia
Fecha: 26 de julio (Santa Ana)
Personas célebres y famosas:

Ana de Austria (..*reina*... de España)
Anna Freud (psicoanalista ....)
Annie Girardot (........... francesa)

b ¿Qué sabes sobre tu nombre? ¿Y sobre los nombres de tus compañeros? Intenta completar una ficha con la información correspondiente.

Nombre: ....
Significado: ....
Fecha: ....
Personas célebres y famosas:
.... (......................)
.... (......................)
.... (......................)

c Presenta tu ficha a tus compañeros y escribe la información que ellos puedan añadir.

3. Una selección exquisita

a De estos productos, ¿cuáles relacionas con España o con países de Hispanoamérica? Discútelo con tu compañero.

Cerveza

Ron

Café

Queso

México
Guatemala
Honduras
El Salvador
Nicaragua
Costa Rica
Colombia
Ecuador
Perú
Bolivia
Chile

Cuba
Rep. Dominicana
Panamá
Venezuela
Paraguay
Uruguay
Argentina

España

Vino

Frutas tropicales

Carne

Chocolate

■ *Yo relaciono el café con Colombia, ¿tú no?*

■ *Sí, y también con Costa Rica.*

b La sección del *gourmet* de un supermercado anuncia sus productos. Escúchala y comprueba si tus hipótesis son acertadas. ①

① El objetivo es reconocer y comprender algunos elementos de información concreta; no es necesario entender todas las palabras.

c ¿Qué productos de tu país o región añadirías a la sección del *gourmet*? Coméntalo con tus compañeros.

1. Saludar y despedirse

Saludar
- ¡Hola!
- ¿Qué tal?
- ¡Hola! ¿Qué tal?
- Buenos días. / Buenas tardes. / Buenas noches.
- Hola, buenos días. / Hola, buenas tardes. / Hola, buenas noches.

Despedirse
- ¡Adiós!
- Adiós, buenos días. / Adiós, buenas tardes. / Adiós, buenas noches.
- Hasta luego.
- Hasta mañana.

2. Pedir y dar información personal

- ■ ¿Cómo te llamas?
- ● (Me llamo) Alejandro.

- ■ ¿Qué haces? / ¿A qué te dedicas?
- ● Soy
  - abogado / -a.
  - profesor / -a.
  - camarero / -a.
  - cocinero / -a.

- ● Trabajo en
  - un restaurante.
  - una empresa de transportes.
  - un banco.

- ● Estudio | Medicina.
- ● Soy estudiante de | Económicas.
  - | Idiomas.

- ■ ¿Estás casado?
  - ● Sí, sí, estoy casado.
  - ● No, estoy soltero.

- ■ ¿De dónde eres?
- ● (Soy)
  - francés / -a.
  - marroquí.
  - de Chile.
  - español, de Barcelona.
  - de aquí.

- ■ ¿Dónde vives?
- ● (Vivo) en
  - Madrid.
  - el centro.
  - la calle Mayor.

- ■ ¿Qué lenguas / idiomas hablas?
- ● (Hablo) francés, árabe y un poco de español.

3. Presentar a otra persona

- ■ Mira, (tú)
  - este es Luis, mi novio.
  - esta es Silvia, la directora.
  - te presento a Luis.
- ■ Mire, (usted)
  - este es Luis, el fotógrafo.
  - le presento al señor Ruiz.
  - esta es la señora García.

- ● Encantado / -a. ● Mucho gusto. ● Hola, ¿qué tal?

4. Identificar

- ■ ¿Quién es Ricardo Cocco?
- ● Es un músico argentino que vive en Madrid.

- ■ ¿La señora María Jiménez, por favor?
- ● Sí, soy yo.

5. Presente de indicativo

	Verbos en –ar: Hablar	Trabajar	Verbos en –ar (reflexivos): Llamarse	Dedicarse	Verbos en –ir: Vivir	Ser
Yo	hablo	trabajo	me llamo	me dedico	vivo	soy
Tú	hablas	trabajas	te llamas	te dedicas	vives	eres
Usted / él / ella	habla	trabaja	se llama	se dedica	vive	es
Nosotros / nosotras	hablamos	trabajamos	nos llamamos	nos dedicamos	vivimos	somos
Vosotros / vosotras	habláis	trabajáis	os llamáis	os dedicáis	vivís	sois
Ustedes / ellos / ellas	hablan	trabajan	se llaman	se dedican	viven	son

6. Masculino y femenino en adjetivos de nacionalidad

-o / -a		Consonante / + -a		No cambia
egipcio	egipcia	español	española	estadounidense
italiano	italiana	francés	francesa	marroquí
jordano	jordana	alemán	alemana	belga

3 De fiesta

Carnaval de Santo Domingo
(República Dominicana)

Día de los Muertos (México)

Feria de Abril de Sevilla
(España)

San Fermín (Pamplona, España)

En esta unidad vamos a aprender:

▶▶ A intercambiar información personal sobre edad, estado civil, familia, fechas importantes...

▶▶ A hablar sobre las personas de la familia

▶▶ Algunos datos sobre las fiestas más importantes del calendario español

▶▶ Los meses del año y los números del 11 al 100

1. Calendario de fiestas

a Sitúa estas celebraciones en el calendario.

a

Navidad:
....

b

Carnaval:
....

c

Tu cumpleaños:
....

d

Una fecha importante para ti:
....

- *La Navidad es en diciembre...*
- *Sí, el 25.*
- *¿Y cuándo es tu cumpleaños?*
- *El 2 de junio*

Enero						
L	**M**	**X**	**J**	**V**	**S**	**D**
	1	2	3	4	5	6
7	8	9	10	11	12	13
14	15	16	17	18	19	20
21	22	23	24	25	26	27
28	29	30	31			

Febrero						
L	**M**	**X**	**J**	**V**	**S**	**D**
				1	2	3
4	5	6	7	8	9	10
11	12	13	14	15	16	17
18	19	20	21	22	23	24
25	26	27	28	29		

Marzo						
L	**M**	**X**	**J**	**V**	**S**	**D**
					1	2
3	4	5	6	7	8	9
10	11	12	13	14	15	16
17	18	19	20	21	22	23
24	25	26	27	28	29	30
31						

Abril						
L	**M**	**X**	**J**	**V**	**S**	**D**
	1	2	3	4	5	6
7	8	9	10	11	12	13
14	15	16	17	18	19	20
21	22	23	24	25	26	27
28	29	30				

Mayo						
L	**M**	**X**	**J**	**V**	**S**	**D**
	1	2	3	4		
5	6	7	8	9	10	11
12	13	14	15	16	17	18
19	20	21	22	23	24	25
26	27	28	29	30	31	

Junio						
L	**M**	**X**	**J**	**V**	**S**	**D**
						1
2	3	4	5	6	7	8
9	10	11	12	13	14	15
16	17	18	19	20	21	22
23	24	25	26	27	28	29
30						

Julio						
L	**M**	**X**	**J**	**V**	**S**	**D**
	1	2	3	4	5	6
7	8	9	10	11	12	13
14	15	16	17	18	19	20
21	22	23	24	25	26	27
28	29	30	31			

Agosto						
L	**M**	**X**	**J**	**V**	**S**	**D**
				1	2	3
4	5	6	7	8	9	10
11	12	13	14	15	16	17
18	19	20	21	22	23	24
25	26	27	28	29	30	31

Septiembre						
L	**M**	**X**	**J**	**V**	**S**	**D**
1	2	3	4	5	6	7
8	9	10	11	12	13	14
15	16	17	18	19	20	21
22	23	24	25	26	27	28
29	30					

Octubre						
L	**M**	**X**	**J**	**V**	**S**	**D**
	1	2	3	4	5	
6	7	8	9	10	11	12
13	14	15	16	17	18	19
20	21	22	23	24	25	26
27	28	29	30	31		

Noviembre						
L	**M**	**X**	**J**	**V**	**S**	**D**
					1	2
3	4	5	6	7	8	9
10	11	12	13	14	15	16
17	18	19	20	21	22	23
24	25	26	27	28	29	30

Diciembre						
L	**M**	**X**	**J**	**V**	**S**	**D**
1	2	3	4	5	6	7
8	9	10	11	12	13	14
15	16	17	18	19	20	21
22	23	24	25	26	27	28
29	30	31				

25 de diciembre: Navidad

11	Once	**16**	Dieciséis	**21**	Veintiuno	**26**	Veintiséis
12	Doce	**17**	Diecisiete	**22**	Veintidós	**27**	Veintisiete
13	Trece	**18**	Dieciocho	**23**	Veintitrés	**28**	Veintiocho
14	Catorce	**19**	Diecinueve	**24**	Veinticuatro	**29**	Veintinueve
15	Quince	**20**	Veinte	**25**	Veinticinco	**30**	Treinta
						31	Treinta y uno

🔊 **18** **b** Escucha la canción. ¿De qué fiesta habla? ¿Cuándo se celebra?

c ¿Qué fiestas hay en tu ciudad o país? ¿Cuándo son?

2. Números

a Relaciona.

20	Noventa	62
	Cuarenta y nueve	
30	Setenta	70
	Veinte	
49	Treinta	81
	Sesenta y dos	
55	Ochenta y uno	90
	Cincuenta y cinco	

b ¿Qué combinación de billetes y monedas suman estas cantidades? Calcula con tu compañero.

Treinta y cuatro euros
Setenta y nueve euros
Noventa y un euros
Setenta y seis euros

■ *Treinta y cuatro euros son un billete de veinte, uno de diez y dos monedas de dos euros.*

● *Sí, o tres billetes de diez y cuatro monedas de un euro.*

3. Números de teléfono

Escucha estos dos anuncios de información telefónica y marca los números.

11811 ☐   **11822** ☐   **11888** ☐   **11824** ☐

4. Esta es mi familia

Observa la imagen. ¿Qué texto le corresponde: A o B?

¿A o B?

A Aquí estoy yo con mi familia: mi padre, mi madre, mi abuela María y mi hermano Juan. ¡Ah, y mi tío Carlos!

B Aquí estoy yo con mi familia: mis abuelos, María y Felipe, mi tío Carlos y mis hermanos Juan y Sonia.

5. Familias famosas

Completa los textos con estas palabras (de familia).

padres	mujer
hermano	hermanos
marido	abuelo
hijo	

Gloria Estefan y su ....

Los .... Gasol. ↑

Mafalda, sus .... y su ....

Antonio Banderas y su............... Melanie.

Pilar Bardem y su...............

Heidi y su ....

La fiesta de la bicicleta

a Lee y escucha.

Mira, Paloma, vamos a hacer un reportaje sobre la fiesta de la bicicleta.

¿Cuándo es?

Este domingo, a las 11.

Vale, muy bien, ¿y qué tipo de reportaje?

TODOS EN FORMA TODOS EN BICI

Domingo 23 de abril
Salida: Puerta de Alcalá

Pues, entrevistas a la gente para saber quiénes son, por qué van a la fiesta...

Oiga, perdone, por favor... Soy periodista, ¿puedo hacerle unas preguntas?

¿Sí?

Sí, sí.

¿Cómo se llama?

Pepe, Pepe Ruiz.

¿Cuántos años tiene?

74.

No, no, vengo con mi nieto. Es este chico.

¿Viene solo a la fiesta?

¿Y por qué viene?

Por mi nieto. Vienen muchos niños de su edad...

Oye, ¿te puedo hacer unas preguntas? Es para un reportaje...

¡Vale!

¿Cómo te llamas?

Laura, me llamo Laura.

¿Y cuántos años tienes?

18.

¿A qué te dedicas?

Soy estudiante.

¿Vienes sola a la fiesta?

No, vengo con mis hermanas.

¿Cuántas sois?

Somos tres.

¿Y por qué venís a la fiesta?

Yo, por el ambiente, y por hacer deporte.

Pues yo vengo porque soy ecologista. ¡Y porque es una fiesta muy divertida!

Yo también.

Hola, soy de la Agencia ELE, ¿te puedo hacer unas preguntas?

Oye, perdona.

¿Sí?

Sí, claro.

¿Cómo te llamas?

María José.

¿Cuántos años tienes?

42.

¿Estás casada?

No, estoy divorciada.

¿Vienes sola?

No, vengo con mis hijos y con unos amigos.

¿Y cuántos hijos tienes?

Tengo dos. Son estos: Jaime, de ocho años, y Natalia, de seis.

b ¿Qué imagen corresponde a la tercera entrevista?

1. Preguntar información personal

Relaciona los elementos de las dos columnas.

- Preguntar el nombre
- Preguntar la edad
- Preguntar la profesión
- Preguntar el estado civil
- Preguntar por la situación familiar

- ¿A qué te dedicas? / ¿A qué se dedica (usted)?
- ¿Cómo te llamas? / ¿Cómo se llama (usted)?
- ¿Cuántos años tienes? / ¿Cuántos años tiene (usted)?
- ¿Cuántos/as hermanos/as tienes? / ¿Tienes hermanos/as?
- ¿Estás casado/a? / ¿Está (usted) casado/a?
- ¿Tienes hijos? / ¿Tiene (usted) hijos?

2. Presentes irregulares

a Mira otra vez los diálogos del cómic y completa.

Ir

- .... (nosotros) a hacer un reportaje a la fiesta de la bicicleta.

- ¿Qué tipo de reportaje?
- Entrevistas para saber por qué (las personas) .... a la fiesta.

Venir

- ¿...................... (tú) sola?
- No, ... con mis hermanas.

- ¿...................... (usted) solo a la fiesta?
- No, no, ... con mi nieto.

- ¿Por qué .... (vosotras) a la fiesta?
- Yo, por el ambiente.
- Yo, también.

Tener

- ¿Cuántos hijos .... (tú)?
- .... dos: Jaime y Natalia.

- ¿Cuántos años .... (usted)?
- 74.

b Completa las formas de los verbos a partir del cómic y del cuadro anterior.

	IR	VENIR	TENER
Yo	voy	....	....
Tú	vas	....	....
Usted / él / ella	va	....	....
Nosotros / as	....	venimos	tenemos
Vosotros / as	vais	....	tenéis
Ustedes / ellos / ellas	....	vienen	tienen ①

① En verbos como *tener* y *venir*, la e cambia en ie: *vienes, viene, tienen...* Pero en las formas *nosotros/as* y *vosotros/as*, la e no cambia: *venimos, venís, tenemos...*

3. Cuántos / cuántas

Forma dos frases con estas palabras.

cuántas - tiene - hermanos - cuántos - tienes hijas - usted

1. ¿...?
2. ¿...?

4. Mi / mis o tu / tus

Completa las frases con *mi / mis* o *tu / tus*.

1. ■ ¿Cómo se llama .... mujer?
   - Sara.
2. ■ Pablo, ¿cuántos años tienen .... hijos?
   - 2 y 4.
3. ■ ¿Con quién vienes a la fiesta?
   - Vengo con .... hermanas. Son estas.
4. ■ .... novio se llama Antonio.
   - ¿Ah, sí? ¡Se llama igual que .... hermano!
5. ■ .... padres viven en el campo.

5. Un / una / unos / unas

Mira las frases y completa el cuadro.

Vamos a hacer un reportaje.
¡Es una fiesta muy divertida!
Vengo con unos amigos.
¿Te puedo hacer unas preguntas?

	MASCULINO	FEMENINO
SINGULAR	un	
PLURAL		

② Para decir mi profesión, no utilizo **un / una**: Soy *una* estudiante, Soy *un* médico.

6. ¿Cómo son?

a ¿Cómo son los personajes? Lee las descripciones y subraya las palabras y expresiones que se refieren al aspecto físico.

Pepe Ruiz tiene 74 años. Está jubilado. Es un poco bajo y gordo. Es calvo y tiene bigote. Tiene los ojos claros. Está casado, tiene dos hijos y un nieto.

Laura tiene 18 años. Es estudiante. Tiene el pelo largo y los ojos azules. Es rubia, muy alta y delgada. Es muy guapa. Está soltera.

María José tiene 42 años. Está divorciada. Es morena, bastante alta y gordita. Tiene los ojos oscuros y el pelo moreno y corto. Está divorciada y tiene dos hijos.

b Copia en los cuadros las palabras y expresiones de aspecto físico que has subrayado.

① También se dice: «lleva bigote».

② «Un poco» se usa para cosas negativas.

TENER		
	① bigote	
los	ojos	claros

SER			
② un poco	bajo		
	gordo		

c Elige un personaje y descríbelo a tu compañero. Él tiene que adivinar de qué personaje hablas.

■ *Es una chica morena, tiene el pelo corto y es un poco gordita...*
● *¿Es Heidi?*
■ *¡Sí!*

Es	(muy/ bastante/ un poco)	alto/a bajo/a gordo/a guapo/a feo/a delgado/a rubio/a moreno/a calvo/a
Tiene	los ojos	claros oscuros azules negros verdes grises
	el pelo	rubio moreno largo corto
	bigote barba	

7. Un formulario

a Una empresa de parques infantiles tiene ofertas especiales para familias. Lee este formulario de internet. ¿A qué personas de tu familia eliges tú para incluir en la oferta? Coméntalo con tu compañero.

> ■ Yo, a mi marido y a mis dos hijas pequeñas.

> ● Pues yo, a mi hermano pequeño y a mi sobrina.

b Y ahora, rellena el formulario con información de una persona de tu familia.

8. Mi familia

a ¿Cómo es la familia de tu compañero? Pregúntale y toma notas.

- ■ *¿Cuántos hermanos sois?*
- ● *Tres: dos chicos y una chica. Yo soy la mediana.*
- ■ *Yo no tengo hermanos. Soy hijo único.*

b Ahora cuenta a toda la clase la información de tu compañero.

- ■ *Xiao está soltero. Vive con sus padres y su abuela. Tiene una hermana mayor: Jie. La hermana de Xiao tiene 22 años y está casada...*

Mi	padre
Tu	madre
Su	hermano / a
	abuelo / a
	...
Mis	padres
Tus	sobrinos / as
Sus	primos / as

1. La revolución familiar

a ¿Cómo es una familia típica de tu país? ¿Existe un modelo tradicional de familia? ¿Y modelos nuevos?

- ■ *En mi país una familia normal es un matrimonio con dos o tres hijos. Por ejemplo, mi familia; somos dos hermanas y mis padres.*
- ● *Pues en mi país, las parejas no se casan…*
- ■ *Y en mi país, las mujeres se casan muy jóvenes…*

> En las revistas generalmente hay fotos y dibujos. Mirarlos ayuda a comprender los textos escritos.

b Mira las fotografías y las frases que las acompañan. Son nuevos tipos de familia en la España actual. ¿Qué título y qué texto corresponde a cada foto?

Títulos	
a	familia biológica / adoptiva
b	familia homoparental
c	familia monoparental
d	familia reconstituida

Textos

1. Ángela Bautista (periodista) tuvo a su hija Ana por inseminación artificial, de donante anónimo. Ángela tiene pareja, pero no viven juntos.
2. José y Lourdes viven juntos con Jana, Elio, Marina y Vera. Jana y Elio son hijos de ella. Marina es hija de José y de su ex mujer. Vera es hija de los dos. Novios a los 20 años, José y Lourdes se reencontraron casi a los 40, separados y con hijos. Pero, como dice el tango, «20 años no es nada» y volvieron a enamorarse.
3. Julia (diseñadora gráfica) y Esther (cocinera) viven juntas. Teo y Julia, mellizos, son hijos biológicos de Esther. Julia los adoptará tras su boda.
4. La adopción de Yun –hierba, en chino– fue una aventura familiar. «Queríamos otro hijo, pero con 44 años no queríamos otro embarazo. Ahora somos una familia. Más allá de la sangre está el amor».

TÍTULO … TEXTO N.º …

«Nos sentimos padres de dos chicos españoles y de una niña china, es una cosa muy especial».

TÍTULO … TEXTO N.º …

«Sí, nuestra casa es un lío. Pero somos felices».

TÍTULO … TEXTO N.º …

«No hay padre, mi familia somos mi hija y yo».

TÍTULO … TEXTO N.º …

«Nos amamos, nos hacemos bien, crecemos juntos. Es la base de la familia».

Adaptado de *El País Semanal*

c Piensa en personas de tu entorno. ¿Cómo es su familia? ¿A qué foto se parecen más?

- ■ *Mi amiga María está soltera y tiene una hija.*
- ● *Mis vecinos tienen dos hijos, pero la mujer tiene otro hijo de su primer marido.*

d ¿Existen todos estos tipos de familia en tu país? ¿Son frecuentes? Coméntalo con tus compañeros.

- ■ *En mi país, no hay familias homoparentales…*

2. Una fiesta española: las Fallas de Valencia

a Lee este texto sobre una fiesta española muy popular: las Fallas.

Un poco de historia

*L*a palabra «falla» viene de la palabra latina *facula* (*antorcha*). La víspera de San José se hacían hogueras para anunciar su festividad. Esta práctica ritual recibe el nombre de Falla. Las Fallas las inició en Valencia el gremio* de carpinteros, que quemaban en una hoguera, en la víspera del día de su patrón, San José, las cosas que no necesitaban. Hoy se queman imágenes satíricas de las cosas malas del año anterior. También hay fuegos artificiales. Es una forma de recibir la primavera, de empezar de nuevo.

* En Europa, en la Edad Media, un **gremio** es una asociación profesional de artesanos.

b Marca qué informaciones de la lista están en el texto.

1. La palabra «falla» viene del latín. ☐
2. El origen de la palabra «falla» tiene relación con el fuego. ☐
3. El fuego es un elemento muy importante en las civilizaciones. ☐
4. En el origen, las Fallas son la fiesta de un gremio de artesanos carpinteros. ☐
5. Las Fallas se celebran en Valencia. ☐
6. Las Fallas se celebran alrededor del día 19 de marzo. ☐
7. Las Fallas anuncian la entrada de la primavera. ☐
8. Las Fallas son actualmente una forma de expresión artística. ☐
9. En las Fallas se queman imágenes que representan las cosas malas del año. ☐

c Escucha esta entrevista sobre las Fallas. ¿Qué informaciones de la lista anterior aparecen? ①

Lee otra vez las frases de la lista antes de escuchar. Tener información sobre el tema y pensar en las cosas que se van a decir ayuda a entender mejor.

d ¿Conoces otras fiestas…

… relacionadas con el fuego?
… relacionadas con el cambio de estación?
… relacionadas con la naturaleza?
… relacionadas con un producto típico?
… de contenido satírico?

■ *El Carnaval es una fiesta de contenido satírico, ¿no?*
● *Sí, es verdad, y también celebra el principio de la primavera.*

Verano

Invierno

Primavera

Otoño

1. Números

1	Uno	11	Once	20	Veinte	21	Veintiuno	31	Treinta y uno
2	Dos	12	Doce	30	Treinta	22	Veintidós	32	Treinta y dos
3	Tres	13	Trece	40	Cuarenta	23	Veintitrés	41	Cuarenta y uno
4	Cuatro	14	Catorce	50	Cincuenta	24	Veinticuatro	42	Cuarenta y dos
5	Cinco	15	Quince	60	Sesenta	25	Veinticinco	51	Cincuenta y uno
6	Seis	16	Dieciséis	70	Setenta	26	Veintiséis	52	Cincuenta y dos
7	Siete	17	Diecisiete	80	Ochenta	27	Veintisiete	61	Sesenta y uno
8	Ocho	18	Dieciocho	90	Noventa	28	Veintiocho	62	Setenta y dos
9	Nueve	19	Diecinueve			29	Veintinueve	83	Ochenta y tres
10	Diez							94	Noventa y cuatro

Una sola palabra

Tres palabras

2. Preguntar cantidades

¿Cuántos hijos tienes?
¿Cuántas hermanas tienes?

Cuántos + nombre masculino plural
Cuántas + nombre femenino plural

3. Presente de indicativo

	TENER	VENIR	IR	ESTAR
Yo	tengo	vengo	voy	estoy
Tú	tienes	vienes	vas	estás
Usted / él / ella	tiene	viene	va	está
Nosotros / nosotras	tenemos	venimos	vamos	estamos
Vosotros / vosotras	tenéis	venís	vais	estáis
Ustedes / ellos / ellas	tienen	vienen	van	están

Fíjate en el acento

4. Pedir y dar información sobre la edad

- ¿Cuántos años tienes?
- Tengo 38.

tener + n.º de años

5. Pedir y dar información sobre la apariencia física

- ¿Cómo es (tu madre)?

- Es alta y bastante delgada.
  Tiene el pelo corto.
  Tiene los ojos azules.
  Lleva gafas.

Ser + adjetivos
Tener + el pelo (largo, corto...)
Tener + los ojos (azules, verdes, marrones...)

6. Pedir y dar información sobre el estado civil

- ¿Estás casado?
- No, estoy soltero, ¿y tú?
- Yo divorciada, pero tengo novio.

estar + estado civil (soltero, casado, separado, divorciado, viudo)

4 ¡Buen fin de semana!

En esta unidad vamos a aprender a:

▶▶ Hablar sobre hábitos de ocio y tiempo libre

▶▶ Contrastar gustos y preferencias sobre actividades culturales, deportivas, etc.

▶▶ Proponer a alguien una actividad de fin de semana y acordarla juntos

▶▶ Comprender documentos con información sobre tipos de espectáculos y otras actividades de tiempo libre

1. ¿Cine o teatro?

a Lee este cuestionario y las respuestas de los trabajadores de la Agencia ELE. ¿Qué personaje te parece más interesante?

---

http://www.agenciaele.es | G ▾ Google

Comenzar a usar Fire...   Últimas noticias

La Web Imágenes Maps Noticias Vídeo Gmail Más ▾   iGoogle | Acceder

Agencia ELE

¿Quiénes somos?

Así han contestado nuestros compañeros de Agencia ELE al cuestionario sobre tiempo libre.

1. Una noche de sábado perfecta.   2. En casa para relajarme...

3. ¿Cine o teatro?   4. ¿Museos o tiendas?   5. ¿Tele o internet?

6. Para estar en forma...   7. Si salgo de la ciudad...

Carmen Torres
Directora

1 Ir a la ópera o a un musical y después tomar una copa en un sitio tranquilo.
2 Escucho música y limpio las ventanas.
3 Teatro.
4 Tiendas.
5 Tele, veo los informativos y las películas.
6 Voy al gimnasio dos veces: los lunes y los miércoles.
7 Voy a la playa con mis hijos.

1 Cenar en casa con mis amigos y ver el fútbol.
2 Leo el periódico.
3 Los dos me gustan.
4 Museos.
5 Tele, veo los deportes y los informativos.
6 Juego al golf los domingos.
7 Voy a pescar.

Luis Jiménez del Olmo
Cultura

Paloma Martín
Fotógrafa

1 Ir a una exposición de fotografía y cenar en un buen restaurante.
2 Una buena novela histórica.
3 Teatro.
4 Me gustan las tiendas de segunda mano y de cosas antiguas.
5 Tele.
6 Voy a correr casi todos los días y juego al tenis.
7 Conocer sitios nuevos y hacer fotos.

1 Ir a un concierto y luego tomar una copa o ir a bailar.
2 Escucho música y cocino.
3 Cine.
4 Tiendas. Me encanta ir de compras.
5 Internet.
6 Voy al gimnasio y juego al fútbol.
7 Me gusta esquiar o andar por la montaña.

Miquel Milá
Cámara

---

b ¿Quién realiza esta actividad?

c ¿Y tú? Contesta el cuestionario y comenta tus respuestas con la clase.

■ *Voy al gimnasio los lunes y los miércoles y juego al tenis el domingo.*

FIN DE SEMANA

Días de la semana

lunes   martes   miércoles   jueves   viernes   sábado   domingo

2. Actividades de tiempo libre

a Lee este anuncio de Internet y mira las actividades y los servicios que se proponen.

Camping CIUTAT DE VACANCES CALA MONTJOI ☼☼☼☼ Roses (Girona, Cataluña / Catalunya)

http://www.campingsonline.com/calamonjoi ▼ | Google

Comenzar a usar Fire... | Últimas noticias

Campings *Online.Com*

| HOME | LOCALIZACIÓN | INSTALACIONES | ALOJAMIENTOS | TARIFAS | RESERVAS |

A 7 km de la villa de Roses, en un lugar ideal para unos días de descanso o unas vacaciones. **Gran variedad de actividades deportivas.**

Cala Montjoi
CIUDAD DE VACACIONES
ROSES · COSTA BRAVA · GIRONA

**Camping & Bungalows
CALA MONTJOI**
Carretera la Roca, s/n
17480 - Roses
Girona ESPAÑA

Otros datos de interés

- Excursiones por el Parque Natural del Cap de Creus
- Museo Dalí de Figueres a 18 km
- Ruinas greco-romanas de Empúries a 25 km
- Cadaqués a 25 km
- Parque Acuático de Roses a 8 km
- Parque Natural de los Aiguamolls de Roses a 8 km
- Casino de Perelada a 15 km
- Monasterio de Sant Pere de Rodes a 25 km
- Puerto deportivo de Roses a 7 km
- Perpignan a 25 km

Actividades y servicios

b Marca en la lista las cosas que puedes hacer en el camping.

☐ Descansar
☐ Hacer gimnasia
☐ Hacer la compra
☐ Hacer submarinismo
☐ Ir a bailar
☐ Ir a un concierto

☐ Ir a un restaurante
☐ Ir al cine
☐ Ir al teatro
☐ Ir de excursión
☐ Jugar al baloncesto
☐ Jugar al fútbol

☐ Jugar al golf
☐ Jugar al tenis
☐ Llevar animales
☐ Nadar
☐ Navegar
☐ Pescar

☐ Andar por la montaña
☐ Ver la televisión
☐ Visitar monumentos
☐ Visitar museos

c ¿Qué actividades de la lista haces? ¿Haces otras actividades que no están en la lista? Pregunta a tu profesor cómo se llaman en español.

d ¿Con qué frecuencia haces tus actividades favoritas? Habla con tu compañero.

- ■ *Voy dos o tres veces por semana al cine. Pero no hago deporte casi nunca. ¡No tengo tiempo!* ①
- ● *Yo voy a correr casi todos los días, juego a fútbol una vez por semana y a veces voy de excursión los fines de semana.*

Frecuencia

+ *Todos los días*
Normalmente
Siempre
A veces
Dos veces por semana
Una vez por semana
Casi nunca
– *Nunca*

①

No juego **nunca** al golf
No veo **nunca** la tele
No voy **casi nunca** a bailar
No paseo **casi nunca**
No hago deporte **casi nunca**

En el festival de cine de San Sebastián

a Sergio y Paloma están en el Festival de Cine de San Sebastián. Lee y escucha.

¿Tú qué haces hoy, Luis? ¿Qué película vas a ver?

Hoy estoy muy contento: voy a ver la de Guillermo del Toro.

¡Ah, sí! Es una de terror, ¿no?

No, no, no es de terror, es fantástica. Es buenísima. Es de una niña que...

Ya veo que te gusta el cine fantástico, ¿no?

Sí, me encanta, ¿a ti no?

Bueno, sí, me gustan las de ciencia ficción, pero prefiero el cine de aventuras. ¿Y tú, Paloma?

¿Yo? Pues no sé, me gustan las comedias, Woody Allen, por ejemplo. Luego, pues, me gusta el cine argentino...

Bueno, ¿y vosotros qué hacéis hoy?

Yo voy a la rueda de prensa del director del festival.

Yo quiero hacer fotos de los actores en el hotel, pero si quieres, voy contigo y hago fotos en la rueda de prensa.

¡Ah, vale, perfecto!

¿Quieres ir a tomar algo?

¡Ah, sí, estupendo! ¿Dónde vamos? Yo no conozco San Sebastián, ¿y tú?

Un poco, el casco viejo... Si quieres podemos tomar unos pinchos en una taberna por esa zona, ¿o prefieres ir a un restaurante?

No, no, mejor vamos a probar los famosos pinchos vascos, ¿no?

Sí, sí, a mí me encantan...

b Relaciona estas fotos con los diálogos. ¿Qué fotos toma Paloma en San Sebastián?

Taberna vasca

Woody Allen tocando el clarinete

Casco viejo de San Sebastián

Rueda de prensa

1. ¿Te gusta?

a ¿Qué personaje de Agencia ELE dice estas cosas? Lee otra vez la información de la página 32 y la conversación de la página 34.

Persona de Agencia ELE

1. Me gustan las películas de ciencia ficción ....
2. Me gustan las comedias ....
3. Me gusta esquiar y andar por la montaña ....
4. Me gusta el cine argentino ....
5. Me encanta el cine fantástico ....
6. Me gustan las tiendas de segunda mano ....
7. Me encantan los pinchos vascos ....
8. Me encanta ir de compras ....

b Observa las formas verbales de las frases anteriores y completa los siguientes ejemplos:

Me [ ] leer el periódico

Me [ ] la música clásica

Me [ ] los programas musicales

Verbo **gustar**

gusta <u>esquiar</u>
gusta <u>el cine</u>
↖ singular
Me
Te
gustan <u>las comedias</u>
↖ plural

c Escribe las preguntas y practica con tu compañero.

¿<u>Te</u> gusta el cine fantástico?
¿<u>Te</u> gustan las películas de ciencia ficción?
¿...................... las comedias?
¿...................... esquiar y andar por la montaña?
¿...................... las tiendas de segunda mano? ①
¿..?
¿..?
¿..?
¿..?

① **En la respuesta:**
Sí, me gustan.
No, no me gustan.

2. ¿Qué prefieres?

🔊 23

a Ordena las intervenciones del siguiente diálogo.

1. ¿Quieres ir al cine esta tarde?
2. ....
3. ....
4. ....
5. ....
6. ....

■ ¿Qué prefieres, una argentina o la de Woody Allen?
■ ¿Quieres ir al cine esta tarde?
■ No sé..., si quieres vemos la última de Guillermo del Toro.
● Ah, sí, vale. ¿Y qué película quieres ver?
● Pues... ¡puff!... yo prefiero una comedia.
● Mejor la argentina.

b Escucha y comprueba tu respuesta.

c Observa el diálogo anterior y completa con la palabra o expresión adecuada.

Para preguntar por preferencias ➤ ¿Qué ...., una comedia o una película romántica?

Para proponer una actividad ➤ ¿............................. ir al cine?

d Completa.

PREFERIR	
Yo	
Tú	
Usted/él/ella	pref**ie**re
Nosotros/as	prefer**i**mos
Vosotros/as	prefer**í**s
Ustedes/ellos/ellas	pref**ie**ren

QUERER	
Yo	....
Tú	....
Usted/él/ella	qu**ie**re
Nosotros/as	....
Vosotros/as	quer**é**is
Ustedes/ellos/ellas	....

> ① ¿Recuerdas los verbos *venir* y *tener* de la Unidad 3? ¿Qué tienen en común con estos?

3. ¿Sabes quién...?

a Pregunta a tus compañeros y completa el cuadro.

Actividad	Persona de la clase
Hacer gimnasia dos veces a la semana	
Hacer submarinismo	
No ir al teatro nunca	
Jugar al fútbol	
Salir por la noche los fines de semana	
No ver la televisión casi nunca	
Hacer fotos	
Leer novelas policíacas	

Hacer
Yo ha**g**o
Tú haces

Salir
Yo sal**g**o
Tú sales

Jugar
Yo j**ue**go
Tú j**ue**gas

■ *¿Haces gimnasia dos veces por semana?*

● *No, no hago gimnasia, ¿y tú?*

■ *Yo sí, pero solo una vez por semana.*

4. ¿Te gusta el arte?

Comenta tus gustos y preferencias con un compañero.

■ *¿Te gusta Picasso?*

● *No, no me gusta nada, ¿y a ti?*

■ *Sí, me gusta bastante.*

■ *¿Qué prefieres, Botero o Chillida?*

● *Prefiero Botero, pero me gustan los dos.*

Mujer sentada (Picasso)

La Alhambra

Berlín (Chillida)

La rendición de Breda (Velázquez)

Torso masculino (Botero)

Museo Guggenheim

GUSTOS:
(+) ¡Me encanta!
Me gusta mucho
Me gusta bastante
No me gusta mucho
(–) No me gusta nada

5. Tiempo libre organizado

a Lee el cartel del centro municipal de tiempo libre. ¿Qué actividades crees que se hacen en cada sección? Coméntalo con tu compañero.

CENTRO MUNICIPAL
TIEMPO LIBRE
TENEMOS 5 SECCIONES DE ACTIVIDADES:

SECCIÓN 1   PRIMERA FILA

SECCIÓN 2   CON TUS MANOS

SECCIÓN 3   DEPORTÍSIMO

SECCIÓN 4   SOBRE RUEDAS

SECCIÓN 5   LIBROMANÍA

ESTAMOS MUY CERCA DE TI
C/ San Agustín, 24
TENEMOS MUCHO TIEMPO PARA TI
Horario: 9:00 – 21:00
de lunes a domingo
Tel.: 91 553 23 23

■ *En la sección* Primera Fila *van al teatro ¿no?*   ● *Sí, y también a conciertos.*

b Escucha a los organizadores de dos secciones que participan en un programa de radio. ¿De qué secciones hablan? ¿Qué actividades realizan?

c ¿Qué sección prefieres? ¿Y tu compañero?

6. Planes y propuestas

a Recibes esta nota con una propuesta para el fin de semana, ¿qué contestas?

> ¡Hola!
> ¿Tienes planes para el fin de semana?
> A ti te gusta el teatro, ¿no? ¿Y los musicales?
> Yo quiero ver Hoy no me puedo levantar, el musical de Mecano, ¿quieres venir conmigo?
> ¿Qué prefieres, el sábado o el domingo?
> Luego hablamos.   Marga

"EL ESPECTÁCULO DE MAYOR ÉXITO EN LA HISTORIA DE NUESTRO PAÍS"

HOY NO ME PUEDO LEVANTAR
un musical de NACHO CANO

Letra y Música: José Mª Cano y Nacho Cano   Productores: José M. Lorenzo y Ángel Suárez   Argumento: David Serrano

b Piensa en los espectáculos y actividades de tiempo libre que se pueden hacer en tu ciudad y recuerda lo que sabes sobre los gustos y aficiones de tus compañeros de clase. Escribe dos notas para dos compañeros con propuestas concretas para realizar una actividad juntos.

cine   teatro   museo   fútbol
exposiciones   **FIN DE SEMANA**   deportes   tenis
conciertos   pasear
salir a cenar   salir a tomar algo   excursión

¡Hola ....

¡Hola ....

c Finalmente, ¿qué haces este fin de semana? Cuéntalo a la clase.

1. Espectáculos en el Retiro

a El Retiro es un famoso parque de Madrid, con muchos espectáculos al aire libre. Lee este texto sobre varios artistas del parque. Después, completa las frases de abajo con el nombre del artista correspondiente.

- Hace teatro para adultos. ....
- Toca un instrumento musical de su país. ....
- Le gustan los objetos redondos. ....
- Le gusta escuchar música durante las actuaciones. ....
- Interpreta cuentos con toda su familia. ....
- Es un grupo con dos personas de países diferentes. ....

①
Los **Artistas del Retiro**

El Retiro tiene un programa de espectáculos muy extenso e inconstante. Estos son algunos de los mejores artistas habituales.

La Llave Inglesa

Jesús

Humor y malabares. Domingos, a partir de las 17.00, en el paseo del Estanque.
Características. Viene con sus balones de fútbol, bolas para malabares y otras cosas redondas. Un homenaje a la cultura madrileña castiza, combinada con música *rhythm & blues*.

Cecilia y Familia Videla

Títeres. Sábados y domingos, mañana y tarde, salón del Estanque.
Características. Cecilia, su marido Daniel y cuatro de sus cinco hijos trabajan con títeres. Interpretan cuentos propios. «Nos encanta este parque. La gente siempre quiere ver títeres». Son de Buenos Aires. Hace 15 años que están aquí.

Teatro en la calle. Domingos, a partir de las 17.00, en el paseo del Estanque.
Características. Yeyo Guerrero y Fausto Ansaldi, un español y un argentino, forman el grupo *La llave inglesa*. Son cómicos, *clowns*, mimos… Utilizan la estética de la lucha libre mexicana.

Qui

Músico. Domingos, de 11.00 a 13.00 en el paseo de Venezuela.
Características. Toca el *erhu*, violín chino centenario. «Me gusta el Retiro, hay buen ambiente y vendo mi música». Toca desde los nueve años. Hace seis años que está en el Retiro.

Marju

Estatua viviente. Domingos por la tarde, en el salón del Estanque.
Características. ¿En qué piensa durante las actuaciones? «A veces escucho música, y a veces cuento números». Marju tiene 22 años y es de Estonia. Su ropa, de color bronce oxidado, es como el sol de la tarde.

Marcos

Teatro y circo. Sábados y domingos, de 17.00 a 21.00, en el paseo del Estanque.
Características. Los fines de semana, Marcos se transforma en su personaje Juan Francisco Kuelguin, en un espectáculo que «trata de la venta». Un *show* más para el público adulto.

25

Adaptado de On Madrid

b ¿Qué espectáculo del texto te gusta más? ¿Por qué? Habla con tu compañero.

- ■ *A mí me gusta Qui. Me encanta la música.*
- ● *Pues a mí me gusta más Cecilia, porque me gustan mucho los títeres.*

c En tu ciudad ¿son frecuentes los espectáculos en la calle? ¿De qué tipo?

- ■ *En mi ciudad hay muchos espectáculos improvisados: músicos en el metro, estatuas vivientes en la calle…*
- ● *En mi ciudad, en verano hay un festival de teatro en la calle.*

① No tienes que entender todas las palabras del texto. Solo tienes que seleccionar la información para hacer la actividad. El objetivo es una lectura selectiva.

2. Los hábitos culturales de los españoles

a Escucha una vez los resultados de esta encuesta sobre las actividades culturales y los espectáculos preferidos de los españoles, y señala si ① las frases son verdaderas o falsas.

① Este tipo de texto contiene mucha información y pocas repeticiones. Para prepararte, antes de hacer esta tarea es muy importante leer atentamente las preguntas.

	V	F
☐ A los españoles les gustan la economía y la política.		
☐ A los españoles les gusta más el cine que el teatro.		
☐ Casi todos los españoles leen por placer.		
☐ A los españoles les gusta más la radio que la televisión.		
☐ A los españoles les gustan mucho los programas informativos.		
☐ Las películas son los programas favoritos de los españoles.		

b Escucha otra vez y completa la ficha.

INe Instituto Nacional de Estadística

Encuesta del Ministerio de Cultura
Hábitos culturales de los españoles

MINISTERIO DE CULTURA

DOCUMENTO PROTEGIDO
IN e
POR EL SECRETO ESTADÍSTICO

1. Espectáculos y actividades

Actividad cultural favorita de los españoles: ....
Espectáculo favorito: ....
Han ido al cine este año: .... %
Van al teatro a menudo: .... %
Leen por placer: .... %

2. Medios de comunicación

Escuchan la radio: .... %
Ven la tele: .... %
Tiempo dedicado a ver la tele: .... al día.
Programas de televisión favoritos de los españoles: ...., ... y ....

---

c ¿En qué te pareces a los españoles? Habla con tu compañero y comparad vuestros gustos con los resultados de la encuesta.

■ *A mí no me gusta ver la tele.*

● *A mí, sí. Pero no me gustan las películas. Prefiero los deportes.*

3. Los hábitos culturales de la clase

Vamos a hacer una encuesta para conocer los hábitos culturales de la clase.
Al final vais a rellenar una ficha como la de la actividad anterior, con los datos de la clase.

■ En primer lugar, prepara preguntas para la clase con dos compañeros.
■ Después, cada grupo pregunta a los compañeros de los otros grupos.
■ Por último, los grupos rellenan la ficha con el resumen de toda la información.

LOS HÁBITOS CULTURALES DE LA CLASE

1. Espectáculos y actividades

Actividad cultural favorita: ....
....
Espectáculo favorito:
....
Van al cine todos los meses: .... %
Van al teatro a menudo: .... %
Leen por placer: .... %

2. Medios de comunicación

Escuchan la radio: .... %
Ven la tele: .... %
Tiempo dedicado a ver la tele:..............
al día.
Programas de televisión favoritos: ....
....

1. Expresar frecuencia

Voy a nadar Juego al baloncesto	todos los días (todos) los lunes / martes a veces dos veces por semana una vez por semana

No voy a nadar **No** juego al baloncesto	casi nunca nunca

Días de la semana

LUNES
MARTES
MIÉRCOLES
JUEVES
VIERNES
SÁBADO
DOMINGO ········· **FIN DE SEMANA**

Singular	Plural
El lunes	Los lunes
El martes	Los martes
El sábado	Los sábados
El domingo	Los domingos
El fin de semana	Los fines de semana

2. PRESENTE DE INDICATIVO: verbos con formas irregulares

1. CAMBIOS VOCÁLICOS

	JUGAR	QUERER	PREFERIR
Yo	juego	quiero	prefiero
Tú	juegas	quieres	prefieres
Usted / él / ella	juega	quiere	prefiere
Nosotros / nosotras	jugamos	queremos	preferimos
Vosotros / vosotras	jugáis	queréis	preferís
Ustedes / ellos / ellas	juegan	quieren	prefieren

2. FORMA *YO* IRREGULAR

	HACER	SALIR	CONOCER
Yo	hago	salgo	conozco
Tú	haces	sales	conoces
Usted / él / ella	hace	sale	conoce
Nosotros / nosotras	hacemos	salimos	conocemos
Vosotros / vosotras	hacéis	salís	conocéis
Ustedes / ellos / ellas	hacen	salen	conocen

3. Pedir información sobre gustos

- ¿Te gusta bailar?
- Sí, me gusta mucho.
- ¿Te gusta el cine?
- Sí, me gusta bastante.
- ¿Te gustan los deportes?
- No, no me gustan.

Me Te	GUSTA + infinitivo
	GUSTA + nombre singular
	GUSTAN + nombre plural

4. Pedir y dar información sobre preferencias

- ¿Qué prefieres, el cine o el teatro?
- Prefiero el cine, ¿y tú?
- Yo también.

5. Proponer a alguien hacer una actividad

- ¿Quieres ir al cine?
- ¿Vamos a jugar al tenis esta tarde?

5 Ciudades para vivir y visitar

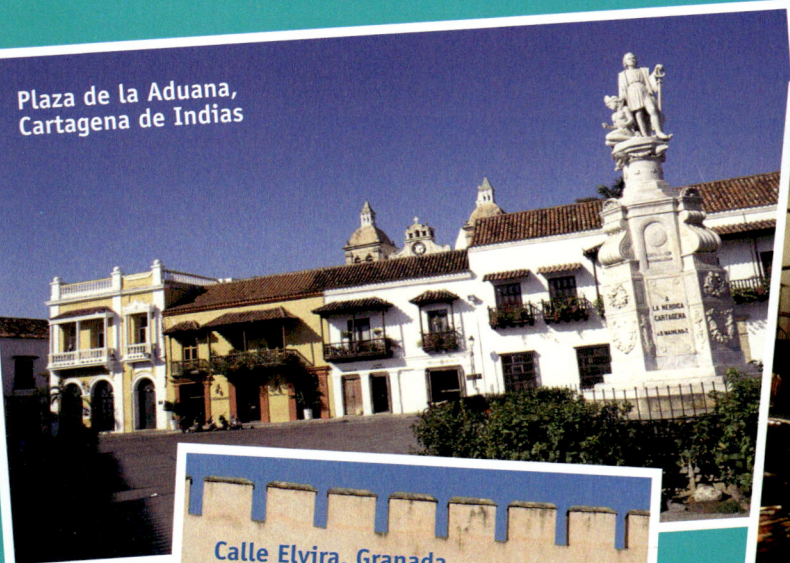

Plaza de la Aduana, Cartagena de Indias

Avenida Corrientes, Buenos Aires

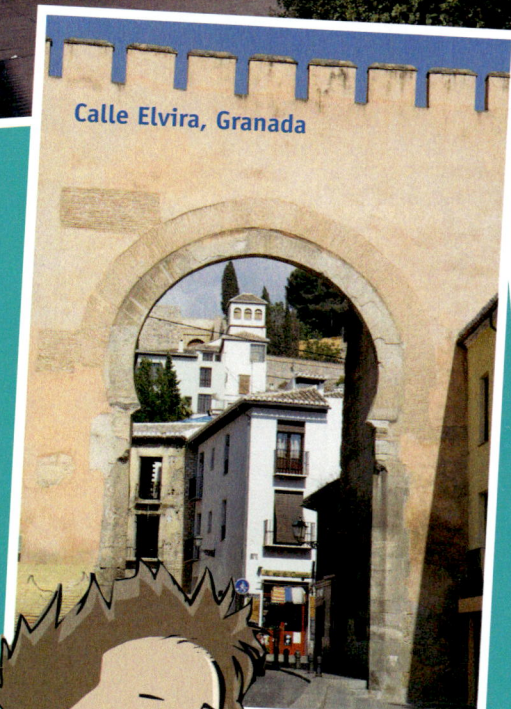

Calle Elvira, Granada

Paseo de la Reforma, Ciudad de México

En esta unidad vamos a aprender:

▶▶ A describir una ciudad, sus lugares y servicios

▶▶ Cómo preguntar y dar información sobre horarios

▶▶ Cómo preguntar y dar la hora

▶▶ A pedir y dar información sobre la ubicación de lugares

▶▶ A proponer y concertar una cita

▶▶ Los números del 101 a un millón

▶▶ Comprender y dar información sobre el tiempo y el clima

▶▶ Hablar sobre planes

1. Es una ciudad turística

a Relaciona los nombres de las ciudades con la foto y la descripción de cada una.

México DF, México ....

Buenos Aires, Argentina ....

Cartagena de Indias, Colombia ....

La Habana, Cuba ....

Granada, España ....

B

A

D

C

E

1 Está en el interior y es una ciudad muy grande y moderna. Tiene un museo arqueológico muy importante con abundantes restos de culturas precolombinas. Es la capital del país y es bastante turística.

2 Es la capital y la ciudad más grande del país. Está en la costa y tiene una playa y un paseo marítimo muy famosos. Tiene un centro histórico de estilo colonial.

3 Es una ciudad bastante pequeña pero muy bonita. Está en el interior, al lado de las montañas, pero no está lejos de la costa. Tiene un palacio árabe muy famoso. Es muy turística.

4 Es una ciudad antigua y muy turística. Está en la costa y sus playas son un importante atractivo. Es una ciudad pequeña y cómoda. Tiene monumentos históricos y es famosa por sus numerosas actividades culturales.

5 Es capital del país. Es una gran ciudad con monumentos y muchos sitios de interés turístico. Tiene un río y un puerto muy importantes. En la ciudad hay mucha vida cultural, muchos teatros y espectáculos musicales.

b ¿Qué ciudad te gusta más? ¿Qué ciudad es más interesante? Coméntalo con tus compañeros.

Es una buena ciudad para...		
... estudiar	... vivir con niños	... trabajar
... divertirse	... vivir jubilado	... visitar

- *Yo creo que Buenos Aires es una buena ciudad para divertirse.*
- *Sí, y para visitar también.*

c Piensa en una ciudad. Tus compañeros te harán preguntas para adivinar cuál es.

- *¿Está en Europa?*
- *Sí.*
- *¿Está en la costa?*
- *No.*
- *¿Es antigua?*
- *Sí.*

- *¿Tiene un río importante?*
- *Sí.*
- *¿Cómo se llama el río?*
- *Danubio.*
- *¿Es Viena?*

TIENE...

un río	importante famoso/a
un puerto	
una playa	
un museo	
un palacio	
una universidad	

ES...

grande · bonita
pequeña · fea
antigua · turística
moderna

ESTÁ...

en la costa
en el interior
en Europa

① Fíjate en las maneras abreviadas de escribir los tipos de vía: Avda., P.º, Pza. y C/

2. Calles y avenidas

🔊 26 Escucha las tres conversaciones de este taxista. Marca dónde va cada cliente.

- ☐ Pza. de la Independencia, 1
- ☐ Plaza de España, 29
- ☐ Plaza Mayor, 12
- ☐ Calle Mayor, 121
- ☐ Calle Colombia, 39
- ☐ C/Velázquez, 32
- ☐ P.º de las Fuentes, 234 ①
- ☐ Paseo de los Rosales, 97
- ☐ Paseo del Rey, 187
- ☐ Avenida del Mediterráneo, 74
- ☐ Avenida del Río, 154
- ☐ Avda. de la Reina Victoria, 304

3. En mi barrio, en mi calle

a Relaciona las palabras relativas a servicios de la ciudad con las imágenes.

1. *Hospital* ......
2. *Estación de tren* ......
3. *Aparcamiento* ......
4. *Biblioteca* ......
5. *Centro comercial* ......
6. *Parque* ......
7. *Banco* ......
8. *Comisaría de policía* ......
9. *Museo* ......
10. *Universidad* ......

b Escucha la descripción de una calle. ¿Cuál es, A o B?

Para localizar en la calle
Está... a la derecha (de...) a la izquierda (de...) enfrente (de...) al lado (de...) al final de la calle.

c ¿Qué servicios tienes cerca de tu casa? Coméntalo con tu compañero.

4. La ciudad en números

a Completa los números de esta lista de datos con las cifras siguientes.

450 500	124	105	3560	708
86 900	210	340	12 600	2800

LA CIUDAD TIENE ...

- (Ciento cinco) .... museos
- 27 parques
- (Doscientas diez) .... líneas de autobuses
- (Dos mil ochocientos) .... hoteles y hostales
- 68 comisarías de policía
- (Trescientos cuarenta) .... monumentos
- (Ciento veinticuatro) .... estaciones de metro
- 12 hospitales
- (Setecientas ocho) .... plazas
- (Doce mil seiscientos) .... taxis
- (Tres mil quinientos sesenta) .... bares y restaurantes
- (Ochenta y seis mil novecientas) .... motos
- (Cuatrocientos cincuenta mil quinientos) .... coches
- 42 aparcamientos públicos

b Ahora completa estas tablas.

100	cien	700	....
101	ciento uno	800	ochocientos/as
105	ciento cinco	900	....
200	doscientos/as	1000	mil
300	....	2000	dos mil
400	cuatrocientos/as	1020	....
500	....	10 000	diez mil
600	seiscientos/as	100 000	....

c ¿Qué adjetivo relacionas con las características de la ciudad de 4.a?

agradable - tranquila - segura - animada - interesante - ruidosa - artística - turística - cómoda - moderna

■ *Tiene 105 museos y 340 monumentos: creo que es una ciudad interesante.*

● *Sí, y artística.*

d ¿Y cómo es la ciudad donde vives?

5. Medios de transporte

En avión

En barco

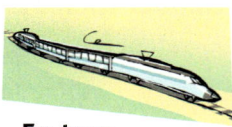

En tren

En coche

En moto

¿Cómo te gusta viajar? ¿Por qué?

■ *A mí me gusta viajar en barco, porque es muy agradable.*

● *Yo prefiero viajar en tren, para ver bien el paisaje.*

a Paloma, Sergio y Miquel tienen trabajo el sábado. Lee y escucha.

¿Comemos juntos el sábado antes de la manifestación?

¿A las dos y media al lado del metro?

Vale, muy bien. ¿Cómo quedamos?

Por mí, bien.

¿Qué tal un poco más tarde? ¿A las tres?

De acuerdo. ¿Quedamos en la cervecería Cruz Blanca? Está al lado del metro.

Vale.

Manifestación Puerta del Sol Sábado 25 de junio, 17,00

TODOS CONTRA EL RUIDO Asociación de vecinos de Madrid centro

"Puerta del Sol, sábado 17.30."

En este barrio hay muchos coches, mucha gente y mucho ruido a todas horas.

En mi calle hay una discoteca que abre a las once de la noche y cierra a las siete de la mañana. ¡Y un bar con terraza al lado de la discoteca, que abre a las siete y media de la mañana!

Hay mucho tráfico, y faltan zonas verdes protegidas para los niños y los ancianos.

Sí, hay mucho ambiente, pero no hay lugares tranquilos ni policías en la calle para vigilar y mantener el orden.

¡Eso, eso! ¿Dónde están los policías? ¿Y dónde está el ayuntamiento?

- COCHES + PARQUES

¡QUEREMOS DORMIR! ¡BASTA YA!

b ¿Qué titular corresponde mejor a las protestas de los vecinos?

La Asociación de Vecinos de Madrid-Centro protesta por los horarios de bares y discotecas

Los vecinos del centro quieren más tranquilidad y más colaboración del Ayuntamiento

Los vecinos de Madrid-Centro quieren limitar el tráfico de coches y ampliar los horarios comerciales

Madrid-Centro: Manifestación de los vecinos contra el ruido y la contaminación

1. Hay / está

a Lee otra vez los diálogos y relaciona los elementos de las cuatro columnas.

| Ø No ¿Dónde | **+** | hay está están | **+** | el Ayuntamiento los policías lugares tranquilos mucha gente mucho ambiente mucho ruido mucho tráfico muchos coches policías en la calle un bar con terraza una discoteca que abre a las once de la noche | **+** | Ø ? |

✳ «Hay» es invariable: tiene una sola forma para el singular y el plural.

b Lee los diálogos y completa los cuadros con las palabras *hay*, *está* o *están*.

Para presentar o informar de la existencia de algo (personas, cosas, lugares...).			
En mi ciudad	....	una discoteca un parque mucho ambiente	Singular
		lugares tranquilos	Plural

Para localizar personas, cosas o lugares concretos, conocidos en ese contexto.			
¿Dónde	....	el Ayuntamiento? los policías?	Singular Plural

2. Mi ciudad

Describe tu pueblo o tu ciudad a tu compañero. Si los dos sois del mismo lugar, describe tu barrio.

■ *Yo soy de París. Mi casa está cerca de la plaza de la Bastilla. Me gusta mucho mi barrio. Hay muchos bares y restaurantes. También hay un mercado en la calle los domingos. Y en la plaza, está la Ópera. Es muy bonito y hay mucho ambiente, pero también mucho ruido.*

● *Yo soy de un pueblo pequeño. Es un lugar muy tranquilo y muy bonito, pero no hay cines ni teatros.*

Es (muy) grande / pequeño
(muy) bonito / feo

Hay (mucho) ruido
(mucha) gente
(muchos) bares
(muchas) terrazas

3. ¿Qué tiempo hace?

a Mira el mapa del tiempo. ¿Qué tiempo hace en cada zona?

Para hablar del tiempo

Norte
Sur
Este
Oeste

NORTE
OESTE
ESTE
SUR

Hace sol
Llueve
Hace viento
Nieva
Hay tormenta
Hay niebla
Hay nubes
Hace calor
Hace frío

■ *En el centro, hace sol.*

● *Sí, y en las Islas Baleares, hay tormentas.*

b ¿Cómo es el clima en tu país o en tu región?

■ *En mi país llueve mucho en primavera y en otoño.*

● *En mi país nieva y hace mucho frío en invierno.*

4. ¿Qué hora es? ¿A qué hora...?

a Lee otra vez los diálogos de la página 44 y escribe la respuesta con letras.

1. ¿A qué hora es la manifestación del sábado? ....
2. ¿A qué hora comen el sábado los personajes? ....
3. ¿A qué hora abre la discoteca? ....
4. ¿A qué hora cierra la discoteca? ....
5. ¿A qué hora abre el bar con terraza? ....

> **LA HORA**
> 12.00 Las doce.
> 13.00 La una.
> 14.00 Las dos.
> 15.05 Las tres y cinco.
> 16.15 Las cuatro y cuarto.
> 18.30 Las seis y media.
> 16.40 Las cinco menos veinte.
> 17.45 Las seis menos cuarto.
> 22.55 Las once menos cinco.

b Mira los dibujos y relaciona las dos columnas.

> Perdona, Juan: ¿qué hora es?

> Perdone, ¿tiene hora?

> Perdona, ¿tienes hora?

1. Para preguntar a una persona desconocida, decimos...
2. Para preguntar a un amigo o compañero, decimos...
3. Si estamos seguros de que la otra persona sabe la hora, preguntamos...
4. Si no estamos seguros, preguntamos...

a. ¿Qué hora es?
b. ¿Tienes / tiene hora?
c. Perdona...
d. Perdone...

c Mira estos relojes y completa las frases, como en el ejemplo.

■ Perdona, ¿qué hora es?
● Son las dos.

■ Perdona, ¿tienes hora?
● Sí, ...

■ ¿A qué hora sale el tren?
● A .... en punto.

■ ¿A qué hora es la clase de español?
● A ....

■ ¿A qué hora es la manifestación?
● A ....

■ ¿Quedamos a .... en la salida del metro?
● De acuerdo.

> Decimos «en punto» para insistir en que hablamos de una hora o un momento exacto:
> *La reunión empieza a las doce en punto.*
> *El avión sale a las cuatro y media en punto.*

d Lee los carteles. ¿Cómo son los horarios de estos tipos de establecimientos en tu ciudad?

> **AYUNTAMIENTO DE MADRID.**
> **HORARIOS DE LOCALES ABIERTOS AL PÚBLICO**
>
> ○ CAFETERÍAS, BARES: de seis de la mañana a dos de la madrugada.
> ○ BARES DE COPAS (con o sin actuación musical en directo): de una de la tarde a tres de la madrugada.
> ○ RESTAURANTES: de una a cinco de la tarde y de nueve de la noche a dos de la madrugada.
> El cierre es media hora más tarde los viernes, sábados y vísperas de festivos.

> **MUSEO NACIONAL DEL PRADO**
> Pº del Prado, s / n (Metro: Banco de España).
> Tel. **913 30 28 00**
> M a D, de **9:00** a **14:00**.
> 6€ Domingos, entrada gratuita.

Las partes del día

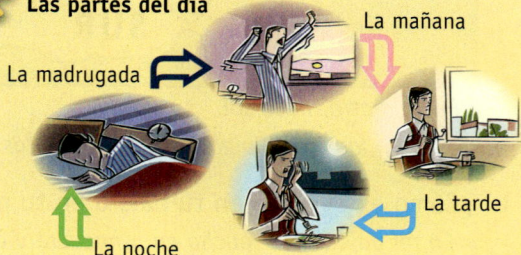

La madrugada
La mañana
La tarde
La noche

■ *En mi ciudad, los horarios de bares y restaurantes son como en España, pero los museos están abiertos los domingos por la tarde.*

5. ¿Cómo quedamos?

a Ordena las intervenciones para formar el diálogo. Después escríbelas en el cuadro, como en el ejemplo.

Vale, muy bien ....

¿A las dos y media al lado del metro? ....

¿Cómo quedamos? ....

¿Qué tal un poco más tarde? ¿A las tres? ....

Vale ....

¿Comemos juntos el sábado? ....

Por mí, bien ....

De acuerdo ....

¿Quedamos en la cervecería Cruz Blanca? ....

Para proponer una actividad	¿Comemos juntos el sábado?			
Para aceptar una propuesta	....	....	....	....
Para preguntar la hora y el lugar de una cita	¿Cómo quedamos?			
Para proponer una hora o un lugar para una cita	....	....		
Para rechazar una propuesta y proponer otra cosa	....			

b Completa los diálogos.

- ¿Vamos al Museo del Prado esta tarde? ③
- Vale, muy bien. ¿...........................?
- ¿.................... las 17.00, en la puerta principal?
- ....

- ¿.................... mañana al Jardín Botánico?
- .... ¿....................... la entrada del jardín, a las 19.00?
- ¡Es muy tarde! ¿................................. las 18.00?
- ....

③

> a + el ➡ al
> de + el ➡ del
> ¿Vamos al Museo del Prado?

Proponer una actividad y una cita

¿Vamos a... + lugar?
¿Cómo quedamos?
¿A qué hora quedamos?
¿Quedamos en... + lugar?
¿Quedamos a... + hora?
¿Qué tal en... + lugar?
¿Qué tal a... + hora?
Vale, de acuerdo. / Muy bien.

c Propón a tu compañero hacer una actividad juntos y decidid el lugar y la hora de la cita.

- ¿Comemos juntos el sábado? Cerca de mi casa hay un restaurante muy agradable.
- Vale. ¿Cómo quedamos?

Para decir que no:
Lo siento, el sábado *no puedo*. ¿Qué tal el viernes?

6. Las 3 maravillas de nuestro mundo

a Piensa en lugares naturales que conoces, ¿alguno tiene las características que se mencionan en la lista? En grupos de tres, describid y comparad los lugares que proponéis.

1. Un lugar para hacer submarinismo.
2. Un lugar para unas vacaciones tranquilas en contacto con la naturaleza.
3. Un lugar para hacer trekking y estar en la montaña.
4. Un lugar con un río para pescar.
5. Un lugar con bosques para pasear.
6. ...

Localizar: ¿Dónde está?

está en el norte, sur, este, oeste
está en la costa, en el interior
está a 65 km de...

¿Cómo es (el lugar)?

Es un lugar muy bonito = Es un lugar precioso, maravilloso
Es un lugar muy grande = Es un lugar enorme, impresionante

b Ahora seleccionad los tres mejores lugares y presentadlos al resto de la clase.

MUY
Precioso
Enorme
Impresionante
Maravilloso

7. Planes y deseos

a Sergio y Paloma van a hacer un viaje. Lee el cómic.

Entonces, ¿te vas de vacaciones mañana? ¡Qué suerte!

No, no, me voy de viaje, pero no de vacaciones. Me voy con Paloma a hacer un reportaje sobre lugares de vacaciones en el Pirineo.

¡Ah! ¿Y cuántos días vais?

¿Qué lugares vais a visitar? ¿A qué pueblos vais a ir?

Vamos a estar cinco días en total: dos días en... el Pirineo aragonés y luego vamos a pasar los otros tres en el Pirineo catalán. Nos gustaría conocer las estaciones de esquí.

Vamos a empezar en un pueblo que se llama Ligüerre de Cinca, y luego queremos ir a Jaca para recorrer el valle de Benasque...

¿Dónde está Ligüerre de Cinca?

Aquí, en el Pirineo aragonés, en la provincia de Huesca. Es un pueblo antiguo restaurado como centro de vacaciones. Es un lugar muy tranquilo, al lado de un embalse, está muy cerca del Parque Nacional de Ordesa...

b Busca en el cómic los detalles del viaje de Sergio y Paloma, y relaciona las dos partes de las frases.

1. Queremos recorrer
2. Vamos a empezar
3. Vamos a estar
4. Vamos a hacer
5. Me gustaría conocer

a. un reportaje sobre lugares de vacaciones.
b. las estaciones de esquí.
c. el valle de Benasque.
d. dos días en el Pirineo aragonés.
e. en Ligüerre de Cinca.

c ¿Cuáles de las afirmaciones anteriores expresan planes y cuáles deseos? Completa las listas y el esquema.

PLANES
....
....
....

ir .... + ...

DESEOS
....
....
....

.... + infinitivo

Me ...... + ...

d ¿Y tú? ¿Qué planes tienes para...?

1. *Las vacaciones de verano: Voy a pasar dos semanas con mi familia en...*
2. *El fin de semana:* ....
3. *Esta tarde:* ....
4. *Celebrar tu cumpleaños:* ....
5. *Aprender más español:* ....

- *¿Qué vas a hacer este fin de semana?*
- *El sábado voy a ir a comer a casa de unos amigos. ¿Y tú?*

Preguntar sobre planes
¿Qué vas a hacer?
¿Cuándo vas a...?
¿Cómo vas a...?
¿Con quién vas a...?
¿Dónde vas a...?

e Ahora pregunta a tu compañero sobre sus planes.

8. El hombre del tiempo

a Lee las descripciones de condiciones meteorológicas y piensa en un lugar con ese clima. Compara con tu compañero.

	LUGAR
Hace mucho calor en verano.	....
Hace mucho frío en invierno pero no nieva casi nunca.	....
Hace mucho viento pero hace sol casi siempre.	....
Hay muchas tormentas pero no hace frío.	....
Llueve mucho todo el año.	....

b ¿Qué tiempo va a hacer mañana en la ciudad donde estás? ¿Sabes qué dice *el hombre del tiempo*? ¿Va a cambiar el tiempo?

- *Creo que no va a cambiar el tiempo.*
- *Pues el hombre del tiempo dice que mañana va a hacer más frío.*

1. Calidad de vida en las ciudades

a Estos son algunos factores que condicionan la calidad de vida de las ciudades. Decide con tu compañero qué tres factores son los más importantes y por qué. Si queréis, podéis añadir otros factores a la lista.

- Número de habitantes
- Aeropuerto internacional
- Contaminación
- Temperaturas
- Conexiones interurbanas e internacionales

- Tolerancia social
- Servicios sanitarios
- Medios de comunicación
- Transporte público urbano

- Horas de sol
- Zonas verdes
- Ocio
- Educación
- Delincuencia

■ *Para mí, el factor más importante es el nivel de delincuencia.*

● *Sí, pero también los transportes y los servicios sanitarios.*

b Según estos factores, ¿cuál puede ser una buena ciudad para vivir?

■ *Londres: tiene muy buenas conexiones y hay muchos parques...*

● *Sí, pero no tiene muchas horas de sol y las temperaturas son bajas. Yo prefiero Roma.*

c Lee la siguiente noticia y señala los factores de la lista de arriba que se mencionan.

`http://blog.ciudadesmundo.com/`

josé joaquín

blogciudadglobal

20 de julio de 2007, por José Joaquín

Las mejores ciudades del mundo para vivir

Monocle Magazine, una revista editada por el *International Herald Tribune*, ha hecho un estudio durante tres meses para valorar la calidad de vida en las grandes ciudades del mundo. El estudio menciona 11 factores considerados clave para una buena calidad de vida. Estos factores son: la existencia de conexiones internacionales con un aeropuerto moderno, el nivel de formación y educación, los servicios sanitarios, las horas de sol, la temperatura media y la existencia de buenas redes de transporte y conexión.

También se han valorado la «tolerancia social» en las grandes ciudades, el ocio nocturno (después de la una de la madrugada), la relación calidad/precio del transporte público y la posibilidad de tener acceso a los medios de comunicación internacionales y a la naturaleza.

Las ciudades más valoradas son:
(1) Múnich (2) Copenhague (3) Zúrich (4) Tokio (5) Viena (6) Helsinki
(7) Sydney (8) Estocolmo (9) Honolulú (10) Madrid (11) Melbourne (12) Montreal
(13) Barcelona (14) Kyoto (15) Vancouver (16) Auckland (17) Singapur (18) Hamburgo
(19) París (20) Ginebra.

d ¿Está tu ciudad en la lista? ¿Conoces alguna de las ciudades más valoradas? ¿Estás de acuerdo con la clasificación?

■ *Yo vivo en Sydney: es muy bonita y moderna pero es muy cara.*

● *¿Y tiene muchas zonas verdes?*

f ¿Te gustaría vivir en otra ciudad? ¿En cuál? ¿Qué ciudades quieres conocer? ¿Por qué?

2. ¿Quieres conocer Madrid?

a MADRID VISIÓN es un servicio de autobuses turísticos. ¿En qué crees que consiste? Decide con tu compañero las opciones que pueden ser correctas.

1. MADRID VISIÓN funciona en...	2. El horario es...	3. El precio es...	4. Se puede bajar del autobús...
☐ verano	☐ todo el día	☐ 10 € al día	☐ en los museos
☐ todo el año	☐ por la noche	☐ 20 € dos días	☐ 5 veces
☐ otoño y primavera	☐ por la mañana	☐ 20 € al día	☐ en cualquier momento

b Ahora vas a escuchar un anuncio de MADRID VISIÓN. Comprueba tus hipótesis y marca la información correcta.

3. En ruta

a Observa las fotos. ¿Conoces estos lugares y monumentos de Madrid? Escucha estos fragmentos de una ruta de MADRID VISIÓN y señala cuáles visitan y en qué orden.

☐ **Puerta del Sol**

☐ **Museo del Prado**

Monumento ☐ **a Colón**

☐ **Plaza de la Villa**

Palacio Real ☐

☐ **Fuente de Cibeles**

☐ **Puerta de Alcalá**

b ¿A qué foto corresponden estas informaciones? Escucha otra vez y comprueba.

1. Allí se celebra la última noche del año.   ......
2. Está al lado de la entrada principal del parque del Retiro.   ......
3. Allí se celebran las victorias del Real Madrid.   ......
4. Hay una estatua de Velázquez.   ......
5. Antigua sede del Ayuntamiento.   ......

c Prepara con tu compañero la ruta ideal para conocer tu ciudad. Selecciona los cinco lugares más importantes o famosos.

■ *Yo creo que en la ruta ideal está el Ayuntamiento porque es un edificio muy importante y el Museo Nacional.*

● *Sí, sí y también el Puente Viejo.*

4. Otras formas de viajar

a Estos son algunos viajes que propone la agencia Años Luz. Lee la información y señala si las siguientes afirmaciones son verdaderas o falsas.

OFERTAS
ARGENTINA
Entre los Andes y el Atlántico: montaña, selva y mar. (14 días)

OFERTAS
ARGENTINA
Aconcagua.
El techo de América.
(22 días)

OFERTAS
ARGENTINA Y CHILE
Trekking en Patagonia.
Parque Nacional de los Glaciares y Torres del Paine. (26 días)

OFERTAS
BOLIVIA
Los colores de Bolivia: altiplano y selva amazónica.
(23 días)

OFERTAS
CUBA
Submarinismo en Isla de la Juventud y en la playa de María la Gorda.
(10 días)

OFERTAS
BRASIL
¿El gran pulmón de la tierra?
(22 días)

V / F

1. Es una agencia de viajes para familias con niños pequeños. .... ☐ ☐
2. Es una agencia de viajes especializada en hoteles de lujo. .... ☐ ☐
3. Es una agencia de viajes de aventura. .... ☐ ☐

b Lee las siguientes descripciones. ¿A qué viaje corresponde cada una?

1 Este es un viaje para disfrutar de una naturaleza generosa, para extasiarse ante la belleza de lagos, fiordos, volcanes y glaciares, y para gozar de la idea de pisar el fin del mundo. Desde la capital chilena, Santiago, bajamos a Pucón, en el corazón de la región de los lagos y bajo la figura de cono perfecto del volcán Villarrica. Después seguimos hacia el Parque Nacional de Puyehué y la mágica isla de Chiloé. De ahí saltamos a la Patagonia para conocer Punta Arenas y Puerto Natales, ambos puertos marinos. Vamos a andar en el Parque Nacional Torres del Paine y, una vez en Argentina, en el macizo del Fitz Roy. Por último, tres grandiosos espectáculos naturales: el glaciar Perito Moreno, la bahía de la mítica Ushuaia, la ciudad más austral del mundo, y las colonias de mamíferos marinos de Península Valdés. Como despedida del continente americano, Buenos Aires, una de las más imponentes capitales del hemisferio sur.

2 Todos conocemos la belleza del grandioso e inhóspito altiplano, pero en nuestro viaje descubrirás impresionantes parajes como el salar de Uyuni, uno de los espectáculos más insólitos y fascinantes de la naturaleza, al igual que las intensas aguas de Laguna Verde, y Laguna Colorada. Nuestra etapa en el altiplano visita, en Copacabana, el legendario lago Titicaca por el que navegaremos a la isla del Sol y la isla de la Luna tras visitar el Parque Nacional de Sajama y una joya arqueológica, Tiwanacu. Terminamos la ruta con una incursión a la Amazonia boliviana donde se visitan comunidades nativas, además de cabalgar por la pampa y la llanura. Por supuesto que no dejaremos de visitar La Paz, en la que se confunden modernos edificios, construcciones coloniales e infinidad de mercados.

c ¿Cuál de los dos viajes te gustaría hacer?

d Piensa con tu compañero en otro viaje que puede ofrecer la agencia Años Luz.

e ¿Te gustan los viajes de aventura o prefieres otro tipo de viajes? Comenta tus experiencias con tus compañeros.

- *A mí me gustan los viajes culturales, ver ciudades, visitar monumentos...*
- *A mí sí me gustan los viajes de aventura, conocer lugares lejanos y subir montañas.*

1. HAY: existencia

Hay	un bar con terraza en mi calle. una discoteca al final de la avenida. bares y discotecas en el centro. mucho ruido por las noches. mucha gente en la Plaza Mayor. muchos coches en mi barrio. muchas terrazas en esta avenida.

2. ESTAR: localización

El bar Pepe La comisaría	está	cerca de la plaza. al lado del cine.
Los cines Ideal Las tiendas de ropa	están	lejos del metro. en el centro.

3. Pedir y dar información sobre horarios

■ ¿A qué hora sale el tren?

● A **la** una y veinte.
las cuatro (en punto).
las ocho y cuarto.
las siete y media (en punto).

4. Pedir y dar la hora

■ ¿Tiene / -s hora?

● (Sí,) **son las** doce.
es la una y cinco.
son las seis y veinticinco.

■ ¿Qué hora es?
● Son las diez.
● Es la una y cuarto.
● Son las nueve y media.

5. Citarse

Preguntar hora y lugar
¿Cómo quedamos?
¿Cuándo quedamos?
¿Dónde quedamos?

Proponer hora y lugar
¿Quedamos mañana a las once?
¿Quedamos en el Café Central?

Aceptar una propuesta
Vale.
Muy bien.
De acuerdo.
Por mí, bien.
Vale, muy bien.
Muy bien, de acuerdo.

Rechazar una propuesta
Lo siento, por la tarde no puedo.

Proponer una alternativa
¿Qué tal mañana por la noche?
¿Qué tal el sábado?
¿Qué tal un poco más tarde? ¿A las doce?

> Para rechazar, hay que dar una justificación.

> Para aceptar, es frecuente unir dos o más expresiones.

6. Preguntar e informar sobre intenciones y planes

■ ¿Qué vas a hacer este fin de semana?
● Voy a salir con mis amigos.

■ ¿Dónde vas a ir de vacaciones?
● Voy a ir a Cádiz, a la playa.

> Para planes inmediatos, también se utiliza el presente de indicativo:
> *Esta noche ME QUEDO en casa. ¡Qué bien!*

Presente de *IR* + *a* + infinitivo			
Yo	voy		
Tú	vas		
Usted / él / ella	va	a	infinitivo
Nosotros / nosotras	vamos		
Vosotros / vosotras	vais		
Ustedes / ellos / ellas	van		

7. Expresar deseos

Quiero conocer Colombia.
Quiero aprender chino.
Quiero ir a un hotel con piscina.
Quiero estudiar piano.

> QUERER + INFINITIVO

Me gustaría ir a Costa Rica.
Me gustaría aprender árabe.
Me gustaría ir a un restaurante japonés.
Me gustaría estudiar piano.

> ME GUSTARÍA + INFINITIVO

8. Para hablar del tiempo

Hace	Hay	Llueve
calor frío sol viento	niebla nubes tormenta	Llueve Nieva

> **También se dice:**
> *Hay sol*
> *Hay viento*

6 El menú del día

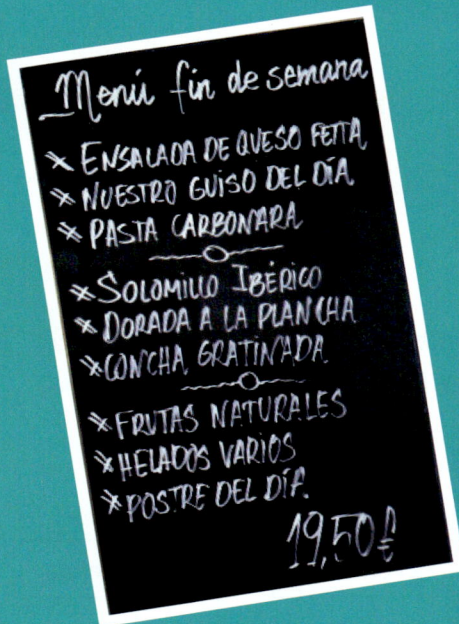

Menú fin de semana

* ENSALADA DE QUESO FETTA
* NUESTRO GUISO DEL DÍA
* PASTA CARBONARA

* SOLOMILLO IBÉRICO
* DORADA A LA PLANCHA
* CONCHA GRATINADA

* FRUTAS NATURALES
* HELADOS VARIOS
* POSTRE DEL DÍA.

19,50€

En esta unidad vamos a aprender:

▶▶ A hablar de hábitos de alimentación

▶▶ Los nombres de las comidas, las bebidas y los platos

▶▶ A pedir comidas y bebidas en un restaurante

▶▶ A decidir el menú de una comida

1. Ñam, ñam

Observa estas imágenes de comidas. ¿Te gustan? ¿Forman parte de tu dieta? ¿Las comes a menudo? ¿Cuándo las comes? Coméntalo con tus compañeros.

calamares

sándwiches

fruta

bocadillos

tarta

hamburguesas

ensalada

tortilla

sopa

plato combinado: carne, huevos y patatas fritas

paella

	Por la mañana...	A mediodía...	Por la tarde...	Por la noche...
① Comidas del día	**el desayuno**	**la comida**	**la merienda**	**la cena**
	desayunar	comer	merendar	cenar

① La palabra *comida* tiene tres significados:
- *La **comida** mediterránea es muy buena.*
- *El desayuno es mi **comida** favorita.*
- *Hoy tengo una **comida** con unos clientes a las 2.*

■ *Yo como fruta en el desayuno...*

● *Pues yo para desayunar y para merendar.*

▲ *Pues yo no como fruta casi nunca. No me gusta.*

2. Platos e ingredientes

a Mira las fotos y comenta con tu compañero qué alimentos tiene cada plato.

azúcar
carne
pescado
huevos
legumbres
queso
leche
verdura
fruta
arroz
pan
pasta

Arroz a la cubana

Marmitako

Albóndigas

Fabada

3. Ensalada de...

¿Te gusta cocinar? ¿Cuántos platos puedes imaginar con estos elementos? Con tu compañero, relacionad las dos columnas y escribid una lista. Luego comparad las listas de toda la clase.

sopa		huevos
ensalada		verdura
bocadillo		carne
tortilla	DE	pescado
tarta		fruta
filete		patatas
zumo		pan

4. ¿Blanco o tinto?

Pregunta a tu compañero cómo toma estas bebidas.

CAFÉ　　**TÉ**
- Solo
- Con leche
- Con azúcar
- Sin azúcar

AGUA
- Con gas
- Sin gas

VINO
- Tinto
- Blanco

■ *¿Cómo tomas el café normalmente?*
● *Solo y con azúcar. ¿Y tú?*
■ *Con leche y con azúcar también.*

5. ¿Qué comemos hoy?

Completa el menú con las palabras que faltan. Compara con tu compañero.

Salmón　　Macarrones　　de pescado

Calamares a la romana

con patatas　　Ensalada

Menú del día:

DE PRIMERO
Sopa _____
Arroz a la cubana
_____ del día
_____ con tomate

DE SEGUNDO
Pollo _____
_____
Albóndigas
_____ a la plancha

Incluye bebida, pan y postre o café
PVP 10,00 €

a Rocío e Iñaki están preparando un reportaje sobre los hábitos de la gente en la hora de la comida. Antes de salir charlan con Luis y Paloma.

¿Vais a desayunar?

No, no, vamos a hacer las entrevistas para el reportaje sobre los hábitos para las comidas...

Por cierto, vosotros, ¿dónde coméis hoy?

Yo como aquí, en la cocina.

¡Ah! ¿Te traes la comida de casa?

Sí, casi siempre. Es más sano y más barato. Mira, hoy tengo, de primero, sopa, y, de segundo, pollo.

Pues yo voy a comer, como siempre, el menú del día de Los Arcos. Es bueno y, además, prefiero salir de la oficina.

Ah, sí, Los Arcos, nosotros también vamos a comer allí hoy.

Sí, nos vemos allí sobre las dos, ¿vale?

Perdonen, ¿pueden contestar unas preguntas? ¿Dónde van a comer hoy? ¿Qué van a comer?

Yo, el menú del día, en el restaurante.

Pues, yo como en casa, no sé qué, algo bueno, espero.

Perdona, ¿comes en un restaurante o en casa?

Yo como en la oficina, me llevo la comida de casa. Hoy llevo macarrones y un poco de fruta.

Perdone, señora, ¿usted come en casa o fuera?

Casi siempre fuera, normalmente un plato combinado en la cafetería de la esquina.

¿Y vosotros, vais a comer a casa?

No, comemos en la facultad, un bocadillo, normalmente.

¿Qué hay de menú?

¿Y tu comida de casa?

No funciona el microondas, ¡y no me gusta la sopa fría!

No pasa nada, mujer, mira, aquí también puedes comer sopa y pollo.

MENÚ

De primero
Sopa de pescado
Arroz a la cubana
Ensalada del día
Macarrones con tor
De segundo
Pollo con patat

b A partir de las entrevistas de Rocío, ¿cuál de estos titulares recoge mejor las preferencias de la gente?

LAS MUJERES PREFIEREN EL MENÚ DEL DÍA

SOLO UNA DE CADA TRES PERSONAS COME EN CASA

LOS BOCADILLOS, COMIDA RÁPIDA PARA JÓVENES Y MAYORES

1. ¿*Tú* o *usted*?

a ¿Qué tratamiento da Rocío a las personas que entrevista, formal o informal? Lee de nuevo el cómic y escribe en cada caso si es *tú, vosotros, usted* o *ustedes*.

b ¿Y el tratamiento entre los compañeros de trabajo?

c Estos son los factores que determinan el uso de *usted*. ¿Cuáles están presentes en la entrevista de Rocío?

FACTORES	Entrevistas de Rocío			
1. *Diferencia de edad*: tratamiento más formal para personas mayores	Sí	❏	No	❏
2. *Relación entre las personas*: tratamiento más formal para desconocidos	Sí	❏	No	❏
3. *Situación y papel de las personas*: tratamiento más formal con clientes	Sí	❏	No	❏

d Completa el cuadro con las formas de los verbos que corresponden a los tratamientos *tú, usted, vosotros* y *ustedes*.

	ir	comer	desayunar	preferir
Tú				
Usted				
Vosotros				
Ustedes				

2. Una pregunta más, por favor

a Aquí tienes algunas preguntas más de las entrevistas de Rocío. ¿A quién va dirigida cada una? Fíjate en los verbos (forma *tú, usted, ustedes, vosotros*) y relaciona las preguntas con el número de la persona entrevistada.

A • ¿A qué hora comes?

B • ¿Cuánto tiempo tienen para comer?

C • ¿Tomáis alcohol en las comidas?

D • ¿Toman postre o café después de comer?

E • ¿Ve la televisión o realiza otra actividad mientras come?

1

2

3

4

b ¿Y tu compañero? ¿Dónde come hoy? ¿Qué va a comer? ¿Cuáles son sus hábitos? Prepara las preguntas para hacer una entrevista parecida a tu compañero.

ENTREVISTA A	
1. ¿Dónde comes normalmente?	**5.**
2. ¿Qué comes?	**6.**
3.	**7.**
4.	**8.**

3. En el restaurante

a Escucha las conversaciones de las personas de Agencia ELE con el camarero del restaurante Los Arcos y marca en el menú lo que pide cada uno.

(audio 32)

LOS ARCOS

Menú del día:

De primero
Sopa de pescado
Arroz a la cubana
Ensalada del día
Macarrones con tomate

De segundo
Pollo con patatas
Calamares a la romana
Albóndigas
Salmón a la plancha

Incluye bebida, pan y postre o café

PVP 10,00 €

¿Qué van a tomar?

¿Postre o café?

¿Para beber?

LOS ARCOS

Mesa | 5

sopa	1
pollo	1

b Escucha de nuevo y completa el cuadro.

(audio 32)

Para llamar al camarero	.............., **por favor.**	.............., **por favor.**
Para decir los platos elegidos	.............., **ensalada y,** .... , **salmón.**	
Para pedir algo que falta en la mesa	¿.............. **un poco más de pan?**	
Para pedir la cuenta	.............., **por favor.**	

c ¿Qué tratamiento utiliza el camarero con los clientes, *tú* o *usted*? ¿Y los clientes con el camarero?

d Imagina que estás en el restaurante Los Arcos. Practica esta situación con tus compañeros, uno es camarero y los otros clientes.

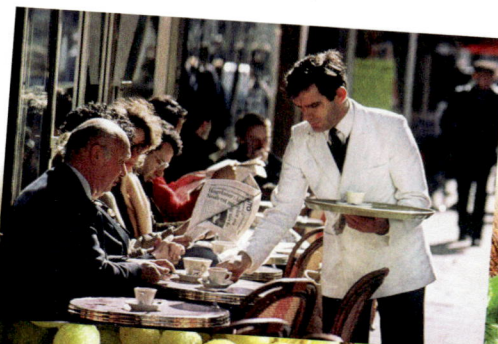

4. Alimentación equilibrada

a Para tener una alimentación equilibrada, ¿qué cantidad diaria debemos tomar de cada tipo de alimento? Relaciona los elementos de las dos columnas y comenta tus resultados con tu compañero.

Grupos de alimentos

- Lácteos (leche, queso...)
- Cereales (pan, arroz, pasta...)
- Carne, pescado, huevos, legumbres
- Fruta y verdura

Porciones diarias

- 6-10 porciones
- 3 porciones
- 4 porciones
- 2 porciones

> Recuerda, para comparar: *más* y *menos*.

- ■ *Yo creo que lácteos son dos porciones diarias.*
- ● *¿Tú crees? Yo creo que es más, tres o cuatro.*

b Escuchad la conversación de Luis con el doctor Magro y comprobad vuestras hipótesis.

c ¿Cómo es la alimentación de Luis? ¿Come bien? Escucha otra vez y toma nota de las recomendaciones del doctor.

Recomendaciones
- *Luis tiene que comer más verduras*
- *Luis tiene que* ....
- ....
- ....

> *Tener que + infinitivo* es equivalente a *necesitar + infinitivo*

d ¿Tu dieta es equilibrada? ¿Y la de tus compañeros? Comentad vuestros hábitos en grupos. ¿Quién come mejor?

5. El menú de la semana

Este es el menú semanal de una escuela. Habla con tu compañero y entre los dos completad el menú con los platos de la derecha.

	Lunes	Martes	Miércoles	Jueves	Viernes
1.er Plato		pasta	ensalada o verdura		legumbres con verduras
2.º Plato	legumbres con arroz			carne con ensalada	
Postre	fruta	fruta	fruta	fruta	lácteos

Pescado con patatas o ensalada
Verdura con patatas
Arroz con carne, huevo o pescado
Pescado con ensalada o verduras
Ensalada mixta

- ■ *Pescado con patatas o ensalada es un segundo plato, ¿no?*
- ● *Sí. ¿Para el miércoles?*
- ■ *Creo que no, porque el miércoles de primero hay ensalada.*

> De primero **hay...**
> De segundo **hay...**

6. Menú especial

En las siguientes situaciones se necesitan menús especiales. Con dos compañeros, elegid una situación de la lista o una que vosotros queráis y pensad los platos del menú del día. Luego presentadlo al resto de la clase.

Menú para deportistas

Menú para perder peso

Menú para el verano

Menú para el invierno

Menú para...

Menú para ....
Primer plato
....
Segundo plato
....
Postre
....

1. Desayunos del mundo hispano

a Mira estas fotografías. ¿Con qué momento del día relacionas estos productos?

Chocolate con churros

Arepas

Frijoles

Jamón y embutidos

Galletas

Tortillas

Zumo de naranja

Bollos

b Lee estos textos de internet. ¿En qué países se comen los productos de las fotos? Busca con tu compañero qué tienen en común los tres desayunos.

Desayuno español

En España, un desayuno tradicional es chocolate con churros. Durante los días laborables, se suele tomar café con leche. La parte sólida puede estar formada por galletas, bollos, o pan tostado con mantequilla, aceite de oliva, miel o mermelada. También es frecuente beber zumo de naranja natural. En España, durante los días laborables, se suele hacer un segundo desayuno entre las 10 y las 12 de la mañana. Es común que este desayuno, a veces denominado almuerzo, se tome en bares situados cerca del lugar de trabajo.

Desayuno mexicano

En los desayunos fuertes de México, que bien pueden constituir un almuerzo, el platillo central suele ser huevos preparados de distintas formas, acompañados de frijoles con chile y tortillas. El zumo (o jugo) de naranja (o de alguna otra fruta) es también un elemento indispensable. En muchas regiones también son comunes los desayunos rápidos basados en tamales o pan dulce, acompañados por café con leche o atole (bebida caliente de maíz con leche).
En el norte del país se acostumbra la «machaca» (carne seca y deshebrada) que puede comerse en burritos (tacos con tortilla de harina), o con huevo.

Desayuno venezolano

En la mayoría de los hogares venezolanos el desayuno consiste en arepa rellena y café con leche. La arepa está hecha de harina de maíz, tiene forma redonda aplastada y varía de tamaño según las costumbres de cada región. Casi siempre se abre por la mitad horizontalmente y se pone mantequilla, se rellena con queso blanco rallado o cualquier otro alimento (carne mechada, jamón y queso amarillo, etc.).

http://www.alimentacion-sana.com.ar/informaciones/Nutricion/desayuno%202.htm

c ¿Cómo es un desayuno típico de tu país o región? ¿Se parece a alguno de estos? Cuéntalo a la clase.

2. Desayuno en el bar

🔊 34

a En un programa de radio habla un camarero de un café de Madrid sobre las costumbres de sus clientes para desayunar. Compara esta información con el texto sobre España. ¿Se dice lo mismo? Habla con tu compañero.

■ *En la entrevista no hablan del segundo desayuno...*

● *Sí, es verdad.*

b Escucha de nuevo y completa la ficha.

> *¿A qué hora empieza el desayuno?* ....
> *¿Cuál es el desayuno más frecuente?* ....
> *¿Cuánto tiempo tardan los clientes en desayunar?* ....
> *¿Hasta qué hora se puede desayunar?* ....

3. Un buen desayuno

a Observa la foto de una campaña del Ministerio de Sanidad y Consumo con recomendaciones para un buen desayuno. ¿Es tu desayuno completo y sano? ¿Cuáles de los alimentos de la imagen tomas tú para desayunar? Habla con tu compañero, ¿quién desayuna mejor?

b En el programa de radio de antes, tres personas llaman por teléfono y explican cómo son sus desayunos. Escucha las conversaciones y toma nota de qué come cada una. ¿Cuál de las tres toma el desayuno más completo?

café con leche
café solo
zumo de naranja
mermelada
pan
tostadas
bollos
jamón
queso
fruta
yogur con cereales

1 Tamara

....
....
....

2 Celi

....
....
....

3 Teresa

....
....
....

c ¿Existen en tu país campañas con recomendaciones sobre la dieta, la alimentación o el consumo de alimentos concretos? Coméntalo con tus compañeros.

> ■ *En mi país hay una campaña para beber más leche y otra para consumir pescado.*

1. Comidas del día

Momento del día	Sustantivo	Verbo
por la mañana	el desayuno	desayunar
a mediodía	la comida	comer
por la tarde	la merienda	merendar
por la noche	la cena	cenar

2. Uso de *tú* o *usted*

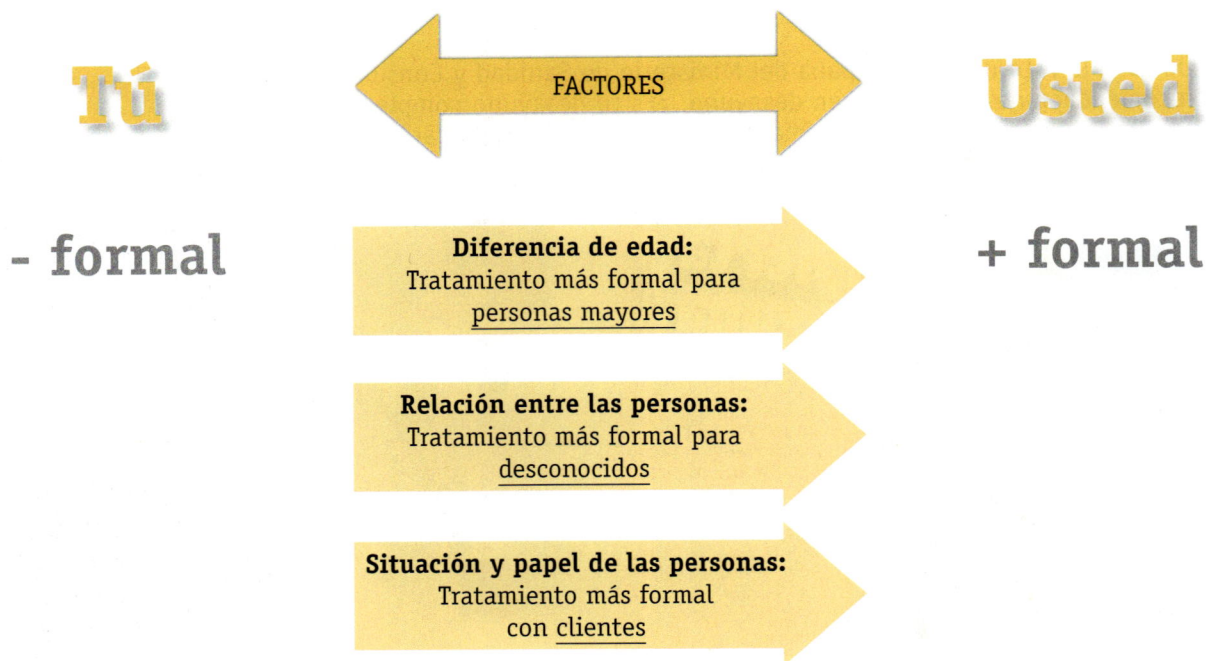

Tú   FACTORES   Usted

- formal   + formal

Diferencia de edad:
Tratamiento más formal para
personas mayores

Relación entre las personas:
Tratamiento más formal para
desconocidos

Situación y papel de las personas:
Tratamiento más formal
con clientes

¿Tú comes en casa o fuera?   **¿Usted come** en casa o fuera?

3. Recursos para pedir en el restaurante

Para llamar al camarero	¡Oiga, por favor! ¡Camarero, por favor!
Para decir los platos elegidos	**De primero**, sopa y, **de segundo**, salmón.
Para pedir la cuenta	La cuenta, por favor.

4. El menú del día

● ¿Qué hay para comer?

■ De primero **hay** macarrones, de segundo **hay** pollo y de postre, fruta.

En esta unidad vamos a aprender a:

▶▶ Describir las partes de una casa y los muebles que contiene

▶▶ Hablar de tareas, hábitos y rutinas domésticas

▶▶ Establecer normas de convivencia para la casa

▶▶ Pedir permiso y responder a peticiones de otras personas

▶▶ Ofrecer algo y responder a un ofrecimiento

▶▶ Nombrar los colores

1. Las partes de la casa

a Mira este plano y las fotos de la página anterior. ¿Qué foto corresponde a cada parte del plano?

■ *La foto número 3 es el despacho, ¿no?*

● *Sí, me parece que sí.*

b ¿Tu casa tiene las mismas habitaciones que la del plano? ¿En qué se diferencia? Habla con tu compañero.

■ *Mi casa tiene dos dormitorios y también tiene una terraza, pero no tiene despacho.*

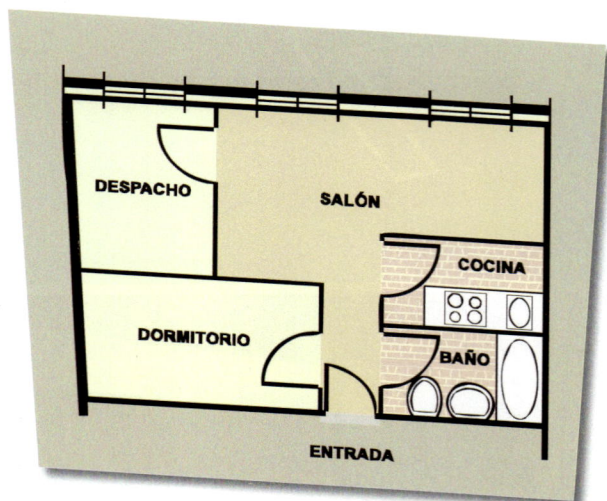

c ¿En qué partes de la casa haces estas cosas?

• Ver la tele	• Comer	• Leer
• Hacer la comida	• Lavar la ropa	• Estudiar español

■ *Yo siempre veo la tele en el dormitorio. ¿Y tú?*

● *Yo, en el salón.*

2. Los colores

a Fíjate en las imágenes y completa el cuadro. Escribe todas las formas de cada palabra.

Un armario marrón

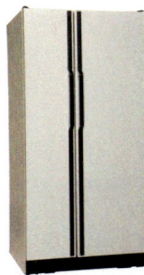

Una nevera blanca

Una silla azul

Una estantería amarilla

Un sofá rojo

Una cama verde

Una mesa gris

Un sillón naranja

	Singular: -o/-a Plural: -os/-as	Singular: -e Plural: -es	Singular: -a Plural: -as	Singular: consonante *(l, n, s)* Plural: -es
Colores			naranja / -s	marrón / -es

b Elige uno de estos muebles y descríbelo. Tu compañero tiene que adivinar cuál es.

■ *Una mesa pequeña, moderna, negra, con una televisión…*

● *¿Es esta?*

■ *Sí, es esta.*

c Mira las fotos del principio de la unidad. ¿Qué muebles hay en cada parte de la casa?

Una mesa	Una silla
Una cama	Un sofá
Un sillón	Unos armarios
Un ordenador	Unas estanterías
Una lavadora	Una nevera

El despacho   El salón   El dormitorio

La cocina   El baño

3. Tipos de casa

a Un sitio web publica estos anuncios de casas. ¿Qué foto corresponde a cada anuncio?

Salamanca. Piso de dos dormitorios, baño completo, salón comedor y cocina. Luminoso, céntrico y bien comunicado. Se alquila para largas temporadas. No tiene muebles.

Benalmádena-pueblo. Estudio completamente amueblado y equipado con lavadora, nevera, televisión, etc. Muy tranquilo y céntrico. Ideal para 1 o 2 personas.

Cambrils. Apartamento con capacidad para seis personas. Dos dormitorios, baño, cocina americana, salón y terraza de 15 m² con vistas al mar. Zona de *parking* y piscina. Nuevo, moderno, situado frente al mar.

Santa Eugenia de Nerella. Casa grande, antigua, con capacidad para diez personas. Tiene seis habitaciones, dos baños, cocina, salón-comedor, terraza, jardín y garaje. Situada en los Pirineos, en un pequeño pueblo rodeado de naturaleza.

b Habla con tu compañero. ¿Qué casa prefieres tú para las vacaciones? ¿Por qué?

■ *Yo prefiero la casa de Santa Eugenia. Me gusta la montaña, y en mi familia somos ocho personas.*

a Sergio y Paloma miran pisos. Escucha y lee.

zona LATINA

950€

Piso de dos habitaciones, céntrico, amueblado, cocina equipada.
Referencia: 62048692

¿Y dónde están los muebles?

Son esos.

¿Y esa puerta es de la cocina?

No, la del baño.

¿Y eso qué es? ¿Un armario?

No, eso es la cocina.

...Primero vamos a ver el piso, después la piscina y por último el garaje. ¿El piso es para ustedes dos?

Sí. Bueno, se puede venir con amigos, pero hay que hablar con el portero.

¿Se puede fumar aquí?

zona CUZCO

Dos dormitorios, dos baños, cocina equipada, garaje, aire acondicionado, piscina en el jardín, conserje las 24 horas.
Referencia: 9134562
Precio: preguntar en agencia

¿Y cuánto cuesta el alquiler?

Sí, señor.

1600 euros al mes, con tres meses por adelantado.

¿La piscina es solamente para los vecinos?

Lo siento, no se puede. Está prohibido.

Este piso está muy bien, pero..., ¡es muy caro!

Sí. ¡Qué difícil es encontrar un piso en condiciones a un precio razonable!

Sí, es verdad. Pero creo que no hay que ver más pisos. Ya tenemos suficiente información.

No, gracias.

Sí. Creo que el reportaje va a ser muy interesante... ¡Ah! ¿Quieres un caramelo? Es bueno para no fumar...

REPORTAJE *Alquileres*

Un buen piso
por menos
de 1000 € al mes
¿MISIÓN IMPOSIBLE?

E

b En este resumen del cómic hay dos informaciones falsas. ¿Cuáles son? Corrígelas.

Sergio y Paloma quieren vivir juntos y por eso buscan un piso. Visitan un piso en Latina, pero tiene pocos muebles y la cocina está mal equipada. No corresponde a lo que dice el anuncio. También visitan un piso en Cuzco, pero tiene dos problemas: es muy caro y está prohibido invitar amigos a la piscina. Al final, Sergio y Paloma escriben un reportaje sobre las dificultades de alquilar un piso por menos de mil euros.

1. ¿Qué es eso?

a Lee estas frases del diálogo. ¿Qué explicación corresponde a cada frase?

1	■ ¿Y dónde están los muebles? ● Son **esos**.
2	■ ¿Y **esa** puerta es la de la cocina? ● No, la del baño.
3	■ ¿Y **eso** qué es? ¿Un armario? ● No, **eso** es la cocina.
4	■ **Ese** piso está muy bien, pero…, ¡es muy caro!

A Señalar un objeto femenino singular: una puerta.

B Señalar o indicar un objeto que no sabe identificar.

C Señalar un objeto masculino plural: unos muebles.

D Referirse a un objeto masculino singular: un piso.

b Completa con *eso* o *ese*.

➤ Utilizamos .... para señalar o referirnos a una cosa masculina singular, cuando sabemos qué es. Por ejemplo: .... libro es de María, ¿verdad?

➤ Utilizamos .... para señalar o referirnos a una cosa que no conocemos, o que no podemos identificar. Por ejemplo: ¿Qué es ....? ¿Es un libro?

2. ¿Quiere(s)…? / ¿Se puede…?

a Completa con frases del cómic.

■ ¿..............................?
▲ No, gracias.

....

■ ¿Se puede venir con amigos, o es solamente para los vecinos?
● Sí, se puede venir con amigos, pero ....
....

b Mira otra vez los diálogos y completa los siguientes cuadros.

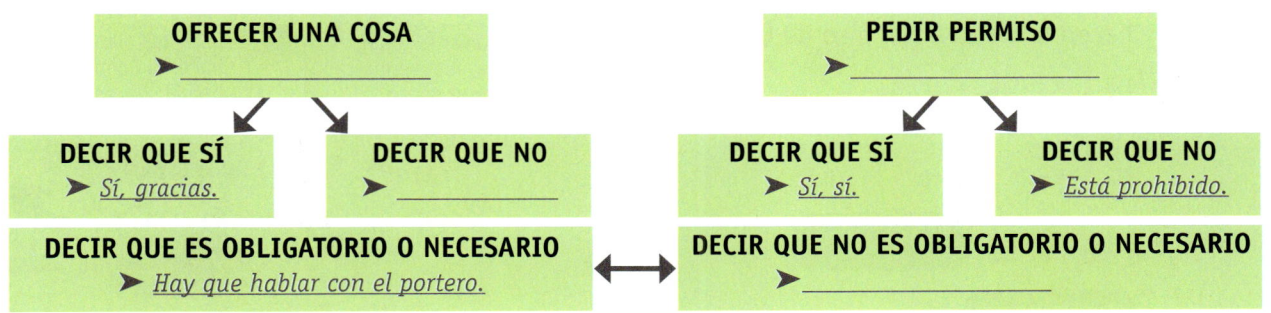

OFRECER UNA COSA
➤ _____

DECIR QUE SÍ
➤ *Sí, gracias.*

DECIR QUE NO
➤ _____

DECIR QUE ES OBLIGATORIO O NECESARIO
➤ *Hay que hablar con el portero.*

PEDIR PERMISO
➤ _____

DECIR QUE SÍ
➤ *Sí, sí.*

DECIR QUE NO
➤ *Está prohibido.*

DECIR QUE NO ES OBLIGATORIO O NECESARIO
➤ _____

c ¿Qué significan estas señales? ¿En qué lugares las puedes encontrar? Habla con tu compañero y luego, entre los dos, escribid el texto más adecuado para cada una.

1   *2*   *3*   *4*   *5*

No se puede comer ....

3. Verbos irregulares

a Fíjate en el verbo *jugar*, que ya conoces, y completa el presente de *poder*.

	Presente de *jugar*	Presente de *poder*
Yo	juego	puedo ①
Tú	juegas	....
Usted / él / ella	juega	....
Nosotros / nosotras	jugamos	podemos
Vosotros / vosotras	jugáis	....
Ustedes / ellos / ellas	juegan	pueden

① Hay otros verbos frecuentes que cambian o por ue. Por ejemplo: *acostarse, dormir*, etc.

b Completa el verbo *vestirse*.

	Presente de *vestirse* ②
Yo	me ....
Tú	te vistes
Usted / él / ella	....
Nosotros / nosotras	nos vestimos
Vosotros / vosotras	os vestís
Ustedes / ellos / ellas	.... visten

② *Nos vestimos* y *os vestís* son las únicas formas con e.

③ También con *acostarse*: *me acuesto, te acuestas, se acuesta*, etc.

4. Verbos reflexivos

Fíjate ahora en el verbo *llamarse* y completa los verbos *lavarse* y *ducharse*. ③

	Presente de *llamarse*	Presente de *lavarse*	Presente de *ducharse*
Yo	me llamo	me lavo	....
Tú	te llamas	....	te duchas
Usted / él / ella	se llama	....	....
Nosotros / nosotras	nos llamamos	nos lavamos	....
Vosotros / vosotras	os llamáis	....	os ducháis
Ustedes / ellos / ellas	se llaman	....	....

5. ¿En qué orden?

a Lee otra vez el cómic. ¿En qué orden hacen la visita en el piso de Cuzco?

1.º ....
2.º ....
3.º ....

> ver el piso

> ver el garaje

> ver la piscina

b En los diálogos, ¿con qué palabras se indica el orden?

1.º ....*Primero*.............
2.º ....
3.º ....

c Escucha las grabaciones. ¿En qué orden hacen las cosas los personajes?

1	2	3
- lavar la ropa - ir al supermercado - ir al banco	- lavar los platos - hacer la comida - limpiar la casa	- vestirse - ducharse - desayunar

ducharse

lavar la ropa

limpiar

hacer la comida

lavar los platos

vestirse

d ¿Y tú? ¿Qué haces cuando te levantas por la mañana? ¿En qué orden? Habla con tu compañero.

■ *Primero, me ducho. Después, me visto. Por último, desayuno.*

● *Pues yo, primero desayuno y después me ducho y me visto.*

6. ¡Qué casa!

a Completa las descripciones con estas palabras (adjetivos). Atención al masculino, femenino, singular o plural.

amarilla, amarillas, azul, azules, blanca, blanco, comunicada, céntrica, equipada, grandes, marrones, moderna, pequeño, tranquila

1. Mi nueva casa es <u>céntrica</u>, <u>tranquila</u> y está bien ...., con metro y autobús muy cerca. ¡Qué contenta estoy!

2. Tengo muebles nuevos en el salón. Los colores son muy bonitos: un sofá .... y una mesa ...., con sillas .... y ....

3. Me gusta mucho la nueva cocina de la casa de Juan. Es .... y está bien .... La nevera y la lavadora son nuevas, ..., muy elegantes, de color .... Pero el salón es un poco .... ¡Y no tiene televisión, ni DVD!

4. Las estanterías del despacho son ...., y la mesa es .... Para la silla, ¿qué color es mejor?

b Ahora escucha las descripciones y comprueba. ¿Es lo que tú pensabas?

🔊 38

c ¿Cómo es tu casa? ¿Qué cosas te gustan y cuáles no te gustan? Habla con tu compañero.

▪ *Yo vivo en un piso pequeño, en el centro. Tiene una terraza pequeña, salón y dos dormitorios. Es un piso muy cómodo, pero no es muy tranquilo…*

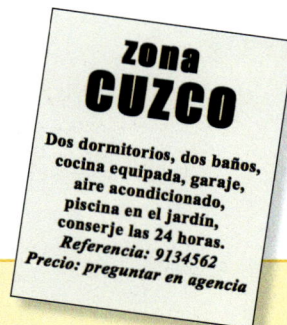

zona CUZCO

Dos dormitorios, dos baños, cocina equipada, garaje, aire acondicionado, piscina en el jardín, conserje las 24 horas.
Referencia: 9134562
Precio: preguntar en agencia

7. Un anuncio de alquiler

Vas a estar de viaje durante unos meses y quieres alquilar tu casa. Escribe el anuncio. Puedes utilizar como modelo los anuncios de la actividad 3 de la página 65 y los del cómic de Agencia ELE (pág. 66). Antes de escribir, piensa:

- ¿Qué características importantes tiene tu casa? (¿Dónde está? ¿Cómo es?...)
- ¿Cuánto dinero vas a pedir?
- ¿Alguna condición especial? (¿Se puede fumar?...)

> Antes de escribir un texto, es importante pensar y organizar las ideas. También es importante buscar modelos.

8. Compartir piso

a Vas a compartir piso con dos compañeros. Entre los tres, decidid normas de convivencia sobre:

- cosas que se pueden y no se pueden hacer
- horarios para hacer algunas cosas

Escribid una pequeña lista y leedla a la clase.

En este piso…
No se puede ver la tele en el salón después de las 12:00.
No se puede escuchar música fuerte por la noche.
Hay que pedir permiso a los compañeros para hacer fiestas.

Se puede + infinitivo
No se puede + infinitivo
Hay que + infinitivo
No hay que + infinitivo

b Tus compañero y tú vais a pintar el salón y la cocina, y cambiar la decoración. Hablad y decidid qué vais a hacer:

- de qué color vais a pintar el salón y la cocina
- qué muebles vais a comprar y de qué color
- dónde vais a poner las cosas

▪ *Podemos pintar el salón de color gris.*
● *¿De gris? Yo prefiero el blanco.*

blanco · azul oscuro · rosa · azul claro · negro · verde · marrón · morado · naranja · amarillo · rojo · gris

1. Casas con estilo

a Las fotos muestran dos estilos tradicionales de vivienda de dos lugares del mundo hispano. ¿Dónde crees que se pueden encontrar estas casas?

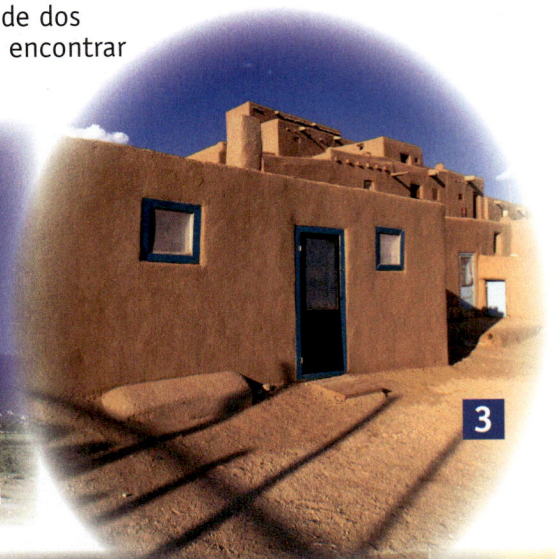

b ¿Qué palabras asocias con las fotos?

sencillo

calor

brillante

natural

campo

mar

luz

tranquilidad

c Escucha a dos personas hablar de sus casas. ¿Qué fotos relacionas con cada una?

Fotos

....

Fotos

....

2. De Ibiza a México

a Lee las siguientes informaciones sobre los dos estilos decorativos anteriores. ¿Qué párrafos corresponden a cada uno? Coméntalo con tu compañero y, entre los dos, pensad un título adecuado para el texto completo de cada estilo.

1 El color predominante es el amarillo (alegre y acogedor). Este color se combina con azul brillante, naranja o turquesa. También son característicos los tonos tierra como el cactus verde, adobes rojos y tonos neutros de desierto. El color es el elemento principal de la decoración.

2 El origen de este tipo de construcción es muy antiguo y seguramente está relacionado con las construcciones de Mesopotamia y Egipto. Aunque el arco, elemento característico de la vivienda ibicenca, se incorpora más tarde.

3 El gusto por la decoración rica se muestra también en el abundante uso de los tejidos rústicos de fibras naturales de colores para cubrir mesas, suelos e incluso las paredes.

4 La singular estética de la arquitectura rural de Ibiza ha cautivado desde siempre a los visitantes de esta maravillosa isla del Mediterráneo.

5 En el estilo mexicano encontramos una interesante mezcla de la serenidad de la arquitectura colonial (los ranchos, los monasterios) y la riqueza de colores de las fiestas y tradiciones del país.

6 Es un estilo sin lujos, sencillo y libre. Espacios amplios con elementos de formas suaves y el color blanco como protagonista son las señales inconfundibles de la arquitectura y la decoración tradicional de esta isla balear.

7 No es solo una expresión decorativa o arquitectónica, es casi un estilo de vida… Blanco, suavidad, luz…, todo transmite tranquilidad.

8 Son característicos de este estilo los muebles de maderas pesadas, claras u oscuras, con detalles de hierro forjado negro. La influencia mexicana de este material también se puede ver en las puertas y otros accesorios.

Texto 1: Estilo de Ibiza
Párrafos: ....
Título: ....

Texto 2: Estilo de México
Párrafos: ....
Título: ....

b ¿Hay estilos tradicionales en tu país? ¿Cómo son?

1. Adjetivos de colores

Singular: -o/-a Plural: -os/-as		Singular: -e Plural: -es		Singular: -a Plural: -as		Sing.: consonante (-n, -s, -l) Plural: -es	
amarillo amarilla	amarillos amarillas	verde	verdes	naranja	naranjas	marrón	marrones
negro negra	negros negras					gris	grises
rojo roja	rojos rojas					azul	azules

Los adjetivos que no indican colores siguen las mismas reglas:
pequeño ⇨ pequeña   grande ⇨ grandes   útil ⇨ útiles
pequeños
pequeñas

2. Eso

Eso	Ese / Esa / Esos / Esas
¿Qué es eso? ¿Son los muebles nuevos? ¿Eso es la puerta del baño?	¿Esa puerta es la del baño? Ese es el armario de la cocina. Esos son los libros de María. Esas sillas son para el comedor.

Una o más cosas que no podemos identificar.

Una o más cosas que podemos identificar.

3. Ofrecer una cosa

- ¿Quieres un caramelo?
- Sí, gracias.

- ¿Un cigarrillo?
- No, gracias, no fumo.

Para decir que no, hay que explicar por qué.

4. Permiso y prohibición

- ¿Se puede fumar aquí?
- No, no se puede.
- No, está prohibido.

- ¿Se puede venir con amigos a la piscina?
- Sí, (no hay problema).
- Sí, pero hay que avisar al portero.

Sí, pero + obligación
indica una condición necesaria para tener permiso.

5. Presente de indicativo: verbos con formas irregulares

	O ⇨ UE Presente de poder	E ⇨ I Presente de vestirse
Yo	puedo	me visto
Tú	puedes	te vistes
Usted / él / ella	puede	se viste
Nosotros / nosotras	podemos	nos vestimos
Vosotros / vosotras	podéis	os vestís
Ustedes / ellos / ellas	pueden	se visten

«Nosotros» y «vosotros» mantienen la o.

«Nosotros» y «vosotros» mantienen la e.

Vestirse, lavarse, ducharse, acostarse y otros verbos tienen también me, te, se...:
Me visto, desayuno y voy a trabajar.
¿Tú te lavas las manos antes de comer?
Mi hijo se ducha por la noche, y después se acuesta.

6. El orden de las cosas

- Primero me levanto, después me ducho y al final lavo los platos.
- Pues yo, primero desayuno, después lavo los platos y al final me ducho.

8 ¿Estudias o trabajas?

En esta unidad vamos a aprender a:

▶▶ Describir una ocupación: lugar, horario, tareas generales...

▶▶ Pedir y dar información sobre requisitos para hacer bien un trabajo

▶▶ Expresar opiniones sobre trabajos o estudios

▶▶ Informar sobre conocimientos y habilidades profesionales

1. Profesiones

a ¿Qué profesiones son estas? ¿Te gustan? ¿Por qué?

- ■ *A mí me gusta mucho estudiar y aprender.*
- ● *A mí no me gusta estudiar. Prefiero trabajar y ganar dinero.*

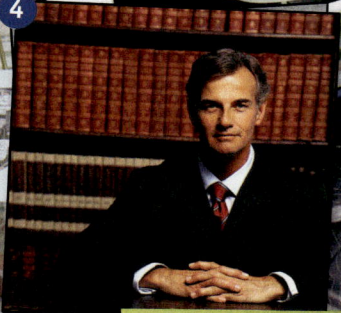

1. *Estudiante*
2. ....
3. ....
4. ....
5. ....
6. ....

Abogado/-a
Administrativo/-a
Arquitecto/-a
Cocinero/-a
Taxista

b ¿Te gustaría cambiar de profesión? ¿Qué te gustaría ser?

- ■ *A mí me gustaría ser médico. Me gusta ayudar a la gente.*
- ● *Pues yo no quiero cambiar. Soy ingeniero y me gusta mucho mi trabajo.*

2. ¿Dónde trabajan?

a Vas a oír a cinco personas que hablan de su trabajo. Relaciona los nombres con el lugar donde trabajan. ¡Atención! Una de las personas trabaja en dos lugares diferentes.

1. Ana
2. Pedro
3. Julián
4. Susana
5. Andrés

a. En casa
b. En la redacción de una revista
c. En un hospital
d. En un instituto de Bachillerato
e. En un restaurante
f. En una oficina

b Escucha otra vez. ¿A qué se dedican?
¿Qué piensan de su trabajo?

	Profesión	+	-
1. Ana	*enfermera*	*muy bonito*	*trabajo duro*
2. Pedro			
3. Julián			
4. Susana			
5. Andrés			

**PARA VALORAR
UN TRABAJO**
*Bonito - Feo, desagradable
Bueno - Malo
Fácil - Difícil, duro
Interesante - Aburrido
Tranquilo - Estresante*

c ¿Y tú? ¿Dónde trabajas? ¿Qué piensas de tu trabajo? Habla con tus compañeros.

- ■ *Yo trabajo en el departamento de marketing de una gran empresa. Es muy interesante, pero trabajo muchas horas.*

3. ¿Qué hacen en su trabajo?

a Vas a oír a las personas del ejercicio anterior hablando de su trabajo. Antes de escuchar, piensa un momento: ¿cuáles de estas cosas crees que hace cada uno?

| corregir exámenes y deberes |
| viajar |
| hablar por teléfono |
| ir a cursos |
| escribir correos electrónicos |
| escribir informes |
| trabajar en equipo |
| ir a congresos |
| trabajar por las noches |

1. Ana ....
2. Pedro ....
3. Julián ....
4. Susana ....
5. Andrés ....

🔊 41 **b** Ahora escucha la grabación y comprueba tus respuestas.

c ¿Y tú? ¿Haces estas cosas? ¿Qué otras cosas haces? Habla con tus compañeros.

- *En mi profesión es muy importante trabajar en equipo.*
- *Yo trabajo solo, pero hablo mucho por teléfono con mi jefe y mis compañeros.*

4. Tarjetas de visita

Lee estas tarjetas y completa el cuadro con las abreviaturas.

Dra. Luisa Salvador Pons
Medicina General

Consultas: L, Mi y V, 9.30 – 11.30
M y J, 8.30 – 10.00
Reserva de hora: 91 521 35 46

MINISTERIO DE ECONOMÍA Y HACIENDA

D. Pedro Pérez García ▪▪▪▪▫

Dpto. Créditos Admón. Central
P.º Castellana, 162 -1.ª planta 28004 Madrid
Tel. 91 583 74 00

LA REGIÓN – REVISTA DE ACTUALIDAD

Andrés Abellán Gómez
Redactor

C/ Mayor, n.º 54 - 2.ª planta
28001 Madrid
abellan@region.es
91 764 45 12

FARMACIA DE LA CRUZ
Ldo. Juan Baldomá Navarro

Avda. Miguel de Unamuno, n.º 2
28001 Alcalá de Henares
Tel. 91 756 43 22

NÚMEROS ORDINALES

Primero/-a	1.º / 1.ª
Segundo/-a	2.º / 2.ª
Tercero/-a	3.º / 3.ª
Cuarto/-a	4.º / 4.ª
Quinto/-a	5.º / 5.ª
Sexto/-a	6.º / 6.ª
Séptimo/-a	7.º / 7.ª
Octavo/-a	8.º / 8.ª
Noveno/-a	9.º / 9.ª
Décimo/-a	10.º / 10.ª

Palabra(s)	Abreviatura(s)	Significado
Calle	c/	Son nombres de vías y lugares en ciudades y pueblos
Avenida	....	
Paseo	....	
Número	....	Es el número de la calle
Departamento	....	Son nombres de secciones de empresas, oficinas
Administración	....	
Teléfono	....	
Don (femenino: *doña*) ①	....	Es una manera formal de tratar a una persona
Doctora (masc.: *doctor*)	.... ②	Son títulos universitarios
Licenciado (fem.: *licenciada*)	....	

① *Don* + nombre
Señor + apellido
Don + nombre y apellido

② La abreviatura de «doña» es *Dña.*
La abreviatura de «doctor» es *Dr.*
La abreviatura de «licenciada» es *Lda.*

Rocío hace una entrevista que comentan en la oficina. Lee y escucha.

Hoy charlamos con Carlos Guisbert, Director General de Mejor Vida. Señor Gisbert, ¿qué es Mejor Vida?

¿Puede poner un ejemplo?

Mejor Vida es una empresa especializada en mejorar la relación entre vida y trabajo en las grandes empresas.

Sí, claro; nosotros buscamos soluciones para los problemas familiares de los empleados: cuidado de hijos pequeños, asistencia a los padres enfermos; también proponemos horarios más flexibles...

Oye, Rocío, ¡qué interesante esta entrevista!

¿Sí? ¿Te gusta de verdad? Gracias...

Sí, sí, está muy bien. Creo que es un tema actual y muy importante.

Yo estoy de acuerdo, porque todos tenemos ese tipo de situaciones.

Es verdad, por ejemplo, para mí es más importante tener un buen horario que ganar mucho dinero...

¡Ah! ¿Sí? Entonces estás muy contento aquí, ¿no? Ganamos poco y trabajamos mucho.

Ja, ja.

Pues ese es el problema, que trabajamos sin horario fijo...

Entonces, ¿crees que es mejor un trabajo de oficina de 9 a 5?

Yo creo que el horario no es lo único importante. En este trabajo conocemos gente interesante, viajamos... y la empresa nos ayuda mucho... Por ejemplo, a mí me paga un curso de árabe.

Pero Iñaki no está contento. ¡Yo creo que quiere cambiar de trabajo!

No, eso es muy aburrido.

Sí, pero es cómodo y te deja las tardes libres.

¿Sí? ¿En serio? ¿Te quieres ir de Agencia ELE?

Pues últimamente lo pienso, sí.

Sí, todo eso es verdad, pero...

No, sé, es que mi pareja y yo queremos adoptar un niño y...

1. ¿Y tú qué opinas?

a ¿De qué personaje de Agencia ELE son estas opiniones?

PERSONAJE	OPINIÓN
....	Hacer un trabajo interesante es más importante que tener un buen horario.
....	Es más importante tener un buen horario que ganar mucho dinero.
....	El trabajo de oficina es aburrido, pero cómodo.

b Lee de nuevo el cómic y completa los cuadros con las expresiones que faltan.

PREGUNTAR LA OPINIÓN
- ¿_____?

EXPRESAR ACUERDO
- Estoy de acuerdo.

INTRODUCIR UNA OPINIÓN
- _____
- Para mí,...

EXPRESAR ACUERDO PARCIAL
- Es verdad, pero...
- _____

c ¿Y tú? ¿Con quién estás de acuerdo? ¿Con Sergio, con Paloma o con Rocío? Comenta con tu compañero.

- *Para mí es muy importante el horario. Estoy de acuerdo con Sergio.*
- *Pues yo estoy de acuerdo con Rocío.*

2. ¿Estás de acuerdo?

a Lee y observa.

b En grupos, leed las siguientes frases y decid si estáis de acuerdo o no.

«Las grandes empresas son las únicas instituciones no democráticas de la sociedad actual.» (Ejecutivo en paro)

«Un aumento de sueldo es como un Martini: sube el ánimo, pero solo por un rato.» (Dan Seligman)

«El trabajo es como la esclavitud, pero solo 8 horas al día.» (Un jubilado)

«El trabajo endulza la vida; pero a mucha gente no le gustan los dulces.» (Víctor Hugo)

- *Yo estoy de acuerdo con la frase de Víctor Hugo.*
- *Yo también.*
- *Yo no.*
- *Pues yo sí.*

3. El curso de Rocío

a Rocío busca un curso de árabe. Escucha a Rocío y completa las fichas de los cursos.

Resultados de búsquedas

A	**B**	**C**	**D**
Centro Escuela Oficial de Idiomas.	**Centro** Pandilinguas.	**Centro** Idiomnet.	**Centro** Academia Al Ándalus.
Curso Primero de árabe.	**Curso** Árabe	**Curso** Árabe a tu ritmo – curso *on-line*.	**Curso** Aprende árabe en ....
Duración De octubre a	**Duración** .... horas.	**Duración** Seis meses a partir de la matrícula.	**Duración** 15 días.
Frecuencia Diario.	**Frecuencia** Diario.	**Tutor** Una hora semanal de atención tutorial.	**Frecuencia** 6 horas diarias de clase.
Horario De 9h a 10h / De 20h a 21h.	**Horario** De 19h a 21h.	**Precio** Matrícula .... €.	**Precio** .... €.
Precio Matrícula .... €.	**Precio** Matrícula .... €.		

b Observa las estructuras para expresar comparaciones y escribe un ejemplo para cada uno con los datos de los cursos.

> *X es más* + adjetivo + *que Y*
> *X es menos* + adjetivo + *que Y*

> *X verbo más que Y*
> *X verbo menos que Y*

....
....
....
....

c ¿Sabes qué tipo de curso ofrece cada escuela? ¿Qué opinas de estos cursos de idiomas? ¿Cuál prefieres tú? Coméntalo con tus compañeros.

☐ Curso anual ☐ Curso intensivo
☐ Curso a distancia ☐ Inmersión

4. Un nuevo trabajo para Iñaki

a Lee las siguientes frases y completa con la información el currículum vítae de Iñaki.

Conozco los programas de traducción y utilizo habitualmente PageMaker, Photoshop y el paquete de Office.

Tengo carné de conducir

Tengo 2 años de experiencia como profesor de lengua en un colegio de secundaria.

Tengo 5 años de experiencia como editor y redactor en Agencia ELE.

Soy licenciado en Filología Hispánica. Hablo bien inglés y muy bien chino. Tengo un año de experiencia como traductor de chino.

Tengo un máster en edición digital.

CURRÍCULUM VÍTAE

Formación
– 2000. *Máster en Edición digital*
– 1995..................................

Experiencia Profesional
– 2002 – 2008 ....
– 1998 – 1999 ....
– 1996 – 1998 ....

Idiomas
– Nivel Intermedio (B1) de ....
– Nivel Avanzado (C1) de ....

Informática
– Usuario avanzado de los programas ....
....
– Usuario básico de los programas ....
....

Varios
– ....
– ....

> Observa los diferentes verbos que utilizamos:
> • **Tener** experiencia como profesor.
> • **Ser** licenciado.
> • **Conocer** los programas de traducción.

b Iñaki consulta las ofertas de trabajo. Lee los siguientes anuncios de trabajo. Después completa el resumen y contesta a las preguntas.

ACADEMIA MULTILENGUAS PRECISA
PROFESOR DE ESPAÑOL A TIEMPO PARCIAL PARA CLASES EN EMPRESAS, INDIVIDUALES Y EN GRUPO.

Requisitos:
- Licenciado en Filología Hispánica.
- Experiencia mínima de un año como profesor de español.
- Permiso de conducir y coche.

Se ofrece:
- Contrato a tiempo parcial.
- Formación continuada.

Agencia Iberoamericana de Noticias
PRECISA
incorporar **editor** para su oficina en China.
Requisitos:
- Experiencia de 5 años como editor.
- Buenos conocimientos de chino e ① inglés.
Se ofrece:
- Interesante salario.
- Alojamiento y viajes pagados.

IMPORTANTE GRUPO EDITORIAL busca
traductor de chino
para trabajar como autónomo en casa

Se precisa dominio del chino y conocimientos de los programas de traducción. No se precisa experiencia. **Continuidad asegurada.**

① La «y» cambia a «e» cuando la siguiente palabra empieza por «i» o «hi»: *Sabe chino e inglés. Paloma estudia Geografía e Historia.*

a. Para el trabajo en China es necesario tener .... y saber .... e .... ②

b. Para el trabajo de traductor es necesario saber muy bien .... y hay que conocer los programas ....

c. Para el trabajo de profesor de español es necesario ser .... en Filología Hispánica y tener ....

1. ¿En qué trabajo no hay que tener experiencia?
....

2. ¿En qué trabajo hay que tener coche?
....

3. ¿En qué trabajo hay que trabajar en casa?
....

② *Hay que* = es necesario.
No hay que = no es necesario.

c ¿Cuál crees tú que es el trabajo más adecuado para Iñaki? Coméntalo con tus compañeros.

■ *Yo creo que el trabajo más adecuado para Iñaki es el de traductor, porque puede trabajar en casa y tener más tiempo libre.*

● *Sí, estoy de acuerdo, pero yo creo que el trabajo en China es más interesante y él tiene mucha experiencia.*

5. Profesión oculta

a ¿Cuál es la profesión de estas personas?

a En mi profesión hay que saber trabajar en equipo y ser disciplinado.

b En mi profesión hay que ser estudioso y saber escuchar a los pacientes.

d En mi profesión es necesario tener mucha paciencia.

c En mi profesión es muy importante saber hablar bien en público y tener buenos colaboradores.

b Ahora tú. Piensa en una profesión y escribe tres frases para describirla. En grupos, cada uno tiene que leer sus frases y los demás tienen que adivinar la profesión.

En esta profesión...
Hay que ser muy valiente y fuerte.
Hay que saber primeros auxilios.
Hay que conocer el fuego y sus peligros.

■ *En esta profesión hay que ser muy valiente y fuerte.*
● *No sé, ¿torero?*
■ *No, no. Leo la siguiente frase, ¿vale?*
● *Sí, vale.*
■ *Hay que saber primeros auxilios.*
● *Pues... ¿policía?*
■ *No. Bueno, la tercera: hay que conocer el fuego y sus peligros.*
● *¡Claro! ¡Bombero!*

FUTBOLISTA **MÉDICO/-A** **POLÍTICO/-A** **MAESTRO/-A**

1. Horarios de trabajo

a En este texto se hacen comparaciones entre los horarios de trabajo en España y en Europa. Léelo y fíjate en las cosas que son parecidas y en las que son diferentes.

Las costumbres laborales españolas, a examen

¿Trabajar para vivir o vivir para trabajar?

De lunes a viernes, de nueve a nueve, con dos horas para comer que se suman a las que tardamos en llegar a casa. Para muchos, la vida empieza el fin de semana, el resto es trabajo, horarios imposibles y obligaciones.

Compromisos parecidos tienen nuestros vecinos europeos, que trabajan igual, pero en menos tiempo. En España somos los últimos en salir de la oficina, pero no somos los más productivos.

Esta costumbre empieza a cambiar. Una encuesta realizada en Europa y en EEUU muestra que el 70% de los españoles quieren sobre todo un trabajo que les deje tiempo para su vida personal y un salario de 20 866 euros al año, como mínimo. Un poco menos de la cantidad que quieren ganar los austriacos, daneses, alemanes o franceses.

LOS NÚMEROS HABLAN
- Los españoles trabajamos 42 minutos más a la semana que el resto de los europeos.
- Dormimos 40 minutos menos cada día que nuestros vecinos.
- España es el quinto país de la Unión Europea con menos productividad por empleado.
- Es el primer país en accidentes laborales y de tráfico.
- Solo el 9% de los españoles tiene un horario flexible.
- Únicamente el 10% de las empresas españolas aplica iniciativas para flexibilizar la jornada.
- Tres de cada cuatro trabajadores quisieran flexibilizar la jornada.

¿En qué se parece un inglés a un español?

En sus costumbres de trabajo se parecen muy poco. El empleado británico termina su trabajo a las cinco de la tarde, cuando en España llegamos de comer y empezamos el turno de la tarde, hasta las siete o las ocho. Es verdad que el británico se levanta más temprano, porque empieza a trabajar a las ocho (no a las nueve como en España).

Las horas de la tarde, el británico las dedica a sus aficiones, a estar con los hijos, hablar con la pareja o pasar más tiempo en casa. En España, estas cosas las reservamos para el fin de semana.

El tiempo medio de viaje entre el domicilio y el trabajo está entre 45 minutos y una hora y cuarto. Si salimos a las siete o a las ocho de la tarde, llegamos a casa pasadas las nueve. Queda tiempo para poco más que cenar y acostarse.

Adaptado de *El País Semanal*.

b Después de leer el texto, completa las frases con *más* o con *menos*.

1. Los españoles trabajan .... tiempo que los otros europeos.
2. Los españoles son .... productivos que la mayoría de los trabajadores europeos.
3. Los españoles quieren tener jornadas de trabajo .... flexibles.
4. Los españoles duermen .... horas que los demás europeos.
5. En España hay .... accidentes de tráfico que en los demás países europeos.
6. Los británicos empiezan a trabajar .... temprano que los españoles.
7. Durante la semana, los españoles tienen .... tiempo libre que los británicos.

c ¿En qué partes del texto está la información de las frases anteriores? Subráyalas. ①

> ① Subrayar un texto es una buena forma de seleccionar información importante para poder recordarla después.

d Completa esta ficha con información del texto.

HORARIOS DE TRABAJO EN ESPAÑA

Comienzan a trabajar: *A las 9.00*   Salen de trabajar: ....
La pausa para comer dura: ....   Llegan a casa: ....
Vuelven a trabajar por la tarde: ....

e Compara tus horarios con los de los españoles. ¿En qué se parecen y en qué no? Habla con tus compañeros.

- *Yo empiezo a trabajar más temprano que los españoles, pero trabajo menos horas.*
- *Yo trabajo en casa, y no tengo horarios fijos.*

2. La situación laboral en España

a Vas a oír un programa de radio sobre el empleo en España. Hay cuatro entrevistas diferentes. Escucha y relaciona los nombres con las informaciones. Antes de escuchar, lee las frases y pregunta al profesor las palabras que no entiendas.

1. Pedro
2. Rubén
3. Ana
4. María

.... Es asistente social.
.... Es chófer en una empresa.
.... Es licenciada en Historia.
.... Es licenciado en Humanidades.
.... Gana menos de mil euros al mes.
.... Gana un poco más de mil euros al mes.
.... Tiene 26 años.
.... Tiene 30 años.
.... Tiene 30 años.
.... Tiene problemas para conciliar trabajo y vida familiar.
.... Tiene un máster en Gestión Cultural.
.... Tiene una hija de cuatro meses.
.... Trabaja como cajera en un centro comercial.
.... Trabaja como informático en una empresa.

b Escucha ahora la continuación del programa. Una experta habla de la situación laboral en España, los principales problemas y los grupos sociales con más dificultades.

1. Antes de escuchar, piensa: ¿de qué grupos sociales crees que van a hablar? Elige:

☐ Jóvenes universitarios   ☐ Mujeres   ☐ Mayores de 50 años
☐ Inmigrantes   ☐ Hombres menores de 40 años   ☐ Informáticos
☐ Personas sin estudios   ☐ Personas con estudios   ☐ Jubilados

2. Escucha y comprueba tus respuestas.

3. ¿De qué problemas se habla?

☐ Paro   ☐ Pocas posibilidades de promoción
☐ Contratos temporales
☐ Sueldos más bajos   ☐ Poca oferta de trabajo

c Los datos anteriores corresponden a la situación de España hace unos años. ¿Sabes cómo es ahora?

d Habla con tus compañeros. ¿Conoces a personas con problemas como los de Pedro, Rubén, Ana o María? ¿Hay otros grupos sociales con situaciones laborales difíciles en tu país?

■ *En mi país, los universitarios tenemos problemas para encontrar un buen trabajo. Yo, por ejemplo, soy Licenciado en Derecho, pero trabajo como auxiliar administrativo en una empresa. Me gustaría encontrar un trabajo mejor…*

● *En mi país, pocas personas van a la universidad. Muchos jóvenes empiezan a trabajar a los dieciséis años.*

1. Números ordinales

Masculino		Femenino			Masculino		Femenino	
1.º	Primero ①	1.ª	Primera		6.º	Sexto	6.ª	Sexta
2.º	Segundo	2.ª	Segunda		7.º	Séptimo	7.ª	Séptima
3.º	Tercero	3.ª	Tercera		8.º	Octavo	8.ª	Octava
4.º	Cuarto	4.ª	Cuarta		9.º	Noveno	9.ª	Novena
5.º	Quinto	5.ª	Quinta		10.º	Décimo	10.ª	Décima

① *Primer piso*
Tercer curso
Cuando va antes del nombre masculino:
Primero >> *Primer*;
Tercero >> *Tercer*

2. Preguntar la opinión sobre... el trabajo

¿Qué opinas de tu trabajo? ➡ Opinar + de (un tema)
¿Crees que es interesante? ➡ Creer + que (una idea)

3. Introducir una opinión

Para mí, es muy importante el horario. ➡ Para mí, + opinión
Creo que es un trabajo muy duro. ➡ Creer que + opinión

4. Mostrar acuerdo / desacuerdo con una opinión

OPINIÓN	■ Creo que el trabajo de oficina es cómodo pero aburrido.	
ACUERDO	● Estoy de acuerdo.	➡ (No) Estar de acuerdo
DESACUERDO	● No estoy de acuerdo.	
ACUERDO PARCIAL	● <u>Es verdad</u>, pero puede ser interesante.	
	● <u>Estoy de acuerdo</u>, pero puede ser interesante.	

5. *También / tampoco*: expresar coincidencia

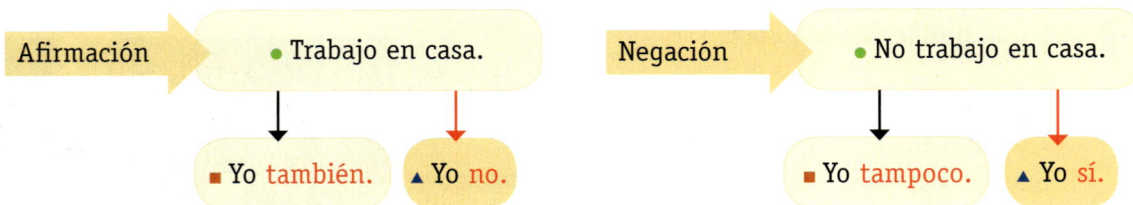

Afirmación ➡ ● Trabajo en casa.
↓ ■ Yo también. ▲ Yo no.

Negación ➡ ● No trabajo en casa.
↓ ■ Yo tampoco. ▲ Yo sí.

6. Comparar

El curso regular es más <u>barato</u> que el intensivo.
El horario es más <u>importante</u> que el sueldo.

X es más <u>adjetivo</u> + que Y

El curso de la Escuela Oficial <u>dura</u> más que el de la academia.
El curso en internet <u>cuesta</u> más que el de la Escuela Oficial.

X <u>verbo</u> más que Y

7. *Hay que / no hay que*: expresar necesidad

En mi trabajo hay que hablar mucho y también hay que ir a muchas reuniones, pero no hay que trabajar los fines de semana.

➡ (no) hay que + infinitivo

De compras

En esta unidad vamos a aprender:

▶▶ A pedir información y comprar en tiendas y supermercados

▶▶ A hablar de pesos, medidas, cantidades y envases

▶▶ A comparar productos y precios

▶▶ Los nombres de las prendas de vestir

▶▶ El nombre y el valor de la moneda de algunos países del mundo

▶▶ Algunas fórmulas sociales para fiestas y celebraciones

1. De tiendas

a Mira estas fotos. ¿Dónde crees que están estos lugares: en una ciudad o en un pueblo? ¿En el centro o en las afueras? Habla con tu compañero.

1 Un supermercado

Un mercado cubierto

2

3

Un mercado al aire libre

5

4 Un centro comercial

- *La foto número 4 es de una ciudad, ¿no?*
- *Me parece que sí. ¿Tú crees que está en el centro o en las afueras?*

Una tienda pequeña

b ¿Tú compras normalmente en estos tipos de tiendas? ¿Cuál prefieres? ¿Por qué?

- *Yo prefiero las tiendas pequeñas. Me gusta hablar con el vendedor.*

① *Tienda de* + nombre de producto es una forma sencilla de nombrar tiendas que no sabes cómo se llaman.

c Mira las imágenes de abajo. ¿Dónde se venden estos productos? Habla con tu compañero.

- *Los sellos y el tabaco, en el estanco, ¿no?*
- *Creo que sí.*

El estanco	El mercado
El quiosco	El supermercado
La panadería	El hipermercado
La zapatería	El centro comercial

La tienda de	deportes
	música
	muebles ①
	ropa
	bolsos

Sellos y tabaco

Sillas, mesas...

Jerseys, pantalones, chaquetas...

Periódicos y revistas

Artículos deportivos

Pan, bollos...

Bolsos

Verdura, fruta, leche...

Zapatos

CD, DVD...

2. Envases y cantidades

¿Cómo se venden estos productos? Mira las imágenes y completa los cuadros.

BOLSA DE
5 KILOS DE
PATATAS
2,50 €

BOLSA DE
3 KILOS DE
NARANJAS
2,97 €

BOLSA DE
1 KILO DE
CEBOLLAS
0,99 €

BANDEJA DE
1 KILO DE
TOMATES
3,25 €

	Cantidad, kg, l	Envase
Patatas	*cinco kilos*	*bolsa*
Cebollas		
Naranjas		
Tomates		

	Cantidad, kg, l	Envase
Cerveza		
Zumo		
Agua		
Vino		
Aceite		
Huevos		

3 BOTELLAS
DE ZUMO
3,48 €

1 BOTELLA
DE AGUA
0,88 €

2 BOTELLAS DE
VINO DE RIOJA
6,70 €

6 LATAS
DE CERVEZA
2,76 €

1 BOTELLA
DE ACEITE
DE OLIVA
3,48 €

CARTÓN
1 DOCENA
DE HUEVOS
1,85 €

1 KILO DE
AZÚCAR
0,92 €

1 PAQUETE DE
MANTEQUILLA
2,08 €

1 FRASCO DE
MERMELADA
1,75 €

3 LATAS
DE ATÚN
1,80 €

12 *BRIKS*
DE LECHE
SEMIDESNATADA
11,64 €

2 PAQUETES
DE PAN DE
MOLDE
4,30 €

1 CAJA
DE CEREALES
1,85 €

12
YOGURES
3,15 €

1 PAQUETE
DE CAFÉ
2,13 €

	Cantidad	Envase
Leche		
Azúcar		
Pan		
Cereales		
Mantequilla		
Mermelada		
Yogur		
Atún		

3. ¿Cuánto cuesta?

a Escucha y completa las listas de la compra.

① Se dice: «Cuatro kilos de patatas», «una botella de vino».

1
① .....4 kilos de..... patatas
.... huevos
.... aceite
.... cebollas

2
.... yogures
.... tomates
.... zumo de naranja
.... vino

3
.... pan de molde
.... leche
.... flanes
.... mermelada

② 2,50 € se dice: «Dos euros con cincuenta».

b Mira los precios de cada producto en las imágenes del ejercicio 2 (números en color rojo). ¿Cuánto cuestan en total los productos de cada lista de la compra?

② ■ *Un kilo de patatas cuesta dos euros con cincuenta. Cuatro kilos, diez euros.*

Fiesta de Navidad en la Agencia ELE

a El día de Navidad está cerca, y en la Agencia ELE hay una pequeña fiesta. Escucha y lee.

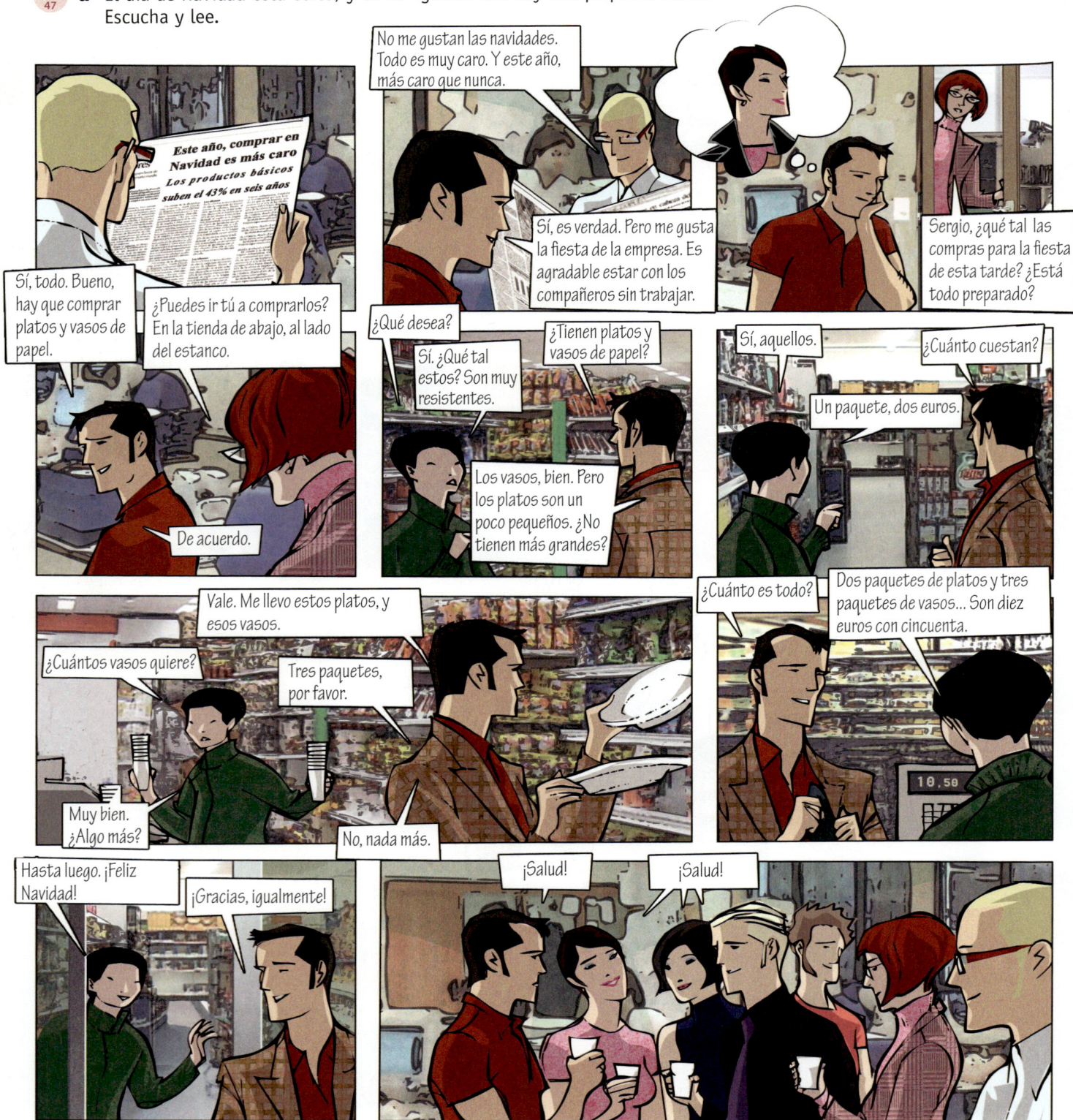

b ¿Qué cartel corresponde a la fiesta de la Agencia ELE?

1 El 22 a mediodía, vamos a comer todos juntos en la oficina, para celebrar las navidades.
¡¡Felices fiestas a todos!!

2 El 22 por la noche, vamos a cenar al restaurante «La oficina», para celebrar la Navidad con todos los compañeros.
¡¡Estáis todos invitados!!

3 El 22 por la tarde, estáis invitados a tomar algo con los compañeros, en el vestíbulo de la Agencia.
¡¡Feliz Navidad!!

1. Fórmulas sociales

🔊 **48** Escucha y escribe tu respuesta a lo que dicen estas personas.

1. ....

2. ....

3. ....

4. ....

> - ¡Salud!
> - ¡Salud!
> - ¡Feliz | Navidad!
> | Año Nuevo!
> - Gracias, igualmente.
> - ¡Feliz cumpleaños!
> - ¡Gracias!

2. Señalar objetos

a Mira las imágenes y completa las frases con *estos, esos* o *aquellos*.

.... platos son muy resistentes.

.... platos son más grandes.

Me llevo .... platos y .... vasos.

b Completa el cuadro.

ESTE girasol	ESE girasol	AQUEL girasol
UN SOLO OBJETO - Este paquete cuesta cuatro euros. - Esta botella cuesta dos euros con cincuenta.	- Ese paquete cuesta cuatro euros. - .... botella cuesta dos euros con cincuenta.	- Aquel paquete cuesta cuatro euros. - Aquella botella cuesta dos euros con cincuenta.
MÁS DE UN OBJETO - .... paquetes cuestan cuatro euros. - Estas botellas cuestan dos euros con cincuenta.	- .... paquetes cuestan cuatro euros. - Esas botellas cuestan dos euros con cincuenta.	- .... paquetes cuestan cuatro euros. - Aquellas botellas cuestan dos euros con cincuenta.

> También para situar en el tiempo: *este año, esta semana,* etc.

3. Y / pero

a Relaciona.

| Sergio quiere platos grandes y baratos. |

| Sergio quiere platos resistentes y baratos. |

> Aquellos platos son muy resistentes y baratos.

> Estos platos son grandes, pero un poco caros.

b Completa las frases con *y* o con *pero*.

1. La persona quiere un bolso grande, moderno, de color negro.

> Quiero un bolso grande, moderno _____ negro, por favor

> Este bolso es grande y de color negro, _____ no es moderno. No me gusta.

2. La persona quiere una botella de vino buena, no muy cara.

> Este vino es muy bueno, _____ solo cuesta 3 €. ¡Qué bien!

> Este vino es muy bueno, _____ cuesta 20 €. Es muy caro para mí.

4. Un poco / muy / más

a Mira las imágenes, y después completa las frases con *un poco* o con *muy*.

Estos platos son muy resistentes, pero son un poco pequeños.

Estos platos son muy pequeños.

Un poco solamente se utiliza para valorar negativamente:
~~Un poco~~ resistentes

+ *Muy* + adjetivo
- *Un poco* + adjetivo

1. Esta camisa no me interesa. Es ………. cara.

2. Es un vino bueno, pero es ………. caro.

3. Este vino es ………. bueno, y no es caro.

b Escucha a estas personas. ¿Qué frase corresponde a lo que dice cada uno?

☐ - El personaje compara los precios de ahora con los precios del año pasado.

☐ - El personaje explica por qué no le gusta la Navidad.

☐ - El personaje explica por qué no quiere comprar unos platos.

☐ - El personaje compara dos tipos de platos diferentes.

c Completa la regla con *muy* o con *más*.

- Para comparar cosas, se utiliza …………………
- Para hablar de una cantidad sin comparar, se utiliza …………………

d Una tienda de ropa está de rebajas. Tu compañero y tú tenéis 200 euros entre los dos. Queréis comprar una cosa para cada uno y otra cosa para regalar a un amigo. Comparad los precios y elegid lo que vais a comprar.

La camisa cuesta | X euros más / menos que antes.
| X euros más / menos que el jersey.

■ *El vestido es un poco caro, ¿no?*
● *¿Tú crees? Cuesta catorce euros menos que antes… Y es muy bonito…*

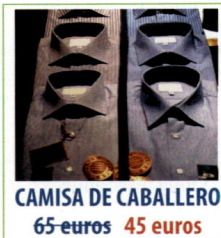

La camisa cuesta…
Los pantalones cuestan…

CAMISA DE CABALLERO ~~65 euros~~ **45 euros**

CAMISA DE CABALLERO ~~85 euros~~ **65 euros**

PANTALONES VAQUEROS ~~86 euros~~ **69 euros**

PANTALONES SPORT ~~85 euros~~ **59 euros**

JERSEY DE SEÑORA ~~74 euros~~ **65 euros**

VESTIDO ~~119 euros~~ **99 euros**

CAMISETA ~~39 euros~~ **29,99 euros**

CAMISETA ~~20 euros~~ **12,95 euros**

BUFANDA ~~39 euros~~ **25 euros**

FALDA ~~70 euros~~ **59 euros**

e Escucha estas conversaciones. ¿Qué prenda de las de arriba va a comprar el cliente?

1. ……………………… 2. ……………………… 3. ……………………… 4. ………………………

5. En la tienda

a Sergio quiere comprar una botella de cava catalán. Mira los diálogos de la Agencia ELE y completa la conversación con el dependiente de la tienda de vinos.

- **Dependiente:** *Buenos días, ¿qué desea?*
- **Sergio:** *Buenos días.* _____ _____ → Pregunta por cava catalán
- **Dependiente:** *Sí, claro. Tenemos este. Es muy bueno, y no es muy caro.*
- **Sergio:** _____ → Pregunta el precio
- **Dependiente:** *Siete euros con cuarenta la botella.*
- **Sergio:** *¿No tiene otro mejor? Es para un regalo.*
- **Dependiente:** *¡Ah, sí! Entonces, este. Cuesta quince euros la botella, pero es mejor que el otro.*
- **Sergio:** *Muy bien. Dos botellas, por favor.*
- **Dependiente:** *Muy bien.* _____ _____ → Pregunta si quiere comprar más cosas
- **Sergio:** *Sí.* _____ → Pide vasos de papel
- **Dependiente:** *Sí. En paquetes de diez.* _____ → Pregunta la cantidad de vasos que quiere comprar
- **Sergio:** *Dos paquetes, por favor.*
- **Dependiente:** *Muy bien. ¿Algo más?*
- **Sergio:** _____ _____. → Dice que no quiere nada más y pregunta el precio total
- **Dependiente:** *Son 23 euros.*
- **Sergio:** *Aquí tiene.*

b Completa el cuadro con las frases de la conversación anterior.

DEPENDIENTE	
Para preguntar qué quiere comprar el cliente	*¿Qué desea?*
Para preguntar si quiere comprar otras cosas	

CLIENTE	
Para preguntar si en la tienda tienen un producto	
Para preguntar el precio de un producto	
Para pedir un producto	
Para decir que no quiere nada más	
Para preguntar el precio total	

Más ~~bueno~~ → Mejor

Más ~~malo~~ → Peor

c Completa las frases con *cuánto, cuánta, cuántos, cuántas*.

1. ¿............ pan quiere?
2. ¿............ paquetes quieres?
3. ¿............ cerveza compramos?
4. ¿............ latas tienes?
5. ¿............ botellas compras?
6. ¿............ cuesta el aceite?
7. ¿............ huevos necesitas?
8. ¿............ cuestan los huevos?

¿Cuánto pescado quiere?
¿Cuánta leche compras?
¿Cuántos paquetes necesitas?
¿Cuántas botellas tenemos?

¿Cuánto cuesta el vino?
¿Cuánto cuestan las botellas?

6. Una fiesta para clase

a Tu compañero y tú preparáis una fiesta para la clase. Tenéis que decidir:

- ☐ qué celebráis y cuándo es la fiesta.
- ☐ qué compráis para comer y para beber.
- ☐ qué otras cosas necesitáis (platos, vasos…).

- ¿Hacemos una fiesta para celebrar la primavera?
- De acuerdo. Podemos hacer un «desayuno de primavera», ¿no?
- ¿Compramos cava?
- De acuerdo. ¿Cuántas botellas?

b Tu compañero y tú vais a la tienda para hacer la compra. Primero, practicad la conversación. Después vais a representarla para toda la clase.

- *Buenos días. ¿Qué desea?*
- *Tres botellas de cava, por favor.*

c Para terminar, escribid un cartel para invitar a todos los compañeros a la fiesta. Podéis tomar como modelo los carteles de la Agencia ELE.

El 22 por la noche, vamos a cenar al restaurante «La oficina», para celebrar la Navidad con todos los compañeros.
¡¡Estáis todos invitados!!

1. Compras de Navidad

a ¿Te acuerdas de este titular?

ESTE AÑO, COMPRAR EN NAVIDAD ES MÁS CARO

En tu país o ciudad, ¿hay momentos del año en que los productos son más caros? ¿Cuándo? Habla con tu compañero.

● *En mi país, todo es más barato en verano y más caro en septiembre.*

b En navidades, los españoles gastan mucho dinero en estas cosas. ¿En qué crees que gastan más? Habla con tu compañero y ordena los elementos de 1 (más dinero) a 4 (menos dinero):

☐ *actividades de ocio*   ☐ *alimentación y bebidas*
☐ *comprar lotería*   ☐ *juguetes para los niños*

c Vas a oír el comienzo de un programa de radio sobre las compras de los españoles en navidades. Escucha y comprueba el orden de los cuatro productos del apartado **b**. Escribe también cuánto gastan los españoles en cada cosa.

d En tu país, ¿hay ocasiones especiales en las que la gente gasta más dinero? ¿En qué gasta más?

● *En mi país, gastamos mucho dinero para la fiesta de Año Nuevo, el 31 de diciembre. Compramos muchos regalos.*

2. Formas de pago

a En el mismo programa de radio, un experto habla de las ventajas e inconvenientes de pagar las compras en efectivo y con tarjeta. Escucha y escribe una ventaja y un inconveniente de cada forma de pago.

PAGAR EN EFECTIVO	PAGAR CON TARJETA
Ventaja	Ventaja
-	- ....
Inconveniente	Inconveniente
-	- ....

En efectivo

Con tarjeta

b ¿Qué diferencia hay entre una tarjeta de crédito y una tarjeta de débito? Relaciona las dos columnas. Si quieres, escucha otra vez el texto para contestar.

Tarjeta de crédito	Pagas en el mismo momento de la compra
Tarjeta de débito	Pagas más tarde (el mes siguiente o los meses siguientes)

c ¿Qué forma de pago aconseja el experto? ¿Cuál prefieres tú? ¿Por qué?

● *Yo prefiero la tarjeta de débito; es más cómodo que pagar en efectivo, y más barato que la tarjeta de crédito.*

d Escucha el final del programa. ¿Qué consejo dan sobre las tarjetas de crédito?

☐ *Escribir en un papel cuánto dinero gastamos con la tarjeta.*
☐ *Ir a comprar con otra persona para controlar mejor las compras.*
☐ *No utilizar la tarjeta de crédito para pagar en navidades.*

e ¿Te parece un buen consejo? ¿Por qué? Habla con tu compañero.

3. Ofertas de un hipermercado

a ¿Te gusta comprar en hipermercados? ¿Por qué? Habla con tu compañero.

- *Yo compro siempre en hipermercados. Me gusta porque son muy baratos.*

- *A mí no me gustan los hipermercados. Me gusta hablar con los dependientes.*

b En su publicidad, un gran hipermercado explica a sus clientes algunas ventajas que ofrece. Lee los textos y relaciona cada anuncio con el título correspondiente.

Lee los textos:

A. Ofrecemos una tarjeta de crédito especial para pagar tus compras más tarde.

B. Tenemos un club de clientes con ventajas especiales.

C. Puedes comprar productos frescos al precio más barato.

D. Tenemos una marca especial de productos de calidad por muy poco dinero.

1 En Carrefour seleccionamos los productos más demandados por nuestros clientes y te los ofrecemos con el precio más bajo garantizado. Para conseguirlo, los comparamos con los productos de nuestros competidores. Uno a uno. De esta forma nos aseguramos de que tú los compras al mejor precio y con la mejor calidad.

2 En Carrefour tienes más de 3500 productos marca Carrefour con el precio más bajo garantizado y la máxima calidad.
Los encontrarás en alimentación, droguería-perfumería y hogar.
Fabricados directamente para Carrefour.
Sin intermediarios. Por eso son más baratos.

3 Acumula el 1% de cualquier producto que compres en hipermercados Carrefour.
Busca los productos con este distintivo y acumula hasta un 30%.
Paga con Pass Visa y aumenta tu ahorro:
- Consigue un 20% extra de todo lo que hayas acumulado en hipermercados Carrefour.
- Y un 1% de todas tus compras fuera del hipermercado.
Cada 3 meses recibirás tu cheque ahorro con todo el dinero que hayas acumulado.
Consigue cupones descuento en cada compra: utilízalos y haz que tus compras te salgan aún más baratas.

4 Porque las compras que hagas con ella a partir del día 21, no las pagas hasta el último día del mes siguiente y sin ningún tipo de coste.
Es como la tarjeta de tu banco, que puedes utilizar donde quieras:
- Pero gratuita: sin cuota anual ni gastos de mantenimiento.

c ¿En qué anuncio se habla de estas cosas?

- ☐ Puedes utilizarla como una tarjeta de crédito normal, y no cuesta dinero.
- ☐ Comparamos los productos con otros hipermercados, para ver si son más baratos.
- ☐ Con tus compras recuperas una parte de tu dinero.
- ☐ Productos fabricados especialmente para nosotros.

Recuerda: es útil subrayar las frases que contienen la información para contestar las preguntas. No tienes que entender todo el texto para seleccionar la información.

d ¿Hay hipermercados como este en tu ciudad? ¿Y en otras ciudades que conoces? ¿Tienen el mismo tipo de ventajas para los clientes? Habla con tus compañeros.

e Trabaja con tu compañero y pensad en otra oferta para los clientes de un hipermercado. Comparad con las del resto de la clase.

1. Comprar en una tienda

VENDEDOR

- ¿Sí?
- ¿Qué desea? ┄┄ *Iniciar la conversación*
- ¿Algo más? ┄┄ *Preguntar al cliente si quiere más cosas*
- (Son +) cantidad de dinero ┄┄ *Decir el precio*

CLIENTE

- ¿Tienen + nombre del producto? ┄┄ *Preguntar por un producto*
- (Quería +) nombre del producto, por favor ┄┄ *Pedir un producto*
- ¿Cuánto vale + nombre del producto?
- ¿Cuánto cuesta + nombre del producto? ┄┄ *Preguntar por un producto*
- ¿Cuánto es todo? ┄┄ *Preguntar el total*
- No, nada más, gracias ┄┄ *Decir que no quiere nada más*

2. Este / ese / aquel

Cerca de la persona que habla	Est**e** jersey Est**a** camisa Est**o**	Est**os** pantalones Est**as** faldas
Cerca de la persona que escucha	Es**e** bolso Es**a** bufanda Es**o**	Es**os** vaqueros Es**as** camisetas
Lejos de los dos	Aquel vestido Aquel**la** camiseta Aquel**lo**	Aquel**los** zapatos Aquel**las** camisas

┄┄ *Recuerda: esto, eso y aquello es para cosas que no podemos identificar*

3. Y / pero

Es bonito **y** barato.
Lo compro.

Es bonito **pero** es caro.
No lo compro.

4. Capacidad, pesos y medidas

Un kilo Dos kilos	de carne / de pescado / de patatas...
Un litro Dos litros	de agua / de vino / de aceite...
Una botella Un cartón	de leche / de vino...
Un bote Un tarro	de mermelada...
Una lata	de sardinas / de cerveza...
Un paquete	de azúcar / de sal / de galletas...
Una bolsa	de patatas / de naranjas...

5. Cuánto/-a/-os/-as

¿Cuánt**o** pan quiere usted?
¿Cuánt**a** carne compras?
¿Cuánt**os** huevos tenemos?
¿Cuánt**as** patatas necesitas?

¿Cuánt**o** cuesta el jersey?
¿Cuánt**o** cuest**an** los pantalones? ┄┄ *Cuant**o** + verbo es invariable*

6. Un poco / muy / más

No me gusta. Es **un poco** feo.
No lo compro. Es ~~un poco~~ caro.
Lo compro. Es un ~~poco~~ bonito. ┄┄ *Un poco, solamente para valorar negativamente*

Me gusta. Es **muy** bonito.
No me gusta. Es **muy** feo.

Esta camisa es **más** barata (que la otra).
Esta me gusta **más** (que la otra). ┄┄ *Más, para comparar*

7. Fórmulas sociales

- Salud			- Salud ┄┄ *Antes de beber, para brindar*
- Feliz	Navidad		
	Año Nuevo		- ¡Gracias, (igualmente)!
	cumpleaños		
- Felices fiestas			┄┄ *Felices fiestas se refiere a todas las fiestas del periodo de las navidades*

10 Recuerdos

En esta unidad vamos a aprender a:

▶▶ Hablar de fechas y momentos importantes de nuestras vidas

▶▶ Preguntar por experiencias del pasado y contar viajes y otras actividades

▶▶ Formar el pretérito indefinido de los verbos regulares y de algunos verbos irregulares

1. ¡Cuántos recuerdos!

¿Te gusta recordar el pasado? Observa las imágenes y responde a las preguntas con tu compañero.

1 ¿De qué momentos conservas objetos de recuerdo?

- Fiestas
- Viajes
- Aniversarios
- Celebraciones familiares
- Otros momentos…

2 ¿Qué tipo de objetos conservas?

¿Objetos «típicos»?

¿Billetes, entradas, periódicos…?

¿Fotos o vídeos?

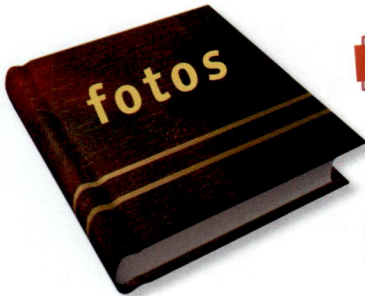

3 ¿Qué haces con ellos? ¿Los ordenas? ¿Cómo?

En la web

¿En disco o en papel?

4 ¿Te gusta mostrar tus fotos o tus objetos de recuerdo? ¿Cuándo? ¿A quién?

2. Fechas de nuestra vida

a Aquí tienes algunas fotos del álbum de Paloma Martín. Con tu compañero, relaciona las fotos con los rótulos.

Viaje de fin curso a Brasil
(diciembre de 1989)

Llegada a España
(julio de 1992)

Primer reportaje para Agencia ELE
(junio de 2008)

Primera cita con Juanjo
(Madrid, mayo de 1994)

Colegio Alemán
(Buenos Aires, 1981-1987)

Universidad
(Madrid, 1992-1997)

Mi primer día en el mundo
(14 de abril de 1971)

Mi casita
(Galicia, febrero de 2003)

b Señala si las siguientes afirmaciones son verdaderas o falsas. Después, comenta los resultados con tu compañero.

	V	F
1		
2		
3		
4		
5		
6		
7		
8		

1. Empieza a trabajar en Agencia ELE en 2009.
2. En 2003 alquila una casa en Galicia.
3. Paloma se va a vivir a España en 1994.
4. Empieza a salir con Juanjo a los 19 años.
5. El 14 de abril de 1975 nace Paloma.
6. Termina los estudios universitarios en 1992.
7. Desde 1981 hasta 1987 vive en Buenos Aires y va al Colegio Alemán.
8. En diciembre de 1992 hace un viaje de fin de curso a Brasil.

c Subraya las referencias temporales de las frases anteriores y completa el cuadro con ejemplos de las frases.

Fecha completa (día + mes + año):	*El 14 de abril de 1975*
Solo el mes:	
Solo el año:	
Periodo de tiempo:	*Desde 1981...*
Edad:	

d ¿Qué hechos son importantes en tu biografía? Márcalos y escribe la fecha o el momento. Compara con tu compañero.

- ☐ Nacer
- ☐ Ir a un colegio alemán / público...
- ☐ Irse a vivir a otro país / a...
- ☐ Irse a vivir solo / con un amigo / con...
- ☐ Llegar a esta ciudad
- ☐ Estudiar en la universidad
- ☐ Terminar los estudios
- ☐ Empezar a trabajar
- ☐ Casarse
- ☐ Separarse
- ☐ Comprar / alquilar una casa o un piso
- ☐ Tener un hijo
- ☐ Cambiar de casa / trabajo / ciudad

■ *En el año 2000, a los 34 años, tengo mi primer hijo y en mayo de 2001 compramos esta casa.*

Campeones

a Sergio y Rocío están preparando un reportaje sobre jóvenes campeones del deporte español. Comentan la información sobre el piloto Fernando Alonso y el tenista Rafa Nadal.

Mira, Sergio, ya tengo la información de Rafa Nadal, ¡y las fotos!

Estupendo, yo también tengo los datos de Fernando Alonso. ¿Lo vemos juntos?

Sí, vamos.

Pues, fíjate, Nadal empezó a jugar a los 4 años, mira esta foto de pequeño, y ganó su primera competición oficial a los 8. Increíble, ¿verdad?

Pues como Alonso, que empezó a correr en *karts* a los 3 años y su primera victoria en un campeonato fue a los 7 años.

Mira, ¡qué pequeño! Por cierto, ¿en qué año nació Alonso?

Nació en..., un momento..., en 1981. ¿Y Nadal? Es más joven, ¿no?

Sí, un poco, nació en el 86.

La verdad es que los dos tienen una carrera deportiva excepcional.

Alonso fue el piloto más joven en ganar un gran premio de Fórmula 1! Lo ganó en..., 2003. Y en 2005, con 22 años, hizo historia como el piloto más joven en ganar el campeonato mundial.

¡Ah! Sí, me acuerdo, y recibió el Premio Príncipe de Asturias de los Deportes ese año, ¿no?

Sí, y además volvió a ser campeón del mundo en 2006... Nadal también triunfó muy joven, ¿no?

Sí, también en 2005 ganó su primer trofeo de Grand Slam, en París. Mira aquí, con 19 años...

¡Qué joven!

¡Ah! Lo viste jugar...

No, no, lo conocí y hablé con él. Estuvimos juntos en la fiesta con la prensa.

Qué suerte! ¿Tienes fotos?

Sí, me hice alguna foto con él, pero no la tengo aquí. Luego te la envío por correo electrónico.

Hola. ¿De qué habláis?... ¡Ah, de Rafa Nadal!... ¿Sabéis que lo conozco?

¿Sí? ¿En serio?

Sí, es que estuve en París en la final del 2007.

b ¿Qué foto envía Iñaki a Rocío?

1. ¿Qué hizo?

a ¿A qué deportista se refieren estas afirmaciones? Comenta con tu compañero.

> 1. Nació en 1981.
> 2. Ganó su primera competición oficial a los 8 años.
> 3. Ganó Wimbledon en 2008.
> 4. Fue el piloto más joven en ganar el campeonato mundial.
> 5. En el Gran Premio de Brasil tuvo el accidente más grave de su carrera.
> 6. En la final del Roland Garros de 2007 venció al n.º 1 del mundo.
> 7. A los 3 años empezó a pilotar *karts*.
> 8. A los 15 años fue el jugador más joven de la historia en ganar un partido en un torneo oficial.
> 9. En 2005 recibió el Premio Príncipe de Asturias de los Deportes.

Fernando Alonso

Rafa Nadal

b Lee otra vez en el cómic lo que cuenta Iñaki de su viaje a París. ¿Qué información da Iñaki a Rocío y a Sergio? Marca las afirmaciones verdaderas.

1 Jugué un partido con Rafa Nadal.

2 Me hice una foto con Rafa Nadal.

3 Conocí a Rafa Nadal en 2007.

4 Escribí un reportaje sobre Rafa Nadal.

5 Hablé con Rafa Nadal en una fiesta.

6 Fui con Rafa Nadal a visitar la Torre Eiffel.

7 Vi la final entre Rafa Nadal y el número 1.

8 Estuve en el mismo hotel que Rafa Nadal.

c ¿En qué momento sitúas los hechos de las frases anteriores?

| Pasado | | Presente | | Futuro | |

2. El pretérito indefinido

a Los verbos de las frases de 1a y 1b están en pasado (pretérito indefinido). Subraya las formas verbales y escríbelas al lado del infinitivo correspondiente.

VERBOS REGULARES			VERBOS IRREGULARES
Verbos en -*ar*	**Verbos en -*er***	**Verbos en -*ir***	
Empezar (él)	Vencer (él)	Recibir (él)	Ser (él) ....
Llegar (él)	Nacer (él)	Escribir (yo)	Tener (él) ....
Ganar (él)	Conocer (yo)		Ir (yo) ....
Hablar (yo)	Ver (yo)		Hacer (yo) ....
Jugar (yo)			Estar (yo) ....

b Escucha y comprueba. Escucha otra vez y señala la sílaba acentuada de cada verbo.

c Completa las formas del pretérito indefinido de los verbos regulares.

	VERBOS EN –*ar* empezar	VERBOS EN –*er* nacer	VERBOS EN –*ir* escribir
Yo	....	....	....
Tú	empez**aste**	nac**iste**	escrib**iste**
Usted / él / ella	....	....	....
Nosotros / nosotras	empez**amos**	nac**imos**	escrib**imos**
Vosotros / vosotras	empez**asteis**	nac**isteis**	escrib**isteis**
Ustedes / ellos / ellas	empez**aron**	nac**ieron**	escrib**ieron**

Las terminaciones de los verbos en –*er* y en –*ir* son iguales.

d Completa las formas del pretérito indefinido en estos verbos irregulares.

	ser	ir	estar	hacer	tener
Yo	....	....	....	....	....
Tú	fuiste	fuiste	estuviste	hiciste	tuviste
Usted / él / ella	....	....	....	....	....
Nosotros / nosotras	fuimos	fuimos	estuvimos	hicimos	tuvimos
Vosotros / vosotras	fuisteis	fuisteis	estuvisteis	hicisteis	tuvisteis
Ustedes / ellos / ellas	fueron	fueron	estuvieron	hicieron	tuvieron

El pretérito indefinido de *ser* y de *ir* es igual.

3. Lo conocí en el 2000

a ¿A qué objeto o persona se refieren las palabras marcadas en rojo?
Lee las dos últimas viñetas del cómic y descúbrelo.

1 ¿Sabéis que lo conozco?

2 ¡Ah! Lo viste jugar...

3 Sí, me hice alguna foto con él, pero no la tengo aquí. Luego te la envío por correo electrónico.

b Con tu compañero, relaciona las frases con el objeto o persona correspondiente.

Tu novio

El piano

Los estudios

Estas fotos

1. **La** compré en 2003
2. **Lo** conocí en la facultad
3. **Los** terminé en 1989
4. **Las** hice en Costa Rica

Tu novia

Esta casa

Pronombres personales de objeto directo:

	SINGULAR	PLURAL
MASCULINO	LO	LOS
FEMENINO	LA	LAS

c Entre los dos pensad una pregunta adecuada para cada una de las frases anteriores.

4. Viajes inolvidables

a ¿Qué pregunta corresponde a cada tipo de información? Relaciona las dos columnas con tu compañero.

1. Fecha	a) ¿Cuándo fuiste?
2. Duración	b) ¿Con quién fuiste?
3. Alojamiento	c) ¿Cuántos días estuviste?
4. Actividades	d) ¿Cómo fuiste?
5. Itinerario	e) ¿Qué hiciste?
6. Transporte	f) ¿A dónde fuiste?
7. Compañía	g) ¿Dónde te alojaste?

b Piensa en tus experiencias de viajes y selecciona un viaje de cada una de estas características. Con dos compañeros, contesta sus preguntas sobre tus viajes.

El viaje más...

largo
interesante
aburrido
exótico
divertido
romántico
caro

■ *Mi viaje más interesante fue a México.*

● *¿Cuándo fuiste?*

■ *Fui en 1999.*

● *¿Con quién fuiste?*

■ *Con mi marido.*

● *¿Cuánto tiempo estuviste?*

■ *Estuvimos dos semanas.*

5. ¿Naciste en 1969?

a Escribe seis datos de tu biografía en seis papeles distintos. Escribe el hecho y la fecha.

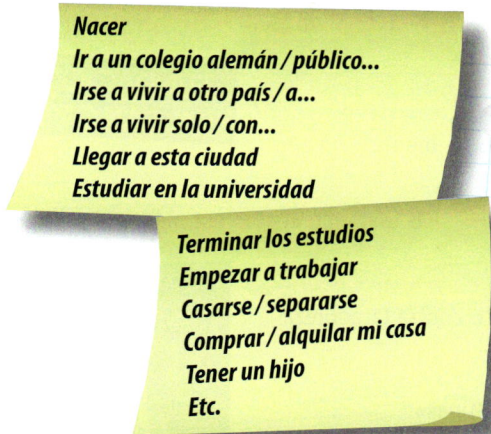

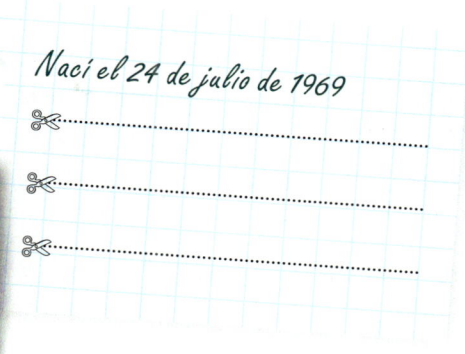

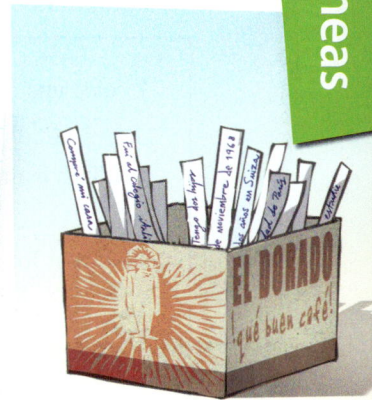

> **Nacer**
> **Ir a un colegio alemán / público...**
> **Irse a vivir a otro país / a...**
> **Irse a vivir solo / con...**
> **Llegar a esta ciudad**
> **Estudiar en la universidad**

> **Terminar los estudios**
> **Empezar a trabajar**
> **Casarse / separarse**
> **Comprar / alquilar mi casa**
> **Tener un hijo**
> **Etc.**

Nací el 24 de julio de 1969

b Tenéis que poner todos los papeles en una caja. Cada uno coge de la caja seis papeles (comprueba que no tienes datos de ti mismo). Muévete por la clase y pregunta a tus compañeros hasta descubrir a quién pertenece cada dato. Luego pregunta algo más para completar la información de cada papel. Al final cuenta a la clase lo que sabes de tus compañeros.

- ¿*Naciste en 1969?*
- *No, lo siento.*
- ¡*Ah! Vale.*

- ¿*Naciste en 1969?*
- *Sí.*
- ¿*Naciste el 1 de julio?*
- *Sí.*
- ¿*Y dónde naciste?*
- *En Londres.*

6. Una vida original

a Mira las imágenes. ¿Qué hechos de la vida pueden representar? Con un compañero, inventad la vida de la persona que guarda estos recuerdos. Para ello tenéis que:

- Imaginar un hecho y una fecha para cada imagen.
- Poner los hechos y las imágenes en orden cronológico.
- Escribir los datos de la biografía de vuestra persona imaginaria.

b Luego, cada pareja cuenta al resto de la clase la biografía de su personaje. ¿Son muy diferentes?

Algunos datos biográficos de ....

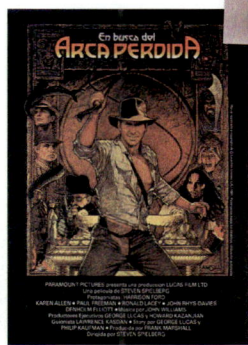

1. ....
2. ....
3. ....
4. ....
5. ....
6. ....
7. ....
8. ....

INVITACIÓN

El Excelentísimo Señor Embajador de España en México tiene el placer de invitarle a la recepción que tendrá lugar el día 7 de enero de 1999 con motivo de...

1. Juanes: cantante y algo más

a ¿Conoces al cantante colombiano Juanes? Completa los cuatro textos siguientes con la frase adecuada.

1 como una de las «100 personas más influyentes en el mundo»

2 fans marroquíes que cantaron las canciones increíblemente bien

3 el Top 10 de las listas de ventas en Estados Unidos

4 cantar frente al Parlamento Europeo

5 organizó un concierto a beneficio de «Colombia sin Minas»

6 el artista latino de rock con más ventas en todo el mundo

7 FUNDACIÓN MI SANGRE

8 logrando ventas por más de 4 millones de copias

9 acto contra la pobreza

1 Declarado por el diario *Los Angeles Times* como «la figura más importante de la música latina en la última década», Juanes es ganador de 12 Grammys Latinos y nombrado por la revista *Time* (a) .... Juanes es actualmente (b) .... y el activista social más prominente del género. Su segundo álbum *Un Día Normal* logró establecer el récord como el disco con mayor tiempo en (c) .... Su tercer álbum, *Mi Sangre*, se mantuvo en las listas de popularidad por 2 años (d) ...., llevándolo al NÚMERO 1 en los *charts* de toda Latinoamérica, Estados Unidos y Europa. Su gira «Mi Sangre Tour» fue el *tour* mundial más extenso montado por un artista latino presentándose frente a millones de fans en 170 conciertos en arenas y estadios de 31 países y 4 continentes. Logró el debut más alto en las listas de popularidad para un artista latino en Japón. Juanes fue el primer artista en (e) .... donde obtuvo una donación de 2,5 millones de euros para las víctimas de las minas en Colombia. Con este mismo fin, también (f) .... con su Fundación Mi Sangre.

http://www.myspace.com/juanesmyspaceoficial

FUNDACIÓN MI SANGRE | Por los hijos de tus hijos...

http://www.fundacionmisangre.org/

La Fundación

Nuestro Sueño   Visión   Misión   Valores

Misión

Contribuimos a la construcción de la paz en Colombia, promoviendo la educación a la primera infancia vulnerable y la rehabilitación integral de las víctimas de minas antipersonales y municiones sin explotar.

(g) ....

Por los hijos de tus hijos

- La Fundación
- Apóyanos
- Lo que Hacemos
- Minas Antipersonal
- Voluntarios
- Contáctenos

3

Noticia 29/05/2008
**JUANES Y BONO
PARTICIPAN EN
JAPÓN EN UN (i)** ....
....

http://www.juanesweb.com/

4
BLOG//

28 DE MAYO 2008

Hola a todos!!!!!
Quiero hacerles un pequeño
resumen de lo que han sido estas
últimas dos semanas en la gira de
«La Vida».
Por primera vez fuimos a tocar a un
país africano donde hicimos parte
de un gran festival que se celebró
en la ciudad de Rabat, Marruecos.
Compartimos escenario con muchísimos artistas de todas partes del
mundo y con (h) ....
.... No puedo explicarles la alegría tan grande que sentí al oírlos y
verlos cantar en español!!!! (...)

http://www.juanes.net/

b Vuelve a leer el texto de *myspace.com* y piensa con tu compañero un
título adecuado.

c ¿Conoces algún otro personaje famoso y activista como Juanes?
Comenta con tus compañeros sus actividades.

2. Tienda de recuerdos

a Observa la foto: ¿qué tipo de recuerdos puedes comprar en esta
tienda? Escribe una lista con tu compañero.

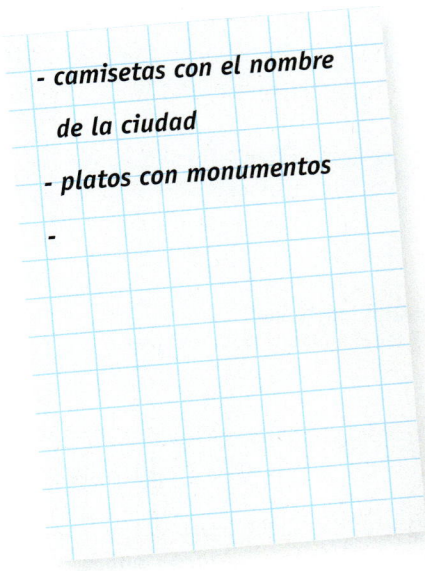

- *camisetas con el nombre
  de la ciudad*
- *platos con monumentos*
-

56 **b** Vas a escuchar a tres personas hablar sobre los recuerdos que les
gusta comprar en sus viajes. Después, relaciona las personas con un
tipo de comprador.

1 Marta   ☐ El comprador práctico
2 Javier   ☐ El coleccionista
3 Almudena   ☐ El comprador por obligación

c ¿Qué tipo de comprador eres tú? ¿Te gusta comprar recuerdos cuando
viajas? ¿A quién le compras regalos? ¿Te gusta recibirlos? Coméntalo
con tus compañeros.

1. Fechas y referencias al pasado

Fecha completa (día + mes + año)	Paloma nació el 14 de abril de 1975.
Solo el mes	En diciembre hizo un viaje de fin de curso.
Solo el año	Alquiló una casa en Galicia en 2003.
Periodo de tiempo	Desde 1981 hasta 1987 vivió en Buenos Aires.
Edad	Empezó a trabajar a los 33 años.

2. El pretérito indefinido: verbos regulares

	GANAR	CONOCER	RECIBIR
Yo	gané	conocí	recibí
Tú	ganaste	conociste	recibiste
Usted / él / ella	ganó	conoció	recibió
Nosotros / nosotras	ganamos	conocimos	recibimos
Vosotros / vosotras	ganasteis	conocisteis	recibisteis
Ustedes / ellos / ellas	ganaron	conocieron	recibieron

La sílaba acentuada siempre está en la terminación.

Las terminaciones de los verbos en –er y en –ir son iguales.

3. El pretérito indefinido: verbos irregulares (ser, ir estar, hacer y tener)

	SER	IR
Yo	fui	fui
Tú	fuiste	fuiste
Usted / él / ella	fue	fue
Nosotros / nosotras	fuimos	fuimos
Vosotros / vosotras	fuisteis	fuisteis
Ustedes / ellos / ellas	fueron	fueron

El pretérito indefinido de ir y ser es igual.

	ESTAR	HACER	TENER
Yo	estuve	hice	tuve
Tú	estuviste	hiciste	tuviste
Usted / él / ella	estuvo	hizo	tuvo
Nosotros / nosotras	estuvimos	hicimos	tuvimos
Vosotros / vosotras	estuvisteis	hicisteis	tuvisteis
Ustedes / ellos / ellas	estuvieron	hicieron	tuvieron

Son irregulares porque:
- Cambia la raíz (ten- > tuv-)
- Las terminaciones son distintas a las regulares.

La sílaba acentuada NO siempre está en la terminación.

4. Pronombres personales de objeto directo

	SINGULAR	PLURAL
MASCULINO	LO	LOS
FEMENINO	LA	LAS

■ ¿Cuándo compraste esta casa?
● La compré en 2003.

■ ¿Dónde conociste a tu marido?
● Lo conocí en la universidad.

11 Conectad@s

En esta unidad vamos a aprender a:

▶▶ Hablar de hábitos acerca de los medios de comunicación e información

▶▶ Entender programaciones de radio y televisión y hablar sobre los servicios que ofrecen internet y la prensa escrita

▶▶ Establecer una conversación por teléfono

▶▶ Comparar gustos y preferencias sobre los medios de comunicación e información

1. Nosotros y los medios de comunicación

a Sigue las flechas, marca tus respuestas a las preguntas y luego explica a tu compañero tus hábitos de uso de los medios de comunicación. Escucha a tu compañero y escribe aquí los dos medios de comunicación que usa con más frecuencia: .... y ....

¿Escuchas la radio?   ¿Navegas por internet?   ¿Ves la tele?   ¿Lees la prensa?

SÍ

¿Con qué frecuencia?

+
- VARIAS VECES AL DÍA
- TODOS LOS DÍAS
- DOS O TRES VECES A LA SEMANA
- UNA VEZ A LA SEMANA
-
- ALGUNAS VECES AL MES

■ *Yo casi nunca escucho la radio porque no me gusta mucho. Pero navego por internet dos o tres veces al día y veo la televisión casi todas las noches. También leo el periódico, pero solo una vez a la semana, los domingos por la mañana. ¿Y tú?*

NO, NUNCA O CASI NUNCA

¿Por qué?

- PORQUE NO ME GUSTA
- PORQUE NO ME INTERESA
- PORQUE NO TENGO TIEMPO
- PORQUE ES CARO
- ...

¿Cuándo?

- POR LA MAÑANA
- AL MEDIODÍA
- POR LA TARDE
- POR LA NOCHE

b Explica a la clase qué medios de comunicación usa con más frecuencia tu compañero. Escucha con atención todas las presentaciones del resto de tus compañeros y escribe sus nombres en la tabla. ¿Cuál es el medio de comunicación más popular de la clase?

■ *Sofía prefiere internet y la radio. Entra en internet dos o tres veces al día y escucha la radio todos los días en el coche.*

● *Pues a Hans le gusta la tele. La ve todos los días.*

Radio	Internet	Televisión	Prensa

2. ¿Qué hay en internet?

a ¿Con qué servicios de internet relacionas las imágenes? Escribe en la tabla el número de la imagen que se corresponde con cada servicio.

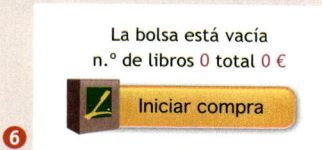

MEGAUPLOAD ①   ②   **Google** ③

SERVICIOS DE INTERNET	IMAGEN N.º
Búsqueda de información	
Correo electrónico	
Descarga de archivos (música, películas, etc.)	
Participación en foros, chats y redes sociales	
Comercio electrónico	
Llamadas telefónicas	

Centro Virtual Cervantes | Buscar | Tablón | Archivo
Foro del español
Foro del español   Foro didáctico   Foro del hispanista   Foro TIC
Ver mensajes ordenados por: Asunto   Página: Página: 1 de 7
Nuevo mensaje   Mensajes del 1 al 50 de 301
④

YAHOO! ESPAÑA CORREO ⑤

La bolsa está vacía
n.º de libros 0 total 0 €
Iniciar compra
⑥

b Y tú, ¿qué servicios de internet usas con más frecuencia? ¿Haces otras cosas en la red? Comenta con tu compañero.

3. ¿Qué hay en el periódico?

a ¿Con qué secciones del diario *El Sol* relacionas estos titulares?

EL SOL EL DIARIO QUE SALE TODAS LAS MAÑANAS
Internacional | Nacional | Deportes | Economía | Tecnología | Cultura | Gente y TV | Sociedad | Opinión

EL BARÇA, campeón	Obama, nuevo presidente de los EE UU	El mejor libro del año

b Elige una sección del periódico, piensa en un titular para hoy y díselo a tu compañero para que adivine a qué sección pertenece.

c ¿Qué sección del periódico es más interesante para ti? ¿Cuál no lees casi nunca? Habla con tus compañeros.

4. ¿Qué hay en la tele?

a ¿Qué tipos de programas ofrece esta cadena de televisión? Coméntalo con tu compañero y escribid vuestras conclusiones.

TV8, LA TELE DE TODOS

08:00	Telediario matinal	17:30	Crónicas
09:30	Hoy desayunamos con…	18:00	Nuestros amigos los copetes
11:00	Club de fútbol	19:15	Con pan y vino…
12:00	Saber y no perder	20:30	Telediario 2
14:00	Corazón de melón	22:00	La película de los lunes
15:00	Telediario 1	23:30	Hablando se entiende la gente
16:00	Amar a contracorriente	00:45	Telediario 3

■ *Yo creo que los telediarios son programas informativos*

● *Sí, y «Club de fútbol» es un programa deportivo…*

Programas de televisión

- Informativos
- Programas deportivos
- Documentales
- Series
- Concursos
- Programas de cocina
- Cine
- Debates
- Dibujos animados
- Entrevistas
- Programas del corazón

b Escucha y comprueba.
57

A mí también me gusta

a En la Agencia ELE se reparten el trabajo del día. A Iñaki no le gusta mucho lo que tiene que hacer. Lee y escucha.

b ¿Cuál es la verdadera lista de Iñaki?

1 Luisa Ruiz Puerta	913467582	no hay nadie
2 Ricardo Toledo Méndez	915322931	comunica
3 Laura Sánchez Jiménez	917258291	llamar a las 4
4 Eduardo Pacheco Torres	912582771	número equivocado
5 Fernando Ríos Pérez	914285672	✓

1 Luisa Ruiz Puerta	913467582	no contesta
2 Ricardo Toledo Méndez	915322931	no está en casa
3 Laura Sánchez Jiménez	917258291	está en el trabajo
4 Eduardo Pacheco Torres	912582771	llamar más tarde
5 Fernando Ríos Pérez	914285672	✓

1. Al teléfono

a Fíjate en las conversaciones de Iñaki al teléfono y completa el esquema.

• Atender al teléfono y empezar una conversación telefónica:	¿Dígame? ....
• Preguntar por una persona:	¿Está..., por favor? ....
• Responder en una conversación telefónica:	• Identificarse: Sí, soy .... • Preguntar quién llama: ¿De parte ....? • Pedir que espere: Un ...., por favor.

b Miquel Milá, el cámara de Agencia ELE, quiere hablar por teléfono con Carmen, la jefa de la agencia. Miquel llama a casa de Carmen y Juan, su hijo, coge el teléfono. Ordena la conversación y represéntala con dos compañeros. ¿Tenéis el mismo orden?

Juan: *¿De parte de quién?*

Carmen: *¿Sí?*

Miquel: *¿Carmen?*

1 Juan: *¿Diga?*

Miquel: *Hola, Carmen, soy Miquel...*

Juan: *Un momento, por favor.*

Carmen: *Sí, soy yo.*

Miquel: *Hola, ¿está Carmen, por favor?*

Miquel: *Soy Miquel, un compañero de trabajo.*

c Escucha y comprueba.

d ¿Rosa o azul? Elige un color, ponte de espaldas a tu compañero, sigue las instrucciones y habla por teléfono en las dos situaciones.

SITUACIÓN 1

Llamas por teléfono a tu compañero/a. Quieres invitarlo/a a comer.

Tu compañero/a de clase te llama por teléfono a casa.
Elige una de las siguientes opciones y actúa:

☐ Tú mismo/a coges el teléfono.

☐ Tu marido/mujer coge el teléfono. Tú no estás en casa.

☐ Tu hermano coge el teléfono. Tú estás en la cocina.

SITUACIÓN 2

Llamas por teléfono a tu compañero/a. Quieres invitarlo/a a cenar.

Tu compañero/a de clase te llama por teléfono a casa.
Elige una de las siguientes opciones y actúa:

☐ Tu hijo/a coge el teléfono. Tú no estás en casa.

☐ Tú mismo/a coges el teléfono.

☐ Tu novio/a coge el teléfono. Tú estás en el jardín.

2. Iñaki también quiere ser reportero

Iñaki es el administrativo de Agencia ELE, pero hoy le gusta más el trabajo de sus compañeros periodistas. Completa sus tristes pensamientos con la forma adecuada de los verbos correspondientes.

conocer   **hacer**   **salir**   **ver**   **saber**

- Ellos *salen* a la calle a trabajar. Yo solo *salgo* de esta habitación para ir al baño.
- Ellos _____ a mucha gente. Yo solo _____ a mi vecino del quinto.
- Ellos _____ muchas cosas interesantes. Yo solo _____ cosas aburridas.
- Ellos _____ lo que pasa en la calle. Yo solo _____ lo que pasa en esta oficina.
- Ellos _____ la luz del sol. Yo solo _____ la lámpara de esta mesa.

> **Presente de indicativo. Verbos con primera persona (yo) irregular:**
> conocer *(conozco)*
> hacer *(hago)*
> salir *(salgo)*
> ver *(veo)*
> saber *(sé)*

3. La foto de la derecha

a En la Agencia ELE hablan de una foto. ¿Las siguientes frases son verdaderas o falsas?

> A mí la de la derecha.
> A mí también.
> Pues... a mí no.
> A mí tampoco. La de la izquierda es preciosa. Podemos poner las dos.

	V	F
Iñaki prefiere la foto de la izquierda.		
A Luis no le gusta la foto de la derecha.		
Carmen prefiere la foto de la derecha.		
A Rocío le encanta la foto de la izquierda.		

Expresar acuerdo y desacuerdo

Acuerdo	Desacuerdo
☺ Me gusta ☺ A mí también	☺ Me gusta ☹ A mí no
☹ No me gusta ☹ A mí tampoco	☹ No me gusta ☺ A mí sí

Entre líneas

b Luis, Paloma, Miquel y Sergio tienen que decidir qué fotos van a incluir en un reportaje sobre el poder relajante de la sonrisa. Interpreta los símbolos y reproduce la conversación.

Luis: ☺ ¡Me encanta!
Paloma: ☺ ....
Sergio: ☹ Pues a mí no.
Miquel: ☹ ....

Paloma: ☹ No me gusta nada.
Miquel: ☺ ....
Sergio: ☺ ....
Luis: ☹ A mí no.

Miquel: ☺ Me gusta mucho.
Sergio: ☺ ....
Paloma: ☹ ....
Luis: ☹ ....

Sergio: ☹ ....
Luis: ☹ ....
Miquel: ☺ ....
Paloma: ☹ ....

c Apunta en tu cuaderno el nombre de tu bebida favorita (o el de la que menos te gusta), el color que menos o más te gusta y tu estación del año preferida (o la que más te deprime). Después en grupos de cuatro comentad vuestros gustos. ¿Estáis de acuerdo en algo?

■ *¿Empezamos hablando de las bebidas?*
● *A mí no me gusta el ron con cocacola.*
■ *¿No? Pues a mí sí.*

■ *No tenemos muchos puntos en común. A Hans y a Fernanda les gusta mucho el gintonic, pero a Katja y a mí no nos gusta mucho...*

4. *Yo no puedo... yo tampoco*

a Compara esta viñeta con la del ejercicio anterior. Subraya las expresiones de acuerdo y desacuerdo que aparecen. ¿Son diferentes? Piensa con tu compañero por qué.

Dos tipos de verbos diferentes

1 - Yo no puedo bailar
- Yo tampoco

2 - A mí me gusta bailar
- A mí también

b Escucha y marca la opción más adecuada para continuar los diálogos.

1
- ☐ A mí también
- ☐ A mí sí
- ☐ Yo tampoco
- ☐ Yo no

2
- ☐ Yo también
- ☐ Yo sí
- ☐ A mí también
- ☐ A mí sí

3
- ☐ A mí tampoco
- ☐ Yo sí
- ☐ Yo también
- ☐ A mí sí

4
- ☐ A mí también
- ☐ Yo sí
- ☐ Yo no
- ☐ A mí sí

c Escucha y reacciona en cadena según lo que digan tus compañeros.

■ *Pues yo no* ● *Yo tampoco* ▲ *Pues yo sí* ▸ *Yo también* ◆ *Yo también...*

5. La encuesta de Iñaki

a Escucha la encuesta que finalmente consigue hacer Iñaki y rellena el formulario.

SONDEO SOBRE HÁBITOS DE CONSUMO DE MEDIOS DE COMUNICACIÓN E INFORMACIÓN

Encuesta nº: 001   Encuestado/a: Fernando Ríos Pérez   Lugar de residencia: Madrid

DATOS PERSONALES

Edad: ☐ Menos de 25 años ☐ Entre 25 y 45 años ☐ Más de 45 años   Sexo: ☑ Hombre ☐ Mujer

Nivel de estudios: ☐ Básicos ☐ Bachillerato ☐ Universitarios   Profesión:

MEDIOS QUE UTILIZA DIARIAMENTE

☐ Radio   ☐ Televisión   ☐ Prensa   ☐ Internet

RADIO

Tipo de programa: ☐ Musicales ☐ Informativos ☐ Tertulias ☐ Humor ☐ Otros

Momento del día: (respuesta libre) ....

TELEVISIÓN

Tipo de programa: ☐ Informativos ☐ Películas y series ☐ Deportes ☐ Documentales ☐ Otros

Momento del día: (respuesta libre) ....

PRENSA

Tipo de publicación: ☐ Periódicos ☐ Revistas de información general ☐ Revistas especializadas

Secciones del periódico: ☐ Internacional ☐ Nacional ☐ Deportes
☐ Opinión ☐ Cultura ☐ Otros

Momento del día: (respuesta libre) ....

INTERNET

Tipo de sitio: ☐ Buscadores ☐ Correo-e ☐ Descarga de archivos ☐ Prensa digital ☐ Otros

Momento del día: (respuesta libre) ....

b Ahora representa la llamada por teléfono con tu compañero y hazle la encuesta. ¿Se parecen sus respuestas a las de Fernando?

6. Los medios a nuestra medida

Dividid la clase en dos equipos. Cada uno se encarga de una de las siguientes tareas.

INTERNET A NUESTRA MEDIDA

Este equipo diseña un portal de acceso a internet con enlaces a las páginas más visitadas por nuestro grupo. Podéis seguir estos pasos:
1 Escribís preguntas para conocer los hábitos de vuestros compañeros.
2 Cada uno se encarga de hacer una pregunta al resto de la clase.
3 Os reunís y ponéis en común la información que cada uno ha obtenido.
4 Diseñáis el portal y lo presentáis a la clase.

LA TELE A NUESTRA MEDIDA

Este equipo diseña una programación de televisión de acuerdo con los gustos de nuestro grupo. Podéis seguir estos pasos:
1 Escribís preguntas para conocer los hábitos de vuestros compañeros.
2 Cada uno se encarga de hacer una pregunta al resto de la clase.
3 Os reunís y ponéis en común la información que cada uno ha obtenido.
4 Diseñáis la programación y la presentáis a la clase.

Referencias temporales
- Antes de + infinitivo
  Antes de cenar
- Mientras + presente
  Mientras ceno
- Después de + infinitivo
  Después de cenar

Para preguntar
- ¿Qué...?
  ¿Qué programas te interesan más?
- ¿Cuándo...? ¿A qué hora...?
  ¿Cuándo lees la prensa?
- ¿Por qué...?
  ¿Por qué visitas ese sitio?

■ *Nuestra página de internet es muy especial porque tiene contenidos diferentes según el momento del día. Por ejemplo, por la mañana tiene enlaces a sitios que consultamos en el trabajo...*

1. Hexo x ti, xa ti ;-)

a Esta imagen pertenece a la cabecera de una página *web*, ¿cuál puede ser su contenido? Habla con tu compañero.

b El siguiente texto explica los contenidos de ese sitio. Pero unos piratas informáticos han colado cinco palabras que no pertenecen al texto original. Léelo con ayuda del diccionario y descúbrelas. Compara tus respuestas con las de tu compañero.

hexo x ti y xa ti
TÚ PONES LAS REGLAS

Los jóvenes están desarrollando nuevas formas de comunicarse a través de los móviles, carnavales e internet. Su lenguaje es transgresor, sintético, rebelde y práctico.

Los SMS son una forma de comunicarse que utilizan diariamente millones de jóvenes sacacorchos. Se trata de una realidad que va a influir en la evolución de la lengua y de la gramática.

El objetivo del Diccionario SMS es recopilar los términos, calabazas y abreviaturas que utilizan los jóvenes para escribir en sus teléfonos móviles o en internet.

Diccionario SMS es una herramienta de consulta creada por los jóvenes, desde abajo hacia arriba, para profesores, estudiosos de la lengua española, cefalópodos, medios de comunicación, padres y educadores.

Los SMS pueden registrarse en cualquiera de las lenguas del Estado: castellano, catalán, gallego, peregrino y euskera.

Diccionario SMS es una iniciativa de la Asociación de Usuarios de Internet para el Día de Internet, que se celebra el 25 de octubre.

Adaptado de diccionariosms.com

c ¿También es especial la forma de escribir SMS en tu lengua? Coméntalo con tus compañeros.

d ¿Quieres conocer algunos términos de ese diccionario tan especial? Relaciona con tu compañero los elementos de las dos columnas.

TÉRMINO SMS				SIGNIFICADO	
1	$-)	D		A	Estrés
2	menknta			B	Adiós
3	es3			C	Mucho
4	xq			D	Millonario
5	1bs			E	Me encanta
6	a2			F	Porque
7	m8			G	Un beso

e Ahora tú puedes escribir un SMS a tu compañero. Piensa en un mensaje sencillo, consulta diccionariosms.com, escribe el texto y envíaselo.

2. ¿Informad@s?

a En la página web de Radio Nacional de España puedes escuchar en cualquier momento del día programas de radio sobre tus temas favoritos. Mira la lista de temas, ¿cuáles te parecen más interesantes para escuchar en la radio?

rtve.es

| Portada | Noticias | Televisión | Radio | Deportes |

RADIO RNE a la Carta | Podcasts | Programas | Radio Nacional | Radio Clásica | Radio 3 | Ràdio 4 | Radio 5 | Radio Exterior | Blogs

rne
Radio Nacional de España

rne a la carta   Audios   Podcasts   Archivo Sonoro

○ Todos
○ Programas RNE
○ Cadenas
● Temas   • Música • Informativos • Documentales • Infantil/Juvenil
   • Magazine • Deportes • Cultura • Ciencia y Tecnología
   • Otros programas

rne Radio Nacional en directo.

Haz clic para escuchar la radio

Radio Nacional	En directo
Radio Clásica	En directo
Radio 3	En directo
Radio 4	En directo
Radio 5	En directo
Radio Exterior	En directo

b Ahora vas a escuchar fragmentos de siete programas de radio. ¿De qué tema trata cada uno de ellos? Anótalo y comenta con tu compañero lo que te ha ayudado a reconocer el tema de cada fragmento (palabras clave, tipo de música, ruidos, nombres propios...).

1..................... 2..................... 3..................... 4.....................
5..................... 6..................... 7.....................

c ¿De qué temas te gusta estar informado habitualmente? ¿De cuáles piensas que estás realmente bien informado? ¿Y de qué temas hablas con mayor frecuencia con tus amigos y compañeros? Coméntalo con tu compañero.

| Vida de sociedad y sucesos | Cultura | Economía y trabajo | Política |

| Ecología y medio ambiente | Salud y medicina | Deporte | Ciencia y tecnología |

3. Navegando

a Habla con tu compañero y explica qué servicios de internet crees que se usan más en tu país.

■ *Yo creo que en mi país lo que más se hace es mandar correos y comprar.*
● *En mi país también. Y buscar información...*

b ¿Cuáles crees que se usan más en España? Escucha un programa de radio que habla de una encuesta sobre la relación de los españoles con internet y escribe el porcentaje de encuestados que usa cada servicio.

INTERNET	%	INTERNET	%
Buscar información		Chatear y participar en foros	
Mandar e-mails		Comprar (libros, discos, billetes...)	
Bajar música, vídeos, etc.		Llamar por teléfono	

1. Hablar por teléfono

Preguntar por una persona

- ¿Está María, por favor?
- ¿Puedo hablar con María, por favor?

Identificarse

- Soy Carlos
- Sí, soy yo

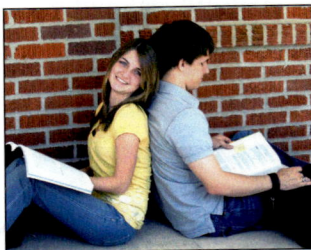

Responder al teléfono

- ¿Sí?
- ¿Dígame? / ¿Diga?

Preguntar quién llama

- ¿De parte de quién?

Pedir a una persona que espere

- Un momento, por favor

- ¿Diga?
- ¿Puedo hablar con María, por favor?
- ¿De parte de quién?
- Soy Carlos, un compañero de clase.
- Un momento, por favor.

- ¿Sí?
- ¿Está María?
- Sí, soy yo.
- Hola, soy Carlos...

2. Verbos irregulares en la primera persona (yo)

-GO		-ZCO		OTROS	
Hacer:	hago, haces...	Parecer:	parezco, pareces...	Ver:	veo, ves...
Poner:	pongo, pones...	Conocer:	conozco, conoces...	Dar:	doy, das...
Salir:	salgo, sales...	Producir:	produzco, produces...	Saber:	sé, sabes...
Valer:	valgo, vales...				
Traer:	traigo, traes...				
Caer:	caigo, caes...				

Hay verbos que combinan varios tipos de irregularidades:
Tener: tengo, tienes, tiene, tenemos, tenéis, tienen
Venir: vengo, vienes, viene, venimos, venís, vienen

3. Expresar coincidencia y falta de coincidencia

COINCIDENCIA (=)	NO COINCIDENCIA (≠)	VERBO GUSTAR, ENCANTAR, INTERESAR...	
		COINCIDENCIA (=)	NO COINCIDENCIA (≠)
- (Yo) Escucho la radio = Yo también	- (Yo) Escucho la radio ≠ Yo no	- (A mí) Me gustan los documentales = A mí también	- (A mí) Me gustan los documentales ≠ A mí no
- (Yo) No escucho la radio = Yo tampoco	- (Yo) No escucho la radio ≠ Yo sí	- (A mí) No me gustan los documentales = A mí tampoco	- (A mí) No me gustan los documentales ≠ A mí sí

4. Los interrogativos

		PREGUNTAR POR
COSAS	QUÉ QUÉ TIPO DE CUÁL	¿Qué periódico lees normalmente? ¿Qué quieres tener en tu tele ideal? ¿Qué tipo de programas te gusta? ¿Cuál prefieres (Yahoo o Google)?
PERSONAS	QUIÉN / QUIÉNES	¿Quién escucha la radio por la mañana?
LUGAR	DÓNDE	¿Dónde te conectas a internet, en casa o en un cibercafé?
TIEMPO	CUÁNDO A QUÉ HORA	¿Cuándo lees el periódico? ¿A qué hora empiezan las noticias?
MODO	CÓMO QUÉ TAL	¿Cómo estás? ¿Qué tal estás?
CANTIDAD	CUÁNTO/A/OS/AS	¿Cuántos mensajes de texto (sms) mandas al día?
CAUSA	POR QUÉ	¿Por qué no te gusta este programa?

12 ¡Ay! ¡Qué dolor!

En esta unidad vamos a aprender a:

▸▸ Dar y pedir información sobre estados físicos y síntomas de enfermedades

▸▸ Explicar un estado de ánimo o sensación física en relación con las acciones realizadas

▸▸ Informar sobre acciones realizadas usando el pretérito perfecto de indicativo

▸▸ Pedir consejo y comprar medicamentos en una farmacia

1. Remedios para un enfermo

a Este hombre está enfermo, tiene gripe. ¿Qué debe hacer? Observa las imágenes y comenta los consejos y remedios con tus compañeros.

¿Consejos y remedios para **la gripe?**

Beber agua

Beber un coñac

Comer fruta

Bañarse con agua caliente

Ir al médico

Beber vino caliente

Comer chocolate

Llamar a su madre

Estar en la cama

Hacer deporte

Dormir

Bañarse con agua helada

■ *¿Beber coñac es bueno para la gripe?*
● *Pues yo creo que no, pero es muy bueno beber mucha agua.*

b ¿Conoces algún remedio más? ¿Tú qué haces normalmente? Habla con tus compañeros.

■ *Yo, normalmente, me doy un baño de agua caliente.*
● *Pues yo siempre llamo a un amigo para no estar solo.*

2. ¡Tengo sueño!

a Relaciona cada estado con una solución.

Tener hambre — Tener sueño — Tener sed — Tener frío — Tener calor — Tener fiebre

1   2   3   4   5   6

b Escucha y comprueba.

3. Partes del cuerpo

a Mira las fotos de estas mujeres y completa los rótulos con los nombres de las partes del cuerpo.

> brazo
> cabeza
> dedo
> espalda
> mano
> pie
> pierna

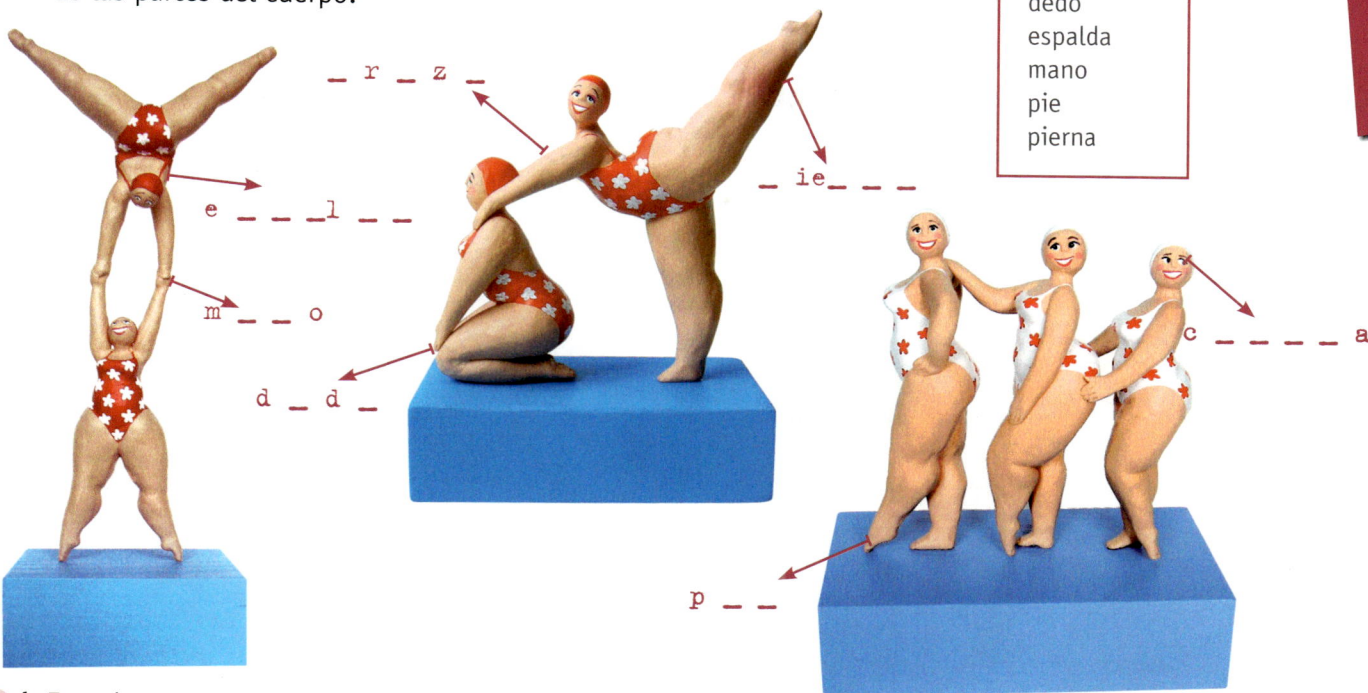

_ r _ z _

e _ _ _ l _ _ _

m _ _ o

d _ d _

_ ie _ _ _ _

c _ _ _ _ a

p _ _

Esculturas de Javier Granados

b Escucha a estas personas hablando de estas figuras. ¿De qué dos mujeres están hablando? Señálalas.

66

4. Dolor de...

a Estos son algunos síntomas o dolores que tenemos cuando estamos enfermos. Completa con las palabras que faltan.

> estómago - garganta - granos - muelas - oídos - tos

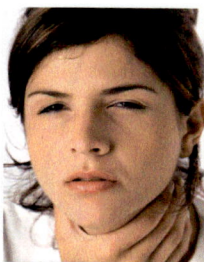

Dolor de ....

Dolor de ....

Tener ....

Tener ....

Dolor de ....

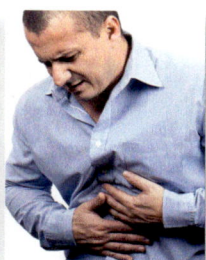

Tener dolor de
....

b Comenta con tu compañero cuál es el remedio o medicamento adecuado para cada uno de ellos.

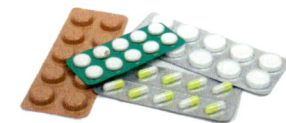

Tomar una aspirina

Tomar un jarabe

Ponerse una crema

Beber limón con miel

Tomar una manzanilla

- _Para el dolor de muelas, tomar una aspirina, ¿no?_
- _Sí, y para la tos, tomar un jarabe._

Pero, ¿qué ha pasado hoy?

Hoy parece un lunes tranquilo en la Agencia ELE. Iñaki llega a las nueve a la oficina y encuentra diferentes mensajes de sus compañeros. Lee el cómic.

1. ¿Cómo están los personajes de la Agencia ELE?

a Señala qué personaje de la Agencia ELE está en estas situaciones y lugares
el lunes a las 9 de la mañana.

En el médico

Iñaki

Rocío

En el aeropuerto

En el examen

Sergio

Luis

En la oficina

De vacaciones

Miquel

Paloma

En casa

b Comenta con tu compañero cómo y dónde están los personajes. Utiliza los adjetivos del cuadro.

- ¿Dónde está Rocío?
- Está en el examen de conducir.
- ¿Y cómo está?
- Creo que está nerviosa. ✱

✱ Recuerda:

nervioso – nerviosa
nerviosos – nerviosas
Rocío está nerviosa.
Carmen e Iñaki están nerviosos.

ADJETIVOS DE ESTADOS FÍSICOS Y DE ÁNIMO

enfermo – cansado – contento – nervioso
preocupado – tranquilo – triste

Para localizar	⇨	**Estar en** + nombre
		Rocío está en el examen.
Para indicar estados físicos y de ánimo	⇨	**Estar** + adjetivo
		Rocío está nerviosa.

2. Me duele la cabeza

a Lee las frases y señala si son verdaderas o falsas.

	V	F
A Sergio le duele la cabeza.	☐	☐
A Miquel le duelen los pies.	☐	☐
A Carmen le duele la garganta.	☐	☐
A Rocío le duelen los oídos.	☐	☐

EL VERBO DOLER

- El presente del verbo doler
  es irregular (o>ue).
- Funciona como el verbo gustar:
  A Sergio le duelen los oídos.
  A Carmen le duele la espalda.

b Transforma las frases.

1 Tiene dolor de estómago
   Le duele el estómago. ✳

2 ¿Tienes dolor de garganta?
....

3 ¿Tienes dolor de oídos?
....

4 Tengo dolor de muelas.
....

✳ **Recuerda:**

los verbos como *gustar* o *doler* necesitan los pronombres de objeto indirecto:

me	te	le
nos	os	les

---

3. ¿Qué ha pasado a las 9?

a Lee de nuevo el cómic. Después completa las siguientes frases con las formas verbales del cuadro.

Sergio *ha preparado* la entrevista **esta semana.**
Rocío .... el examen **ahora mismo.**
Iñaki .... al médico **hoy.**
Luis .... en esta playa y .... en Iñaki **esta mañana.**
Carmen .... con Paloma **a las 9:30.**
Esta mañana Paloma .... al aeropuerto a recoger a su madre.

| ha preparado |
| ha aprobado |
| ha ido |
| ha estado |
| ha hablado |
| ha pensado |

Estas formas verbales pertenecen al **PRETÉRITO PERFECTO.**

Es un tiempo compuesto: **Presente del verbo haber** (Verbo auxiliar) **+ participio**
Ha llamado

Utilizamos el pretérito perfecto para hablar de acciones terminadas en el presente.
Por eso utilizamos:

esta mañana – esta tarde – esta noche – hoy – ahora mismo – esta semana – este año

---

b Señala a qué verbo pertenecen las formas verbales del ejercicio anterior y las del cuadro.

venir   hablar   leer   estar   ir   pensar

comer   aprobar   tener   dormir

preparar   llamar

| han tenido |
| hemos dormido |
| habéis leído |
| has pensado |

c Completa la tabla con las formas verbales.

	Pretérito perfecto de llamar	Pretérito perfecto de tener	Pretérito perfecto de dormir
Yo	....	He tenido	He ....
Tú	Has llamado	Has	...... dormido
Usted / Él / Ella	....	....	Ha ....
Nosotros / Nosotras	Hemos	...... tenido	....
Vosotros / Vosotras	Habéis	...... tenido	....
Ustedes / Ellos / Ellas	Han llamado	....	....

4. Participios regulares e irregulares

a Observa el cuadro y forma los participios de estos verbos.

beber – tomar – dar – trabajar – estudiar – cenar
salir – comprar – regalar – viajar

PARTICIPIOS REGULARES	
Verbos en **-ar**	Verbos en **-er/-ir**
Llamar + *ado* ⇨ *llamado*	*Tener* + *ido* ⇨ *tenido*
	Dormir + *ido* ⇨ *dormido*

b Relaciona los verbos con su participio.

Decir	*Hecho* *
Hacer	*Escrito*
Escribir	*Visto*
Ver	*Dicho*

* Estos participios son **irregulares**.

c Piensa en todo lo que has hecho hoy. Después comenta con tu compañero.
¿Habéis hecho algo igual a la misma hora?

¿A qué hora te has levantado?
¿Qué has desayunado?
¿Qué has hecho después?
¿Dónde y con quién has ido?

■ *¿A qué hora te has levantado?*
● *A las siete y media. ¿Y tú?*
■ *Yo también. Y he desayunado a las ocho...*
● *No, yo he desayunado más tarde.*

5. ¿Cómo están?

a Con tu compañero forma frases como en el ejemplo.

Está triste porque...
Está cansada porque...
Le duele el estómago porque...
Tiene sueño porque...

dormir muy poco
perder su cartera
trabajar mucho
comer muchos dulces

Ejemplo: Paloma está contenta porque ha venido su madre de Argentina.

b Observa estas imágenes. ¿Cómo están estas personas? ¿Por qué están así? Comenta con tu compañero.

■ *La mujer está contenta porque tiene una nueva mascota.*

Esculturas de Javier Granados

6. ¿Tiene algo para...?

a Esta tarde Luis ha ido a la farmacia porque no está bien.
Escucha su conversación con la farmacéutica y señala quién hace estas preguntas.

– ¿Qué desea?
– ¿Le duele algo más?
– Y ¿cuántas veces al día?
– ¿Tiene algo para los granos?

67

b Escucha y marca la opción correcta sobre el medicamento que ha comprado Luis.

Medicina	¿Cuántas veces al día?	¿Durante cuánto tiempo?	¿Cuándo?
Jarabe ○	Tres veces al día ○	Durante tres días ○	Antes de acostarse ○
Crema ○	Cada ocho horas ○	Durante cinco días ○	Después de bañarse ○
Aspirina ○	Una vez al día ○	Durante una semana ○	Después de comer ○

c En parejas, preparad y representad una conversación en la farmacia. Hay que elegir una enfermedad y seguir las pautas de las tarjetas.

> • Dolor de espalda y de piernas • Dolor de muelas • Tos y dolor de garganta

EL ENFERMO

- **Saludar**
- **Pedir una medicina para...**
- **Contestar sobre síntomas y dolores**
- **Preguntar cuándo y cómo debe tomar el medicamento**
- **Preguntar el precio y pagar**
- **Despedirse**

EL FARMACÉUTICO

- **Saludar**
- **Preguntar por los síntomas y dolores**
- **Ofrecer un producto**
- **Explicar cómo debe tomar la medicina**
- **Cobrar**
- **Despedirse**

7. Una historia colectiva: ¿Por qué están así?

a Observa las imágenes: ¿Cómo están estos personajes de la Agencia ELE a las diez de la noche del lunes? Comenta con tu compañero.

■ *Yo creo que Paloma está triste...*
● *¿Sí? Pues yo creo que llora porque está muy contenta.*

b Entre todos vais a inventar qué han hecho después de las nueve de la mañana estos personajes y por qué están así. Con tu compañero, elige un personaje y escribid lo primero que ha hecho. Después, otra pareja tiene que continuar la historia y así hasta completarla.

Paloma y su madre han visitado a la abuela y han visto muchas fotos.
Después las tres han ido a comer a un restaurante y han bebido champán.
Por la tarde, han bailado tangos con unos amigos de la abuela.

c Ahora vamos a leer las historias y a elegir la que más nos ha gustado.

1. Medicamentos

a Observa este cartel del Ministerio de Sanidad y Consumo de España. ¿Qué profesión tiene el hombre del anuncio? ¿Por qué va vestido de médico? ¿Cuál es el objetivo de la campaña? ¿Por qué crees que se hace una campaña así? Comenta con tus compañeros.

Su profesión es…
Va vestido de médico porque…
La campaña es para…
Yo creo que en España…

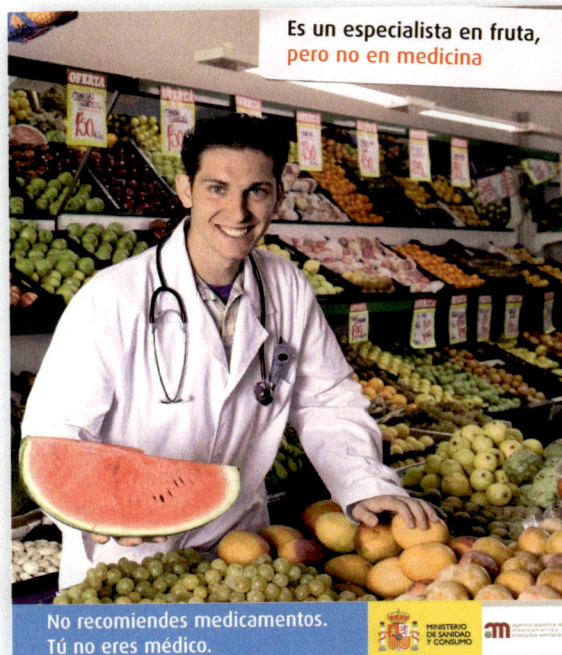

Es un especialista en fruta, pero no en medicina

No recomiendes medicamentos.
Tú no eres médico.

MINISTERIO DE SANIDAD Y CONSUMO

b Completa el texto con las siguientes frases.

• la receta médica es imprescindible
• efectos secundarios
• los problemas para la salud
• usar bien los medicamentos
• porque puede ser perjudicial para la salud
• claros para los ciudadanos
• los farmacéuticos
• una figura central en el cuidado de la salud del paciente

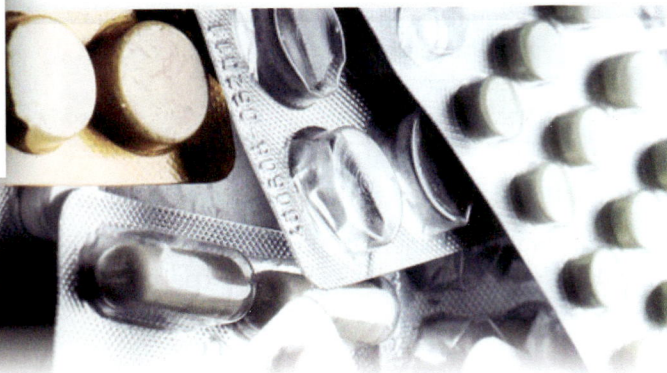

Los medicamentos ayudan a mejorar la calidad de vida, pero a veces tienen _____ _____ que conocen muy bien médicos y farmacéuticos. Nunca hay que automedicarse _____. Por ejemplo, abusar de antibióticos para la gripe o resfriados tiene como consecuencia el que estos medicamentos no funcionen cuando son de verdad necesarios. Por eso _____ para algunos medicamentos. Además, los prospectos de los medicamentos tienen que ser _____.

El médico es _____ y, por tanto, en la prevención y el diagnóstico de la enfermedad. El trabajo de _____ también tiene una gran importancia porque ofrecen consejo sanitario y apoyo profesional a los pacientes.

Es necesario educar a los ciudadanos españoles para _____, porque hay un alto nivel de automedicación. Es el médico quien debe diagnosticar cualquier enfermedad e indicar al paciente el tratamiento adecuado. El paciente tiene que tomar conciencia de _____ _____ que puede ocasionar tomar medicamentos sin control médico.

c Vuelve a leer el texto y piensa con tu compañero un título adecuado.

d Y en tu país, ¿existen campañas parecidas? ¿Se pueden comprar medicamentos sin receta en la farmacia? Coméntalo con tus compañeros.

■ *En mi país no puedes comprar medicamentos sin receta médica.*
● *Pues nosotros siempre tenemos muchos medicamentos en casa.*

2. Terapias naturales y alternativas

a ¿Conoces estas terapias naturales? ¿Sabes en qué consisten? Relaciona las imágenes con las palabras del cuadro y comenta con tus compañeros.

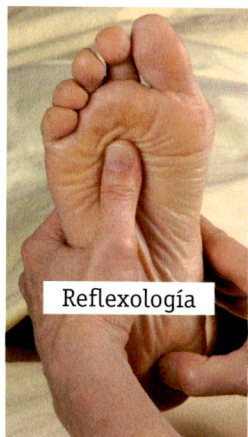

Reflexología

> Masajes en pies y manos
> Clavar agujas
> Risa
> Aceites esenciales
> Ingredientes naturales

Risoterapia

Homeopatía

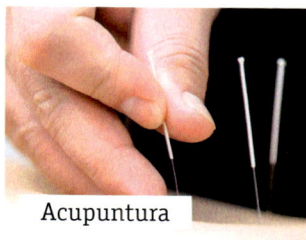

Acupuntura

Aromaterapia

- ■ *Yo creo que la reflexología son masajes en pies y manos..*
- ● *Claro, masajes… ¿Y la risoterapia?*

b Vas a escuchar a una mujer española que habla sobre una de estas terapias. ¿De cuál de ellas habla? ¿Comenta algún aspecto negativo? ¿Cuál? Comenta con tu compañero.

c Y tú, ¿qué opinas de estas terapias? ¿Conoces alguna más? ¿Las utilizas normalmente? ¿En tu país, están dentro de la sanidad pública?

- ■ *Voy a pilates porque tengo dolor de espalda y me va muy bien. ¿Conoces el pilates?*
- ● *Es una gimnasia parecida al yoga, ¿no?*
- ■ *Sí, ¿y tú utilizas alguna terapia normalmente?*
- ● *Yo voy a sesiones de risoterapia cuando estoy preocupado. Son muy divertidas.*

> El sistema público de sanidad en España se llama Seguridad Social.

3. Medicina tradicional o medicina alternativa

a Vas a escuchar a dos personas que opinan sobre la medicina tradicional y la medicina alternativa. Relaciona cada persona con las informaciones correspondientes.

CARLOS

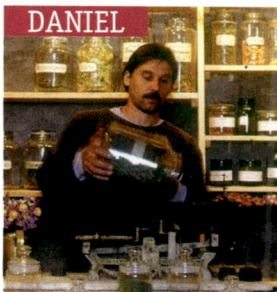

DANIEL

Es farmacéutico

Prefiere la medicina tradicional

Cree que son complementarias

Tiene un herbolario

b Y tú, ¿crees que es mejor la medicina tradicional? ¿En qué casos? Coméntalo con tus compañeros.

- ■ *Yo creo que la medicina alternativa es buena para todas las enfermedades.*
- ● *¿Sí? ¿En enfermedades graves también?*
- ■ *Yo creo que sí.*

1. Participios regulares e irregulares

PARTICIPIOS REGULARES

Verbos en -ar

Llamar + ado → llamado

Verbos en -er/-ir

Tener + ido → tenido

Dormir + ido → dormido

ALGUNOS PARTICIPIOS IRREGULARES

decir → dicho

hacer → hecho

escribir → escrito

ver → visto

2. El pretérito perfecto

	LLAMAR	TENER	DORMIR
Yo	he llamado	he tenido	he dormido
Tú	has llamado	has tenido	has dormido
Usted / él /ella	ha llamado	ha tenido	ha dormido
Nosotros / nosotras	hemos llamado	hemos tenido	hemos dormido
Vosotros / vosotras	habéis llamado	habéis tenido	habéis dormido
Ustedes / ellos /ellas	han llamado	han tenido	han dormido

El pretérito perfecto es un tiempo compuesto: **presente del verbo haber + participio**

- El verbo auxiliar y el participio no se separan.
- El participio no cambia: - *¿Ha venido Juan?*
  - *No, ha venido María.*

3. Uso del pretérito perfecto

El pretérito perfecto se usa para hablar de acciones terminadas en el presente.

- *Hoy he tenido un examen.*
- *Este fin de semana he visitado a mi familia.*

esta mañana
esta tarde
esta noche

ahora mismo
estos días
hoy

esta semana
este fin de semana
este año

Estos son los marcadores temporales que acompañan al pretérito perfecto con este uso.

4. Verbo doler

me duele la garganta
te duele la garganta
le duele la garganta

me duelen las muelas
te duelen las muelas
le duelen las muelas

⇨ El verbo **doler** funciona como el verbo **gustar**.
Me duele + (nombre singular)
Me duelen + (nombre plural)

⇨ El presente del verbo **doler** es irregular (o>ue)

5. Usos del verbo ESTAR: localización y estados físicos y de ánimo

| **Para localizar** | ⇨ | **Estar en** + nombre
Rocío está en el examen. |
|---|---|---|
| **Para indicar estados físicos y de ánimo** | ⇨ | **Estar** + adjetivo
Rocío está nerviosa. |

13 Los viajes de mi vida

En esta unidad vamos a aprender a:

▶▶ Intercambiar información sobre experiencias relacionadas con viajes

▶▶ Hacer valoraciones sobre viajes realizados

▶▶ Situar y relacionar hechos pasados entre sí.

1. Viajes para todos los gustos

a Mira estas cuatro fotos y, con tu compañero, relaciona cada una con el tipo de viaje correspondiente. Luego, comentad juntos qué viaje os gusta más y por qué.

○ Viaje a París

○ Safari en Kenia

○ Viaje de fin de curso a Egipto

○ Viaje organizado a Disneyland

○ Crucero por Noruega

○ Turismo rural en pueblos de Ávila

○ Ruta norte del Camino de Santiago

○ Luna de miel en el Caribe

■ *Yo creo que la foto 1 es de un crucero por Noruega.*
● *¿Qué es un crucero?*
■ *Es un viaje en un barco muy grande, como un hotel, con visitas a diferentes lugares.*
● *¡Ah, sí! Pues a mí no me gustan los barcos, pero me gusta mucho el safari, ¿y a ti?*

b ¿Cómo viajas normalmente? Coméntalo con tus compañeros y descubrid vuestras preferencias sobre los aspectos de la lista. ¿Coincidís en muchas cosas? ¿Quiénes podéis ser compañeros de viaje?

Tomar notas: Antes de hablar o escribir puedes organizar tus ideas en notas.

Preferencias sobre:

- Destinos
- Época del año para viajar
- Medios de transporte
- Organización del viaje
- Actividades
- Alojamiento

✓ en noviembre
✓ más barato
✓ países con buen clima
✓ ir a la playa

■ *¿Adónde os gusta viajar?*
● *A mí me gusta viajar a ciudades monumentales.*
■ *A mí me gusta más la naturaleza, las playas, la montaña...*

■ *Creo que Klaus y yo no podemos viajar juntos porque él normalmente viaja con su familia en noviembre y van a la playa y yo en noviembre tengo que trabajar y prefiero viajar a ciudades.*

2. Ocasiones especiales y viajes

a ¿Qué ocasiones se celebran con un viaje en tu país? ¿En qué consiste normalmente? ¿Sabes cómo es en otros países? Comentad en grupos de tres vuestras opiniones y experiencias sobre este tipo de viajes de celebración.

- ✓ Cumplir 15 años / 18 años / 21 años
- ✓ Sacar el carné de conducir
- ✓ San Valentín
- ✓ La boda (viaje de novios, luna de miel)
- ✓ El 50 aniversario de boda (las bodas de oro)
- ✓ El primer trabajo

- ✓ La mitad de los estudios universitarios (viaje de paso del Ecuador)
- ✓ El primer hijo
- ✓ Sacar buenas notas en el colegio
- ✓ Terminar el colegio
- ✓ La jubilación
- ✓ La graduación en la universidad

- ■ *Nosotros hacemos el viaje de novios, creo que es muy normal en todos los países, ¿no?*
- ● *Sí, en mi país también. Mi marido y yo, por ejemplo, fuimos a Grecia.*

b Escucha este concurso de radio. Marca con una cruz verdadero (V) o falso (F).

	(V)	(F)
Un viaje de paso del Ecuador se hace al final de los estudios universitarios.		
En el concurso se puede ganar un viaje a Cuba.		
Peter viajó con un amigo a Gambia.		
Josito confundió un viaje de paso del Ecuador con atravesar la línea del Ecuador.		
Guillermo y sus compañeros fueron a Cuba para pensar en los exámenes.		
Guillermo y sus compañeros organizaron fiestas para conseguir dinero.		
Ana hizo su viaje de novios a Ecuador.		

3. En el aeropuerto

a Escucha las conversaciones de estos viajeros y relaciona cada una con la imagen correspondiente.

Diálogo número: ....

Diálogo número: ....

Diálogo número: ....

b Escucha otra vez y marca en esta lista las palabras que aparecen en cada conversación. Compara con tu compañero. Luego, escribe el término correspondiente para cada ilustración.

> panel informativo - llegadas - mostrador - carné de identidad
> sala de recogida de equipajes - maleta - azafata - pasaporte
> billete electrónico - puerta de embarque - facturar
> equipaje de mano - vuelo - tarjeta de embarque

1 *Azafata*

2 ....

3 ....

4 ....

5 ....

6 ....

Blogs de viajes

Paloma y Sergio están viendo un *blog* de viajes.

1 Tres *blogs*

Lee el cómic. Cuáles son los tres *blogs* de viajes que han visitado Sergio y Paloma? Identifícalos entre estos ocho títulos de *blogs*.

BLOGS viajes

1	Sobrevivir al Everest	**5**	Padre de familia viajero
2	El *blog* de los peregrinos	**6**	Si quieres saber sobre Asia
3	Solo para amantes de la nieve	**7**	En tren por Europa
4	Viaje de compañeros universitarios	**8**	Madrid-Bombay sobre dos ruedas

2 Los viajes de los *blogs*

a En los *blogs* que miran Sergio y Paloma los viajeros dan muchos detalles sobre sus viajes. ¿A qué viaje crees que corresponde cada uno de estos datos? Habla con tu compañero.

1 *Blog* de viaje de paso del Ecuador a Cuba
2 *Blog* de viaje a la India
3 *Blog* de Felipe a Marruecos

☑ Fui a Calcuta.
☐ Estuve en Nueva Delhi.
☐ Comí cuscús.
☐ Tomé el sol en la playa de Varadero.
☐ Recorrí el país en coche.
☐ Visité el Taj Mahal.
☐ Hice surf cerca de La Habana.

☐ Bebí mucho ron.
☐ Tuve un problema con el coche.
☐ Me encantó el té con menta fresca.
☐ Vi muchos templos budistas.
☐ Llegué al aeropuerto de La Habana.
☐ Compré una alfombra de pelo de camello.
☐ Viví dos meses con una familia hindú.

b Piensa en las informaciones anteriores. ¿Son verdaderas estas afirmaciones?

❏ Hablan de hechos del pasado.
❏ Informan de acciones concretas realizadas durante un viaje concreto.
❏ Están en primera persona.

c ¿Recuerdas el pretérito indefinido que estudiamos en la unidad 10? Subraya las formas de los verbos de las frases anteriores y clasifícalas en esta tabla.

	VERBOS en -AR	VERBOS en -ER	VERBOS en -IR
YO	estuve → estar	comí → comer	fui → ir

d ¿Cuáles crees que son regulares e irregulares?

e Piensa en un viaje que has hecho. Escribe una lista de datos. Léeselos a tu compañero hasta que adivine dónde has estado.

■ *Comí ceviche.*
● *Ni idea. Más información, por favor.*
■ *Vale. Pues hablé en español.*

✓ Comí ceviche
✓ Hablé español
✓ Compré un gorro de lana de llama
✓ Visité ruinas incas

3. El juego de Paloma

a Paloma también tiene un *blog* de viajes y propone un juego. Mira las fotos y corrige los datos que aparecen en el texto. Comenta con un compañero.

¡Hola, soy Paloma, una gran viajera!

A ver si podéis corregir TODOS los datos falsos de cuatro de mis viajes:

- Hace 8 años estuve en Madrid para pasar las navidades y fue muy divertido.
- El año pasado fui a la India a la playa. Allí tomé el sol y fui de compras.
- Hace dos meses estuve en Sevilla durante la Semana Santa. ¡Qué bonito todo! Comí mucho y bailé sevillanas.
- La semana pasada estuve en Canarias para ir a la boda de una amiga.

Canarias 2012

Madrid, marzo 2003

Nueva Delhi, enero 2008

Sevilla, Semana Santa 2009

Para indicar el momento de una acción pasada (con pretérito indefinido)

Hace + periodo de tiempo

> Fui a Lisboa *hace* un mes.
> Conocí a mi novia *hace* dos años.

El año *pasado*
La semana *pasada*
El mes *pasado*

- *Paloma no estuvo en Madrid hace ocho años. Estuvo hace...*
- *Sí, y no fue a pasar las navidades porque estuvo en marzo.*
- *No, es verdad, fue a una boda.*

4. Pretérito perfecto o indefinido

Esta chica ha viajado dos veces a la India en bici desde España. ¿Tú has estado en la India?

Sí, estuve en 2008, fui con una ONG. ¿Tú has estado alguna vez en Marruecos?

No, ni en Marruecos ni en la India, la verdad es que no he viajado mucho.

a Lee estos fragmentos de la conversación de Paloma y Sergio y coloca las partes subrayadas en la columna correspondiente de la tabla.

Informa o pregunta si tiene o no tiene una experiencia (por ejemplo, *estar en la India*) en su vida o en un periodo de tiempo sin terminar.	Informa o pregunta sobre hechos o experiencias situadas en un momento concreto del pasado (por ejemplo, *hace cinco años*).
¿Qué tiempo verbal se utiliza: **pretérito perfecto o pretérito indefinido**?	¿Qué tiempo verbal se utiliza: **pretérito perfecto o pretérito indefinido**?

b Piensa en las siguientes experiencias y comenta tus respuestas con un compañero.

EXPERIENCIA	sí / no	¿cuándo?	¿dónde?
¿Has estado en los cinco continentes?			
¿Has hecho algún viaje últimamente? *			
¿Has estado últimamente en el extranjero?			
¿Has viajado alguna vez en barco?			
¿Has perdido alguna vez un avión?			
¿Has perdido alguna vez las maletas?			

Últimamente indica un periodo de tiempo sin terminar.

- *Yo creo que nunca he perdido un avión, ¿y tú?*
- *Yo sí, una vez, hace tres años, llegué un poco tarde al aeropuerto y perdí el avión a Estambul.*

c Comentad a la clase vuestros puntos en común.

- *Los dos hemos viajado alguna vez en barco.*
- *Sí, y los dos hemos hecho un viaje últimamente. Los dos hicimos un viaje la semana pasada, yo estuve en la costa y Anna fue a Nueva York.*

Las formas **regulares** del pretérito indefinido de la persona «nosotros» de la primera y tercera conjugación son iguales a las del presente.

5. Inmigrantes de hoy, emigrantes de ayer

a Rocío y Paloma están preparando un reportaje sobre españoles que van a otros países y sobre extranjeros que vienen a España. Lee la entrevista.

b Escucha y completa estos relatos de Manolo, Susana y Véronique.

1. Manolo volvió a España en 1975, ...

2. En Irlanda, Susana .... durante cuatro años.

3. Cuando ...., Véronique quiso tener una experiencia de trabajo en el extranjero, y buscó trabajo .... Al final lo encontró, y ahora es profesora de francés en Madrid.

c Relaciona las dos palabras de la izquierda con las explicaciones de la caja de la derecha.

CUANDO — Se utiliza para indicar el momento en que ocurre una cosa.

DURANTE — Se utiliza para indicar la duración de una acción o una situación.

d ¿Y tú? ¿Has vivido alguna vez en un país extranjero? Coméntalo con un compañero.

¿Para qué te fuiste?   ¿Por qué decidiste irte?   ¿Por qué elegiste ese país?

¿Cuánto tiempo estuviste?   ¿Qué hiciste allí?

6. ¿Antes o después?

a Completa los textos como en los ejemplos.

Octubre de 1975: Manolo vuelve a España.
Noviembre de 1975: Muere Franco.

Manolo volvió a España un mes antes de la muerte de Franco.

Véronique vino a Madrid unos meses después de terminar la carrera.

Septiembre de 2000 - junio de 2005: Véronique estudia en la universidad.
10 de febrero 2006: Llega a Madrid.
15 de febrero de 2006: Empieza a trabajar.

Empezó a trabajar
....

Junio de 2004: Aboubakar termina los estudios en Dakar.
Septiembre de 2004: Empieza a trabajar en la embajada de España.

Aboubakar empezó a trabajar en la embajada de España .....
....

Susana terminó el doctorado
....

Junio de 2007: Susana termina el doctorado en Dublín.
Septiembre de 2007: Vuelve a España.
Enero de 2008: Encuentra un trabajo.

Encontró un trabajo
....

b Escucha el relato de Rocío y ordena las cosas que hizo ayer.

c Ahora escucha otra vez y completa las frases.

1. Rocío tuvo una reunión con Sergio y Luis antes de ....
2. Empezó a escribir el reportaje antes de ....
3. Llamó por teléfono a Aboubakar después de ....
4. Después de .... salió de la agencia y se fue a casa.

7. El viaje de Sara

a Sara es una sevillana que le enseña las fotos de su último viaje a una amiga. Escucha a Sara y ordena las preguntas que le hace su amiga.

☐ ¿Cuándo fuisteis?   ☐ ¿Cuánto tiempo os quedasteis?

☐ ¿Cómo fuisteis?   ☐ ¿Por qué decidisteis ir a París?

☐ ¿Dónde estuvisteis?   ☐ ¿Qué hicisteis en París?

b En parejas, haz preguntas a tu compañero para descubrir cuál fue el último viaje que hizo.

- ¿Estuviste en el sur de Europa?
- No.
- ¿Pasaste las vacaciones en una isla?
- Sí...

8. ¿Y cómo fue?

a Lee estos textos del *blog* de Felipe. ¿A qué apartado corresponde cada uno? Comenta tu respuesta con tu compañero.

Blogviaje

1. GASTRONOMÍA
2. COMPRAS
3. ACTIVIDADES
4. CLIMA

En Casablanca tomamos *Tajine*, que es un plato que se llama como el recipiente en el que se cocina. Nos encantó. Pero lo mejor fue el *té a la menta* que es la bebida de la hospitalidad. ¡Buenísimo!
NÚMERO ☐

En el interior del país hizo un poco de frío pero en Marrakech la temperatura media fue de unos 25-30 grados. En el Atlas pasamos mucho frío e incluso nevó un poco. Nos gustaron mucho tantas diferencias climáticas...
NÚMERO ☐

Hicimos una excursión por el desierto de Ouzina y visitamos a una familia nómada. En el Atlas hicimos una ruta de 10 kilómetros. Fue una experiencia maravillosa. Fuimos a las cascadas de Uzud a 150 km de Marrakech. Allí nos bañamos todos y fue muy divertido.

En la plaza mayor de Marrakech, Jemaa el-Fna, nos pintamos las manos con *henna* como las marroquíes. Fue genial. En las tiendas tuvimos que regatear porque nada tiene un precio fijo, y al final pagamos por una alfombra un 60% menos (lo habitual). Al principio nos gustó regatear pero después fue un poco aburrido.
NÚMERO ☐

b Lee los textos otra vez y busca las valoraciones de las experiencias que se mencionan. Clasifícalas en una tabla como esta.

POSITIVAS ☺	NEGATIVAS ☹
–Al principio nos gustó regatear	–Después fue un poco aburrido

c Aquí tienes más expresiones de valoración. Escribe al lado + o –

fantástico + terrible
horrible genial
maravilloso un desastre
aburrido inolvidable
increíble

Para valorar un viaje o una experiencia pasada
Fue un viaje genial.
Fue un viaje muy aburrido.
Fueron unas vacaciones maravillosas.
Me **gustaron** las diferencias climáticas.
Me **gustó** mucho Marrakech.

9. Los viajes de la clase

Elige una de las opciones de la lista y escribe un pequeño texto sobre un viaje, cómo fue tu experiencia, qué hiciste, etc. No escribas título. Intercambia tu texto con el de tu compañero y después de leerlo, escribe un título.
Vuestro profesor va a recoger los textos para hacer el libro de la clase *Nuestras experiencias viajeras*.

Mi primer viaje al extranjero fue a Alemania, hace 8 años.

✓ Mi mejor viaje
✓ Mi peor viaje
✓ Mi primer viaje en avión
✓ Mi primer viaje al extranjero
✓ Mi primer viaje solo
✓ Mi viaje más largo
✓ Mi viaje más corto

1. La Ruta Quetzal

a Estas imágenes pertenecen a un viaje muy especial, la Ruta Quetzal BBVA. ¿Qué tipo de viaje crees que es? Comenta con tu compañero.

- *Yo creo que es un viaje en grupo, con muchas actividades.*
- *Sí, un viaje organizado y de aventura con gente de muchos países.*

b Lee estos datos extraídos de la página de internet, confirma tus hipótesis y responde a las preguntas.

Esta expedición es un programa cultural que en 1990 fue declarado de «Interés Universal» por la UNESCO.

Este proyecto se creó en 1979 por el reportero y aventurero español Miguel de la Quadra-Salcedo, a sugerencia de S.M. el Rey de España, con el objetivo de crear, en los jóvenes de 16 y 17 años, las bases de una comunidad iberoamericana de naciones entre todos los países de habla hispana, Brasil y Portugal.

La Ruta Quetzal BBVA es un programa en el que se mezclan cultura y aventura. Gracias a él, y durante treinta años, casi 8000 jóvenes europeos, americanos y de países como Marruecos, Guinea Ecuatorial, Filipinas y China han descubierto la gente, la geografía y la historia de otras culturas.

La Ruta ha recorrido más de 20 países, entre los que se encuentran Bolivia, Brasil, Costa Rica, Guatemala, Honduras, México, Panamá, Paraguay, Perú o Portugal.

Cada año, unos 350 jóvenes de más de 50 países realizan la Ruta, un viaje cultural de un mes y medio de duración. Este viaje tiene dos etapas: una fase americana y otra española, en las que los ruteros estudian aspectos de la historia y cultura común de ambas regiones mediante visitas a lugares y un ciclo de conferencias durante el viaje.

Adaptado de: http://www.rutaquetzalbbva.com/

¿Qué es la Ruta Quetzal? ¿Quién puede participar? ¿Cuántos jóvenes participan en cada expedición?
¿Cuántos años tiene la Ruta? ¿Quién creó esta Ruta? ¿Cuántos países ha recorrido?
¿Cuánto tiempo dura esta expedición? ¿Qué hacen los jóvenes?
¿Cuántas etapas tiene el viaje? ¿Para qué se organiza esta Ruta?

c ¿Qué te parece esta idea? ¿Existen iniciativas de este tipo en tu país? Comenta con un compañero los aspectos positivos de esta expedición.

- *A mí me encanta la idea porque así los jóvenes pueden viajar con chicos de su edad.*
- *Sí, en mi país no existen viajes como este.*

2. Como en mi pueblo...

a ¿Conoces este refrán? ¿Entiendes qué significa?

«COMO EN MI PUEBLO, EN NINGÚN SITIO»

b Escucha la explicación de Ulrike, una ciudadana suiza que vive en España desde hace años. ¿Qué sentido tiene realmente el refrán? Selecciona el más adecuado.

c ¿Crees que la gente de tu país también piensa así? ¿Estás tú de acuerdo con esta frase?

3. Una suiza en España

a Vas a oír un fragmento de una entrevista de radio con Ulrike, la suiza de la actividad anterior. Escucha la primera parte de la entrevista y contesta.

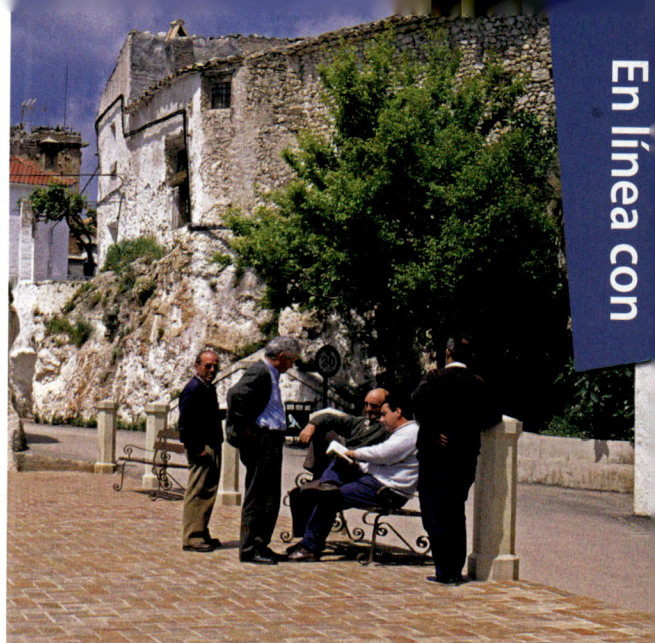

b En la continuación de la entrevista, Ulrike compara el carácter de los suizos y el de los españoles. Antes de oír la entrevista, habla con tu compañero. ¿Qué adjetivos te parecen adecuados para los españoles, y cuáles para los suizos?

> fríos – abiertos – tímidos – modestos – tranquilos – aburridos

c Escucha la grabación y comprueba las respuestas.

d A partir de lo que dice Ulrike sobre los suizos, ¿qué opinión crees que tiene sobre los españoles? ¿Estás de acuerdo con ella?

- ¿Cuándo llegó Ulrike a Madrid?

- ¿Qué profesión tiene?

- ¿Qué dos acontecimientos históricos importantes vivió Ulrike directamente?

- Según Ulrike, ¿España es igual ahora que cuando ella llegó?

- ¿Qué proyectos tiene Ulrike para el futuro?

1. El pretérito indefinido

VERBOS REGULARES		
VERBOS EN –AR	**VERBOS EN –ER**	**VERBOS EN –IR**
Viajar	**Comer**	**Vivir**

	Viajar	**Comer**	**Vivir**
Yo	viajé	comí	viví
Tú	viajaste	comiste	viviste
Usted/él/ella	viajó	comió	vivió
Nosotros/nosotras	viajamos	comimos	vivimos
Vosotros/vosotras	viajasteis	comisteis	vivisteis
Ustedes/ellos/ellas	viajaron	comieron	vivieron

Las terminaciones de los verbos regulares en –er e –ir son iguales.

VERBOS IRREGULARES					
Ser/Ir	**Estar**	**Tener**	**Hacer**	**Poder**	**Querer**
fui	estuve	tuve	hice	pude	quise
fuiste	estuviste	tuviste	hiciste	pudiste	quisiste
fue	estuvo	tuvo	hizo	pudo	quiso
fuimos	estuvimos	tuvimos	hicimos	pudimos	quisimos
fuisteis	estuvisteis	tuvisteis	hicisteis	pudisteis	quisisteis
fueron	estuvieron	tuvieron	hicieron	pudieron	quisieron

2. El pretérito indefinido: verbos con cambio de vocal

CAMBIO E > I

PEDIR	**ELEGIR**	**PREFERIR**
pedí	elegí	preferí
pediste	elegiste	preferiste
pidió	eligió	prefirió
pedimos	elegimos	preferimos
pedisteis	elegisteis	preferisteis
pidieron	eligieron	prefirieron

En este grupo solo hay verbos en -ir.

Las terminaciones son las de los indefinidos regulares.

CAMBIO O > U

MORIR	**DORMIR**
morí	dormí
moriste	dormiste
murió	durmió
morimos	dormimos
moristeis	dormisteis
murieron	durmieron

Solo tienen el cambio de vocal las terceras personas (singular y plural): *él/ella/usted* y *ellos/ellas/ustedes*.

Estos verbos también tienen cambio de vocal en el presente (ver Unidad 4).

3. Situar en el tiempo una acción pasada (marcadores temporales para el pretérito indefinido)

- El año pasado
- La semana pasada
- El mes pasado
- El verano pasado
- El lunes pasado
- El fin de semana pasado
- Ayer
- El otro día

Hace + periodo de tiempo	*Fui a Lisboa hace un mes.*
	Conocí a mi novia hace dos años.
En + año	*Estuve en Italia en 1997.*

Indicar el tiempo transcurrido	Llegué a España hace 5 años.
Relación con otro hecho: posterioridad	Me fui a Irlanda cuando terminé los estudios.
	Me fui a Irlanda después de terminar los estudios.
Relación con otro hecho: anterioridad	Volvió a España antes de jubilarse.
Duración	Trabajé en Alemania durante 10 años.

4. Contraste pretérito indefinido y pretérito perfecto

PRETÉRITO PERFECTO: Informar o preguntar si se tiene o no una experiencia en la vida o en un periodo de tiempo sin terminar.	**PRETÉRITO INDEFINIDO:** Informar o preguntar sobre hechos o experiencias situadas en un momento concreto del pasado.
• *¿Has estado alguna vez en la India?* • *Yo no he estado en los cinco continentes porque nunca he estado en Oceanía.*	• *Fui a la India en 1995, de luna de miel.* • *El fin de semana pasado estuvimos en un hotel precioso.* • *Volví de la playa hace dos semanas.*

14 Antes éramos así...

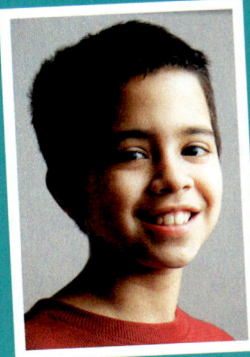

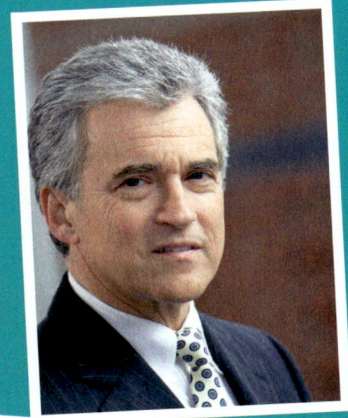

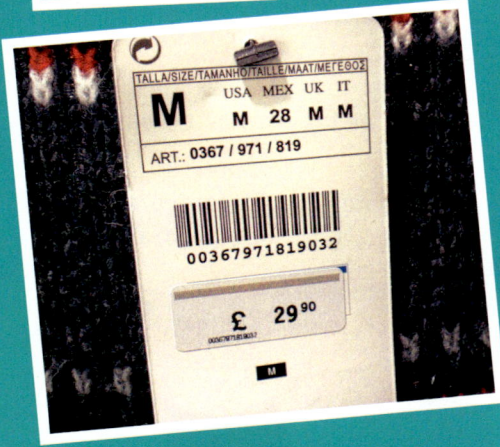

En esta unidad vamos a aprender a:

▶▶ Describir físicamente a las personas

▶▶ Hablar de acciones habituales en el pasado

▶▶ Describir cambios en las personas a lo largo de los años

▶▶ Comprar ropa en una tienda

1. Dime qué ropa llevas y te diré dónde vas

a ¿Encuentras algo extraño en la forma de vestir de estas personas? Coméntalo con tu compañero y proponed los cambios necesarios.

CORBATA · CAMISA · ABRIGO · PANTALONES · SOMBRERO · TRAJE · JERSEY · CAMISETA · CHÁNDAL · FALDA · ZAPATILLAS · ZAPATILLAS DE DEPORTE · ZAPATOS DE TACÓN · ZAPATOS

- *Yo creo que la señora tiene que llevar .... en vez de ....*

b ¿Dónde van las personas de la imagen anterior? Comenta con tu compañero.

- *Creo que el señor del traje va a la oficina porque lleva una ropa muy formal.*
- *Sí, y la niña va a...*

Valorar las formas de vestir:

- Formal
- Elegante
- Clásico/a
- Informal
- Deportivo/a
- Moderno/a

c Mira las siguientes prendas de vestir y comenta con tu compañero si las usas y cuándo te las pones.

sombrero · minifalda · pantalones cortos · traje · zapatos de tacón · vaqueros · traje de chaqueta · vestido largo · chanclas · corbata

- *Yo normalmente no me pongo corbata pero la uso cuando tengo una reunión con clientes.*
- *Pues yo siempre llevo corbata para ir a la oficina.*
- *Yo la uso si voy a una boda o algo así...*

Para indicar las ocasiones en las que hacemos una cosa

- Llevo zapatos de tacón *para ir a una fiesta.* Para + infinitivo
- Llevo traje *cuando voy a trabajar.* Cuando + presente
- Me pongo chanclas *si voy a la playa.* Si + presente

2. Cada viaje con su maleta

Elige uno de los siguientes viajes y haz una lista de la ropa que llevas en tu maleta. Después, enseña tu lista a tu compañero. ¿Puede adivinar cuál es tu viaje?

Mi lista

Diciembre. Viaje de negocios. Buenos Aires.

Septiembre. Boda de una prima en Oslo.

Enero. Vacaciones en el Caribe.

Febrero. Fin de semana en la montaña.

3. La gente de mi clase

Observa a las personas que hay en tu clase y contesta a las preguntas.

① ② ③ ④ ⑤ ⑥ ⑦ ⑧

¿De qué color tiene los **ojos** [1] tu compañero de la derecha? .... ¿Y el de la izquierda? ....

¿Hay algún compañero con **pelo rizado** [2]? .... ¿Qué ropa lleva? ....

¿Cuántas personas son **rubias** [3]? .... ¿Y **morenas** [4]? .... ¿Hay **pelirrojos** [5]? ....

¿El profesor o profesora tiene **gafas** [6]? .... ¿Cómo lleva el pelo: **corto** [7] o **largo** [8]? .... ¿**Liso** [3] o **rizado** [2]? ....

¿Quién es la persona más **alta** [9] de la clase? .... ¿Tiene la **nariz** [10] grande, pequeña o normal? ....

¿Alguien lleva **barba** [11] o **bigote** [12]? .... ¿Cómo se llama/n? ....

¿Hay algún compañero **calvo** [13]? .... ¿Alguien con el **pelo blanco** [14] o con **canas** [15]? ....

⑨ ⑩ ⑪ ⑫ ⑬ ⑭ ⑮

4. Benito Serrano, el hombre de las mil caras

Benito Serrano es un ladrón que cambia de aspecto físico en cada robo. Imagina que tú has sido testigo de su último robo y tu compañero es un inspector de policía. Describe a la persona que viste. Tu compañero tiene que adivinar quién es. Luego podéis intercambiar los papeles.

■ *Era rubio y alto. Tenía los ojos azules.*
● *¿Llevaba gafas?*
■ *No.*

Verbos en pasado para la descripción de las personas

-**Tenía** los ojos verdes..., la nariz grande..., la boca pequeña...
-**Tenía/Llevaba** barba, bigote, gafas, el pelo largo/corto, el pelo liso/rizado...
-**Era** alto-a / bajo-a, delgado-a / gordo-a, rubio-a, moreno-a, calvo-a...

a Son las tres de la tarde del viernes. Rocío, Paloma y Sergio van de compras. Lee el cómic.

b Mira las etiquetas y decide con tu compañero cuáles pertenecen a alguna de las prendas que han comprado Sergio y Paloma en las rebajas.

CAMISETA
C. turquesa T. 52
PVP. 40€ **27 €**

CALCETINES
N.º 40-43
PVP. **8 €**

CAMISETA
C. negro. T. G
25€ 22€ **20 €**

JERSEY
100 % lana
TALLA M
PVP. 90€ **72 €**

PAÑUELO
100% seda
PVP. 35€ **20 €**

FALDA VAQUERA
100% ALGODÓN
PVP. **58 €**
-50%

1. ¿Antes o ahora?

a Lee las cuatro primeras viñetas del cómic y relaciona las siguientes informaciones de la derecha con el momento correspondiente.

b Subraya los verbos de las frases correspondientes a «antes».

c Las formas que has subrayado son un tiempo de pasado que se llama pretérito imperfecto. Usa los diálogos de las dos primeras viñetas del cómic para completar la siguiente tabla.

- ❖ Paloma era más delgada
- ❖ Juanjo no escribe cartas de amor a Paloma
- ❖ Juanjo era guapísimo
- ❖ Paloma y Juanjo eran novios
- ❖ Paloma era más divertida
- ❖ Paloma tiene el pelo más corto
- ❖ Juanjo escribía cartas de amor
- ❖ Paloma tenía el pelo largo
- ❖ Paloma y Juanjo ya no son novios
- ❖ Paloma estaba muy enamorada
- ❖ Paloma y Juanjo iban juntos a la universidad

ANTES

AHORA

PRETÉRITO IMPERFECTO				
VERBOS REGULARES			VERBOS IRREGULARES	
VERBOS EN -AR	VERBOS EN -ER	VERBOS EN -IR	SER	IR
Yo	....	....	escribía	....	iba
Tú	estabas	tenías	escribías	eras	ibas
Usted/él/ella	estaba	tenía	....	....	iba
Nosotros/nosotras	estábamos	teníamos	escribíamos	....	....
Vosotros/vosotras	estabais	teníais	escribíais	erais	ibais
Ustedes/ellos/ellas	estaban	tenían	escribían	eran	iban

2. El Juanjo de ayer y de hoy

a [78] Rocío llama a Paloma para interesarse por su cita con Juanjo. Mira la imagen, escucha el diálogo y marca con una cruz (X) los dibujos que se refieren a la vida de Juanjo cuando era estudiante y con un círculo (O) los que se refieren a su vida actual.

b [78] Vuelve a escuchar y toma nota de otras diferencias en la vida de Juanjo de antes y de ahora. Luego haz con tu compañero una lista de diferencias. ¿Qué pareja ha conseguido hacer la lista más larga?

- ▪ *Antes tenía el pelo corto y ahora tiene el pelo largo.*
- ● *Antes…*

3. En aquellos tiempos...

a Completa con los verbos en pretérito imperfecto el *e-mail* que escribe Juanjo a Paloma para reencontrarse. Te servirá de ayuda una carta del día de San Valentín de 1995.

Madrid, 14 de febrero de 1995

Paloma, mi amor:

Tú ya sabes que yo te quiero mucho pero, ¿sabes por qué te quiero? Pues te quiero simplemente por las cosas que hacemos todos los días. Te quiero cuando estudiamos juntos, cuando salimos a bailar, cuando te espero en el bar que está cerca de tu casa... Te quiero incluso cuando Pedro y tú hacéis planes para trabajar juntos en una agencia (¡estoy un poco celoso!)... Te quiero también si te enfadas cuando Juan y Carol discuten por tonterías. Te quiero si te ríes cuando Jacobo cuenta esos chistes tan malos...

Te quiero cuando vamos al cine y te enfadas conmigo si no te gusta la pelí–

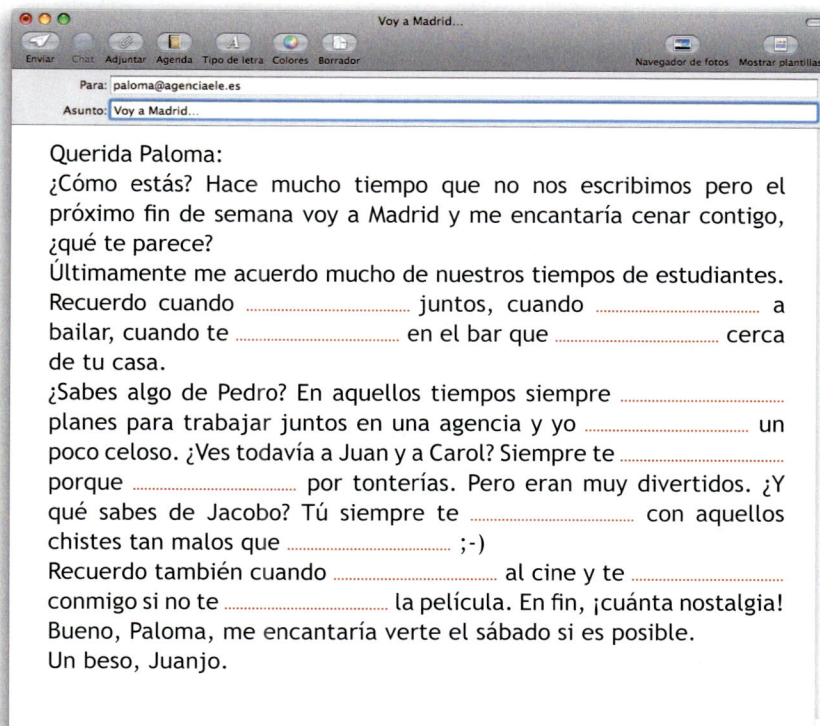

Para: paloma@agenciaele.es
Asunto: Voy a Madrid...

Querida Paloma:

¿Cómo estás? Hace mucho tiempo que no nos escribimos pero el próximo fin de semana voy a Madrid y me encantaría cenar contigo, ¿qué te parece?

Últimamente me acuerdo mucho de nuestros tiempos de estudiantes. Recuerdo cuando .... juntos, cuando .... a bailar, cuando te .... en el bar que .... cerca de tu casa.

¿Sabes algo de Pedro? En aquellos tiempos siempre .... planes para trabajar juntos en una agencia y yo .... un poco celoso. ¿Ves todavía a Juan y a Carol? Siempre te .... porque .... por tonterías. Pero eran muy divertidos. ¿Y qué sabes de Jacobo? Tú siempre te .... con aquellos chistes tan malos que .... ;-)

Recuerdo también cuando .... al cine y te .... conmigo si no te .... la película. En fin, ¡cuánta nostalgia! Bueno, Paloma, me encantaría verte el sábado si es posible.

Un beso, Juanjo.

---

b Relaciona los usos del pretérito imperfecto con los ejemplos.

PRETÉRITO IMPERFECTO PARA...	
■ Describir personas, objetos y lugares en el pasado.	Juan y Carol eran muy divertidos.
	Juanjo y Paloma estudiaban juntos los exámenes.
	El bar que estaba cerca de la casa de Paloma era pequeño.
	Jacobo contaba muchos chistes.
■ Referirse a acciones habituales en el pasado.	Juanjo y Paloma iban al cine todos los fines de semana.
	Juanjo era muy romántico.

4. ¿Quién ha cambiado más?

¿Cuántos cambios en tu vida recuerdas sobre los siguientes aspectos? Haz una lista y luego coméntala con tu compañero. ¿Quién creéis que ha cambiado más en los últimos tiempos?

Amigos y amigas   Comidas   Ropa   Aspecto físico
Bebidas   Música   Relaciones familiares   Lectura
Deportes   Aficiones   Vacaciones   Horarios

■ Antes jugaba al tenis todas las semanas, pero ahora casi no hago deporte, no tengo tiempo.

● Pues yo hago más deporte ahora, antes trabajaba demasiado y...

Para referirse al periodo o momento que se evoca y describe

- Antes...
- Cuando era pequeño/-a
- De pequeño/-a
- Cuando tenía 15 años
- Cuando estaba en la universidad
- Cuando vivía en Francia

⎫ iba a esquiar a los Alpes.

En aquella época esquiaba muy bien.

Contrastar el pasado con el presente

*Antes esquiaba mucho, **pero ahora** solo voy una o dos veces al año.*

*Cuando era pequeño no me gustaba el pescado. **En cambio ahora** me encanta.*

5. Todo tiene un límite

a ¿Qué opinan Sergio, Rocío y Paloma de estas prendas?
Busca la información en el cómic y completa las tablas.

Rocío 👍	Paloma 👎
Muy	

Rocío 👍	Sergio 👎

Paloma 👍	Rocío 👎

Sergio 👍	Rocío 👎
	Demasiado…

b ¿Qué piensas de Juanjo, el ex novio de Paloma, y su vida? Completa las frases según tu opinión y usando *muy* o *demasiado*. Luego compáralas con las de tus compañeros. ¿Tenéis todos la misma opinión?

- Siempre cena a las 22:30. Cena .... tarde.
- Trabaja quince horas al día. Es .... trabajador.
- Dice lo que piensa en cualquier situación. Es .... sincero.
- Siempre llega 10 minutos antes a sus citas. Es .... puntual.
- Merienda todos los días un pastel. Es .... goloso.

■ *Yo creo que cena demasiado tarde.*
● *Pues a mí no me parece demasiado. Yo a veces ceno a las once.*

6. De compras

a Paloma no compró todo lo que necesitaba en los grandes almacenes. Al final tuvo que comprar rápidamente unos zapatos en una pequeña zapatería cerca de su casa. Ordena el diálogo que tuvo con el dependiente y luego compara con un compañero. ¿Tenéis el mismo orden?

> El pretérito imperfecto también sirve para pedir algo de forma cortés: *Quería probarme los zapatos negros.*

Tamaño de la ropa: talla
Tamaño del calzado: número

Paloma: ....
Dependiente: ¿Cuáles? ¿Los altos o los bajos?
Paloma: ....
Dependiente: Vale, ¿qué número necesita?
Paloma: ....
Dependiente: Sí, aquí están. Tome, son estos.
Paloma se prueba los zapatos
Dependiente: ¿Qué tal le quedan?

Paloma: ....
Dependiente: Sí, sí, aquí tiene.
Paloma: ....
Dependiente: 60 euros, están muy rebajados. Antes costaban 110.
Paloma: ....
Dependiente: ¿Va a pagar con tarjeta o en efectivo?
Paloma: ....
Dependiente: Pues gracias y hasta otro día.

P: Vale, me los llevo.

P: En efectivo, aquí tiene.

P: Los altos, los de tacón.

P: Pues creo que me quedan demasiado grandes; ¿me puede dar un número más pequeño?

P: Hola, buenos días, quería probarme los zapatos negros del escaparate.

P: El 38.

P: ¿Cuánto cuestan?

b Escucha y comprueba.
79

c ¿Y cómo puede ser la conversación para comprar un vestido, unas botas o una camisa? Con tu compañero, elige una de esas cosas y escribe un diálogo como el de arriba haciendo los cambios necesarios (identificad las palabras que pueden cambiar, si son masculinas o femeninas, singular o plural). Si necesitáis ayuda, podéis consultar el esquema de la sección *Línea directa*.

d Imagina que vas de compras. Elige un papel, sigue las instrucciones y representa la situación con tu compañero. Luego, podéis repetir la situación intercambiando los papeles.

CLIENTE

Elige una de estas situaciones y compra la ropa que necesitas:
1. para ir a una fiesta en el campo.
2. para tu primera cita con una persona que te gusta mucho.
3. para una entrevista de trabajo.

VENDEDOR

Trabajas en esta tienda. Decide los precios de las prendas y véndele a tu compañero lo que necesita.

7. Un lugar de nuestra vida

a En los siguientes textos unas personas recuerdan lugares importantes de su vida. ¿De qué lugares crees que hablan?

Un bar   La habitación de una casa   Un río   Un parque   El patio de un colegio   Un mercado   Una discoteca

1

Era un lugar muy ruidoso y siempre había mucho humo. La gente fumaba, tomaba cafés y hablaba muy alto. Había tres o cuatro mesas solo y una barra siempre llena de gente. Yo iba con mis compañeros de clase. Hablábamos de las clases, los exámenes, los profesores, etc. Y también jugábamos a las cartas…

2

El agua estaba muy fría y muy limpia. Había muchos árboles y todo era muy verde. Nuestros padres se sentaban, hacían la comida y hablaban. Nosotros, los niños, nos bañábamos. Yo no sabía nadar muy bien, pero mi hermana era una campeona. Casi siempre hacía calor…

3

Había muchas, muchísimas palomas. Mi abuela llevaba pan y les dábamos de comer. También había un quiosco de periódicos y casi todos los domingos la orquesta del pueblo tocaba una música un poco aburrida. Siempre estaba lleno de niños jugando y corriendo. Yo llevaba mi pelota y jugaba al fútbol horas y horas. Mi madre se sentaba en un banco y charlaba con las madres de otros niños. Mi padre casi nunca iba. También había gente que leía el periódico…

b Piensa en un lugar que recuerdes bien, escucha la grabación y sigue las instrucciones.

c En una hoja de papel escribe un pequeño texto a partir de las notas que has escrito durante la audición. No escribas el nombre exacto del lugar que has recordado. Tus compañeros van a leer el texto para intentar adivinarlo. Escribe tu nombre en tu texto.

Gunnar
Era un sitio muy frío, todo blanco. Íbamos con patines toda la familia y…

d Los textos tienen que circular por la clase. Pasa tu texto al compañero de la derecha y lee los textos que te vienen de la izquierda. ¿De qué lugares hablan los textos de tus compañeros? Toma notas y completa la tabla.

Nombre del compañero	Lugar que recuerda

e Explica a tus compañeros las conclusiones a las que has llegado después de leer sus textos; ¿has acertado?

■ *Yo creo que Gunnar habla de una pista de patinaje.*
● *No, exactamente. Era un lago que había cerca de mi casa.*

1. ¡Que vienen las rebajas!

a Mira las imágenes y habla con tu compañero sobre lo que sabes de las rebajas en España:

¿Cuándo hay rebajas normalmente?

¿Qué tipo de productos se rebajan?

¿Son importantes para la gente?

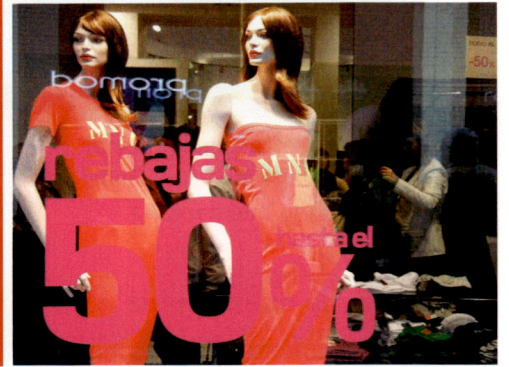

el ABC de tus compras

Rebajas

ABC
SERRANO
CENTRO COMERCIAL

rebajas
EN AGOSTO
VAN A MÁS

rebajas 50%

b ¿Se parecen las rebajas de España a las de tu país? Coméntalo con tu compañero.

■ *Creo que se parecen, sí, pero en mi país no hay rebajas en agosto...*

c El Ministerio de Sanidad y Consumo de España ha lanzado una campaña de consejos para comprar en rebajas. Relaciona las dos columnas para conocer cinco consejos de esa campaña. ¿Te parecen adecuados? ¿Cuál te parece más importante? Comenta con tus compañeros.

Guía de consejos para comprar en rebajas

1. fijar	de la tarjeta de crédito
2. hacer lista	y el precio rebajado aparecen en la etiqueta
3. no abusar	un presupuesto
4. observar que el precio original	es la misma, a precio rebajado
5. comprobar que la calidad	de compras

d Las siguientes frases aparecen en esa campaña. ¿Tienen relación con alguno de los consejos de arriba?

LAS ETIQUETAS deben indicar la rebaja, así podrás comparar el precio anterior y el rebajado, o bien el porcentaje de descuento.

Evita las compras impulsivas y los productos que no tengan una gran utilidad

rebajas:
productos de igual calidad que el resto de temporada, a mejor precio.

por un consumo seguro, saludable, solidario y sostenible

en rebajas
compra
con criterio

e Habla con tu compañero de la última vez que compraste algo en rebajas. ¿Cómo era? ¿Todavía lo usas?

2. De colores

a Piensa en un color y escribe tres palabras que relacionas con él. Si necesitas ayuda puedes usar el diccionario o preguntar al profesor. Luego, díselas a tu compañero para que adivine en qué color estás pensando.

1 ....

2 ....

3 ....

Amarillo Azul Marrón Rosa Rojo Gris
Blanco Morado Naranja Negro Verde

b ¿A qué colores crees que se refieren los siguientes textos? Compara tus conclusiones con las de tu compañero.

1 Combina la energía del rojo con la felicidad del amarillo. Color cítrico, se asocia a la alimentación sana. Es muy adecuado para promocionar productos alimenticios y juguetes.

2 Se asocia a la realeza y simboliza poder, nobleza, lujo y ambición. Sugiere riqueza y extravagancia. Aporta la estabilidad del azul y la fuerza del rojo.

3 Simboliza la luz del sol y en muchas ciudades los taxis son de ese color porque llama mucho la atención. Pero también puede ser estresante: los bebés lloran más en habitaciones de ese color.

4 Se asocia con la pérdida de peso, productos bajos en calorías y productos lácteos. También simboliza la frescura y la limpieza porque es el color de la nieve.

5 Es adecuado para promocionar productos de alta tecnología. Es el color del cielo y del mar, por lo que se suele asociar con la estabilidad y la profundidad.

6 Es el color de la naturaleza por excelencia. Es ideal para promocionar productos de jardinería, turismo rural, actividades al aire libre o productos ecológicos.

7 Se asocia al peligro, la guerra, la pasión y el amor porque es el color del fuego y la sangre.

8 Representa el poder, la elegancia, la muerte y el misterio. Las personas parecen más delgadas cuando visten ropa de ese color.

c Rocío ha salido a la calle a hacer un reportaje para la radio sobre las razones por las que la gente elige los colores de su ropa. Escucha y completa la tabla.

	¿Qué ropa lleva? ¿De qué color?	¿Por qué?
Lola		
Antonio		Va a un funeral.
Ricardo		
Verónica	Vestido de flores rojo, verde y amarillo, y chaqueta negra.	

d ¿De qué color es la ropa que llevas tú hoy? ¿Hay alguna razón especial? Coméntalo con tu compañero.

■ *Pues yo llevo un jersey rojo, pero no me gusta mucho el rojo. Es que los demás estaban sucios.*

1. El pretérito imperfecto

| | VERBOS REGULARES | | | VERBOS IRREGULARES | |
| | VERBOS EN –AR | VERBOS EN –ER | VERBOS EN –IR | | |
	Escuchar	Tener	Escribir	Ser	Ir
Yo	escuchaba	tenía	escribía	era	iba
Tú	escuchabas	tenías	escribías	eras	ibas
Usted/él/ella	escuchaba	tenía	escribía	era	iba
Nosotros/as	escuchábamos	teníamos	escribíamos	éramos	íbamos
Vosotros/as	escuchabais	teníais	escribíais	erais	ibais
Ustedes/ellos/ellas	escuchaban	tenían	escribían	eran	iban

- Las formas de la primera persona *(yo)* y la tercera *(usted, él, ella)* del singular son iguales.
- Las terminaciones de los verbos en –ER y en –IR son iguales.

2. Usos del pretérito imperfecto

1. Describir personas, lugares y objetos del pasado:
- Cuando tenía 20 años, Marta era rubia y tenía el pelo rizado.
- La casa de mi abuela tenía un jardín muy grande.
- De pequeño, mi pijama preferido era rojo y verde.

2. Referirse a acciones habituales en el pasado:
- Cuando era joven, jugaba al fútbol todos los sábados.

3. Contrastar el pasado con el presente:
- Antes leía muchos libros, pero ahora solo lee el periódico.
- En aquella época Juan era muy delgado, en cambio ahora es bastante gordito.
- Los zapatos costaban 60 € pero ahora, en rebajas, solo 45 €.

3. Muy / demasiado

- Utilizamos *demasiado* para indicar que, en nuestra opinión, algo sobrepasa los límites de lo que consideramos normal, aceptable o adecuado.

4. Comprar ropa en una tienda

CLIENTE		VENDEDOR	
Pedir ropa en una tienda.	- Quería unos pantalones negros. - Quería un vestido de la talla 40.	- ¿De qué talla? - ¿De qué color?	Preguntar por las características de una prenda.
Preguntar el precio.	- ¿Cuánto vale/n? - ¿Cuánto cuesta/n?	- Son 100 euros.	Decir el precio.
Expresar insatisfacción.	- ¡Qué caro! - ¡Es muy pequeña! - ¡Es demasiado grande!		
Expresar satisfacción.	- ¡Qué bonita! - ¡Son muy cómodos!		
Indicar que va a realizar la compra.	- Vale, me lo/la/los/las llevo.		
Entregar un objeto (por ejemplo, el dinero o la tarjeta al pagar)	- Tome. - Aquí tiene.	- Tome. - Aquí tiene.	Entregar un objeto (por ejemplo, el producto que ha comprado el cliente).

15 Experiencias

En esta unidad vamos a aprender a:

▶▶ Hablar sobre experiencias relacionadas con la educación y el trabajo

▶▶ Contar datos biográficos de la vida de una persona y escribir su biografía

▶▶ Pedir y dar información sobre el perfil profesional

▶▶ Valorar experiencias relacionadas con estancias en otros países

1. Recuerdos del colegio

a Mira las siguientes imágenes. ¿Qué recuerdos te evocan de tu época de estudiante? ¿Recuerdas a tu profesor o profesora favorita? ¿Y a tu mejor amigo? ¿Qué asignatura te gustaba más? Comenta estos aspectos con un compañero.

- *Pascale, cuando eras pequeña, ¿a qué colegio ibas?*
- *Al Colegio Pasteur. Era un colegio público, que estaba en Bron, cerca de Lyon. Ahora ya no existe.*
- *¿Y cuál era tu profesor favorito?*

2. ¿Qué querías ser de mayor?

a Cuando eras pequeño, ¿qué querías ser de mayor? ¿Te acuerdas? Busca en un diccionario cómo se dicen en español tres profesiones que te gustaban.

b Pregunta a tus compañeros qué querían ser de mayores cuando eran pequeños y escríbelo en la tabla.

PARA HABLAR DEL COLEGIO

- Era un **colegio mixto/de chicas/público/privado/religioso**.
- **Mi profesora favorita** era la de Geografía.
- **Mi mejor amiga** se llamaba Claudia y era muy divertida.
- **Mi asignatura preferida** era la Historia.
- **La asignatura que menos me gustaba** eran las Matemáticas.
- En los exámenes **sacaba** (muy) **buenas/malas** notas.

	Yo			
Profesiones				

- *Yacine, cuando eras pequeño, ¿qué querías ser de mayor?*
- *Cuando tenía seis o siete años quería ser detective, pero luego, cuando tenía catorce, quería ser veterinario.*

c Piensa en tu primer trabajo. ¿Cuál era? ¿Qué cosas te gustaban de él? ¿Cuáles no? Comenta estos aspectos con un compañero.

- ■ *Yo trabajaba como repartidor de pizzas.*
- ● *¿Y qué cosas te gustaban de tu trabajo?*
- ■ *Pues lo mejor era el contacto con la gente, pero el sueldo era muy malo: ganaba muy poco dinero.*

Para valorar un trabajo
- Era un trabajo (bastante/ muy) aburrido/interesante/ estresante/divertido...
- (No) me gustaba el ambiente de trabajo/el horario/el jefe/ fichar/(no) poder tomar decisiones.
- Lo mejor/lo peor de mi trabajo era el contacto con el público/ el sueldo/viajar.

3. La vida es así

a Mira las fotos que guarda Alejandro en su ordenador. ¿En qué orden cronológico crees que van?

b Escucha la entrevista que le hacen a Alejandro y comprueba tus hipótesis a partir de las explicaciones que da sobre su vida. [82]

c Escucha otra vez la entrevista y escribe en qué orden oyes estos verbos y expresiones. [82]

	Morir	Cambiar de trabajo	Empezar a estudiar	Terminar la carrera	Casarse		Tener hijos
1	Nacer	Irse a vivir a otra ciudad	Licenciarse	Ganar una beca	Conocer a alguien		Separarse

d Escribe en un papel seis datos esenciales de tu vida y luego dáselo a tu profesor. El te dará el papel de otro compañero. Léelo: ¿sabes quién lo ha escrito?

1986 Nací en...

2008 Conocí a...

a Este año es el «Año de la Ciencia» y la Agencia ELE prepara un reportaje sobre este tema. Lee el cómic.

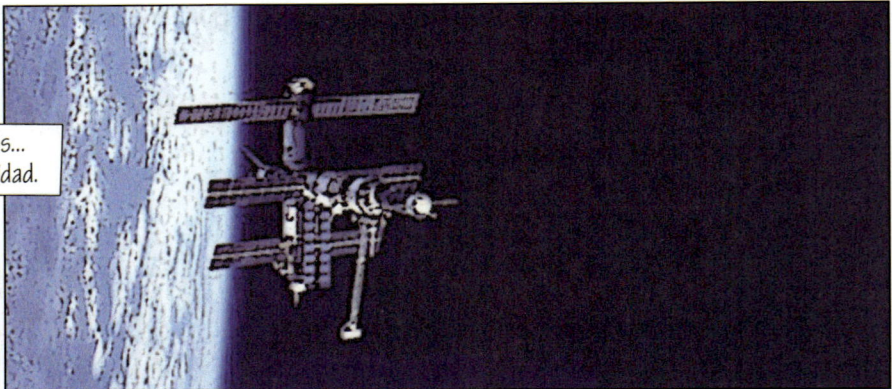

¡Hola, chicos!

¡Hola! ¿Sabéis? Ya tenemos reportaje.

¿En serio? ¡Qué bien! Pues nosotros hemos escrito un artículo sobre un científico brasileño...

¡Hola!

¡Hola, Mario!

¡Hola!

¡Hola!

¿Qué tal, Mario?

¡Anda, habéis hecho una entrevista a Pedro Conde! Es íntimo amigo de mi hermano.

¡¿Cómo?!

Pues sí, es que estudiaron juntos en la universidad. En mi familia hay muchos "hombres de ciencia"...

Mi bisabuelo materno, por ejemplo, era científico. ¿Sabéis? Descubrió un antídoto contra serpientes venenosas.

¿¿¿Tu bisabuelo es Vital Brazil, el científico que descubrió el antídoto contra el veneno de la serpiente de cascabel???

Sí, si queréis os hago un reportaje sobre mi bisabuelo y otro sobre el amigo de mi hermano. Este año es el «Año de la Ciencia» y podemos publicar los reportajes en el suplemento del domingo...

b Completa los títulos de los dos reportajes.

Especial Ciencia

_____, descubridor de un antídoto contra serpientes y escorpiones.

ENTREVISTA

a Pedro Conde, _____ de la Estación Espacial Internacional.

1. Dos vidas, dos pasados

a Lee estas frases. ¿Cuáles se refieren a Vital Brazil y cuáles a Pedro Conde?

1 Cuando tenía 34 años descubrió una sustancia contra el veneno de las serpientes americanas.
2 Estudió Ingeniería aeronáutica en la Universidad Politécnica de Madrid. En su clase eran muy pocos y solo había una chica.
3 Se licenció en Medicina en 1891 en Río de Janeiro, donde vivía su familia.
4 Decidió ser astronauta porque quería una profesión 'emocionante'. Además, su padre era astrónomo y tenían un telescopio en casa.
5 Cuando cumplió 23 años se fue a trabajar a Darmstadt, en Alemania, donde había varias empresas de tecnología espacial.
6 Esta vacuna redujo al 2% el número de muertes por mordedura de serpiente, que antes era del 25%.
7 Visitó la Estación Espacial Internacional varias veces, cuando todavía estaba en construcción.
8 Conoció a su mujer, Katerina Paulova, en la «Ciudad de las estrellas» de Moscú, donde los dos se preparaban para ser astronautas. Ella era su jefa y pronto se enamoraron.

b Lee otra vez las frases anteriores. ¿Qué información de cada una se refiere a *acciones* en el pasado y cuál a *situaciones* o *escenarios* que sitúan esas acciones?

	Acción	Descripción de la situación
1	*Descubrió una sustancia contra el veneno de las serpientes americanas.*	*Cuando tenía 34 años...*
2		
3		
4		
5		
6		
7		
8		

c ¿Qué tiempo verbal has utilizado para referirte a las *acciones* y las *situaciones* de las frases anteriores? Completa estas definiciones:

El pretérito _____ se usa para referirse a acciones que tienen lugar en un momento concreto del pasado.
El pretérito _____ se usa para describir las situaciones en las que se enmarcan las acciones pasadas.

RECUERDA

El pretérito imperfecto también sirve para otras cosas, que vimos en la unidad 6. Entre ellas, para hablar de acciones habituales en el pasado:

Dicen que cuando era usted joven hacía submarinismo.

De pequeño jugaba mucho al fútbol.

2. Momentos importantes…

a Piensa en tres hechos importantes en tu vida. ¿Qué hiciste? ¿Qué recuerdas de aquellas situaciones? Escribe los datos en esta ficha, pregunta por esos hechos a un compañero y luego responde a sus preguntas.

Hecho importante	¿Cuándo fue?	¿Qué hiciste? ¿Qué pasó?	DESCRIPCIÓN DE LA SITUACIÓN			
			¿Cuántos años tenías?	¿Qué tiempo hacía?	¿Dónde estabas? ¿Con quién? ¿Cómo eran?	¿Qué ropa llevabas?
El día que conocí a mi novia.	El año pasado, en febrero.	Un chico nos presentó. Empezamos a hablar y bailar.	21	Hacía frío y llovía.	Estaba en casa de Ulrike, en una fiesta. Había mucha gente.	No me acuerdo, pero Katia llevaba un jersey azul.

- ■ *A ver, un momento importante de tu vida, Günter.*
- ● *El día que conocí a mi novia.*
- ■ *Vale. ¿Cuándo fue?*
- ● *El año pasado, en febrero.*
- ■ *¿Y qué pasó?*
- ● *Pues un chico nos presentó y empezamos a hablar y a bailar. Lo pasamos genial.*
- ■ *¿Cuántos años tenías?*
- ● *Veintiuno.*
- ■ *¿Y qué ropa llevabas?*
- ● *No me acuerdo, pero Katia llevaba un jersey azul precioso.*

Hechos importantes

Conocer a tu pareja
Empezar a trabajar
15 / 18 / 21 cumpleaños
Nacimiento de tu hijo / hermana
Vivir en una casa nueva
Ganar un premio
Boda

Acordarse de un dato o de un hecho significa tenerlo en la memoria:
- ■ *¿**Te acuerdas** del día que tuve el accidente de moto?*
- ● *Sí, claro que **me acuerdo**. Tú estabas inconsciente y fuimos al hospital en ambulancia.*

3. El currículum de María José Conde

a Lee estos datos sobre la vida de María José Conde, la hermana de Pedro, y, con ayuda de las palabras subrayadas en las frases, completa su currículum vítae, que está en la página siguiente.

1 Antes de terminar la carrera ganó una <u>beca</u> para estudiar en una universidad francesa.
2 Después de licenciarse en Económicas hizo un <u>máster</u> en la UNED.
3 Cuando tenía 22 años, la contrataron como <u>estudiante en prácticas</u> en una empresa de Barcelona.
4 En <u>2004</u>, dos años después de vivir en Francia, obtuvo un título de francés.
5 Cuando empezó el Máster en Comercio Exterior, trabajaba en el <u>Departamento</u> de *Marketing* de una empresa de Madrid.
6 Desde el año 2009 trabaja como <u>Directora</u> de Exportación en Sillaspain.
7 Vive en <u>Madrid</u> desde hace muchos años.
8 Vivió en Barcelona hasta el año <u>2003</u>, cuando cambió de trabajo.

Currículum vítae

María José Conde Azcoitia

Datos personales
- Lugar y fecha de nacimiento: Toledo, 15 abril 1980
- Dirección: Avda. Lisboa, 86 - 2ºB.
  Pozuelo de Alarcón – 28223 _____
- Teléfono fijo/móvil: 91 436 54 98 / 699 70 35 71
- Correo electrónico: mariajose_condeaz@gmail.com

Estudios
- 2003-2005   _____ en Comercio Exterior, Universidad Nacional de Educación a Distancia (UNED), Madrid
- 1998-2003   Licenciatura en Ciencias Económicas y Empresariales, Universidad Autónoma de Madrid
- feb-jun 2002   _____ Erasmus en la Université de Toulouse-Le Mirail, Francia

Experiencia profesional
- 2009 hasta hoy _____ de Exportación, Sillaspain, S.A., Madrid
- 2005-2008   Responsable del mercado francés, Sofábulos, S.L., Madrid
- 2003-2005   Asistente en el _____ de *Marketing*, Sofábulos, S.L., Madrid
- 2002-____   _____ en el Dpto. de *Marketing*, Camasrey, S.A., Barcelona

Idiomas
- Inglés C1 MCER - Certificate in Advanced English (CAE), 2005
- Francés C2 MCER - Diplôme Aproffondi de Langue Française (DALF), _____
  Estancia de 5 meses en Toulouse, Francia, febrero-junio 2002

Informática
- Entorno Windows: experiencia a nivel de usuario de Word, Excel, Access y Powerpoint
- Internet: amplia experiencia en navegación y correo electrónico

Aficiones
- Viajar, leer y tocar el violín

b Vuelve a leer las frases del apartado a) y subraya las expresiones temporales que encuentres. ¿Sabes cómo se dicen en tu lengua?

c En grupos, preparad cinco preguntas sobre el currículum vítae de María José Conde utilizando las expresiones temporales subrayadas en b). Luego tenéis que formulárselas al resto de grupos. El primer grupo que conteste correctamente gana un punto.

- ¿Hasta qué año trabajó como asistente en Sofábulos?
- ¡Hasta 2005!
- Bien, un punto. Ahora preguntáis vosotros.
- Vale. ¿Desde cuándo tiene el diploma CAE de inglés?

d Pregúntale a tu compañero por sus estudios y su trabajo.

- Irina, ¿tú trabajas?
- Sí, en una empresa de seguros. Soy contable.
- ¿Y desde cuándo trabajas en esa empresa?

Expresiones temporales

(Dos meses/años) **antes de** + infinitivo…
(Un mes/año) **después de** + infinitivo…
Desde enero/el año 2008…
Desde que tenía cinco años…
Desde hace dos meses/tres años…
Hasta + diciembre/2007/el año pasado…
Cuando tenía 22 años/empezó el Máster…

4. Experiencias interesantes

a ¿Has hecho alguna vez alguna de estas cosas? En caso afirmativo, márcala con una cruz (X).

- ☐ vivir en otro país
- ☐ trabajar como voluntario
- ☐ dirigir un grupo de teatro
- ☐ dar clases particulares
- ☐ poner inyecciones

- ☐ prestar primeros auxilios a alguien
- ☐ ganar un campeonato de fútbol, tenis u otro deporte
- ☐ participar en un proyecto cultural
- ☐ colaborar con una ONG
- ☐ trabajar de canguro

> **Trabajar de** + profesión significa que el trabajo se realiza de forma temporal:
> - ■ *¿Trabajar de camarero (en verano).*
> - ● *Trabajar de repartidor de pizzas (unos años).*

b Escucha estas conversaciones. ¿Qué actividades de las anteriores han hecho las personas que hablan? Márcalas en a) con un círculo (0). Luego compara las respuestas con un compañero. **83**

c Lee las transcripciones de los diálogos anteriores e intenta completarlas utilizando el tiempo verbal correspondiente (pretérito perfecto, pretérito indefinido o pretérito imperfecto).

a Oye, ¿tú (trabajar) _____ como voluntario alguna vez?
b Eh... pues sí, una vez, pero hace muchos años, en Francia.
a ¿En Francia? ¿Y cómo fue eso?
b Pues... yo (estudiar, yo) _____ en el Instituto Francés de Barcelona, y un día la profesora (llegar, ella) _____ a clase y nos (comentar, ella) _____ la posibilidad de ir al sur de Francia como voluntarios, en verano, para hacer excavaciones arqueológicas.
a ¡Excavaciones arqueológicas! ¡Qué interesante!
b Sí, muy interesante. La verdad es que (aprender, yo) _____ muchas cosas.
a ¿Sí? ¿Cómo qué, por ejemplo?
b Bueno, primero, cómo (vivir, ellos) _____ los hombres prehistóricos, pero sobre todo, (aprender, yo) _____ a trabajar en grupo y a convivir con otras personas.

a Pues yo he trabajado de canguro bastantes veces, la verdad.
b ¿Ah, sí? Cuenta, cuenta.
a Pues... bueno, nada especial. Es que mi hermana tiene dos niños y cuando (ser, ellos) _____ pequeños y mi hermana y su marido (salir, ellos) _____ por la noche, pues yo (ir) _____ a su casa.
b ¿Y qué (hacer, tú) _____?
a Pues nada, (jugar, yo) _____ con ellos, les (contar, yo) _____ cuentos, les (dar, yo) _____ la cena...
b ¿Y nunca (pasar) _____ nada? Quiero decir, ¿un accidente o algo?
a ¡Ah, sí, sí, sí!, una vez mi sobrina Sara (romper) _____ el cristal de una mesa que (haber) _____ en el salón con la cabeza. ¡Qué susto!
b ¡No me digas! ¿Y qué (hacer, tú) _____?
a Pues la (llevar, yo) _____ corriendo al hospital y (llamar, yo) _____ a mi hermana, claro.

> El **pretérito perfecto** se usa para referirse a acciones que el hablante relaciona con el momento en el que habla (*últimamente, en mi vida, hoy*, etc.).

> El **pretérito indefinido** se usa para referirse a acciones que tienen lugar en un momento concreto del pasado, no relacionado con el momento en el que se habla.

> El **pretérito imperfecto** se usa para describir las situaciones en las que se enmarcan las acciones pasadas.

d Escucha y comprueba. **83**

e Pregúntale a tus compañeros si han hecho alguna de las actividades de a). Luego, comenta en clase la experiencia más interesante que has averiguado de alguno de tus compañeros.

5. Se buscan voluntarios

Varias ONG están buscando voluntarios para sus actividades en distintos países. Los requisitos son: ser mayor de 16 años y tener un mes de disponibilidad para trabajar en otro país.

1 En grupos de cuatro, tenéis que decidir qué tipo de actividad desarrolla vuestra ONG (relacionada con la salud, la educación, la infancia, etc.) y qué tareas realizan los voluntarios en ella.

2 Cada grupo tiene dos entrevistadores y dos entrevistados. Los entrevistadores tienen que preparar una lista de preguntas a los voluntarios sobre su vida, estudios y profesión, para averiguar su perfil y su potencial para la ONG. Los entrevistados tienen que preparar su perfil, imaginar qué preguntas les van a hacer los entrevistadores y qué van a responder.

3 Se realizan las entrevistas dentro de cada grupo. Después, los entrevistadores discuten para qué tareas van a contratar a los voluntarios y se lo comunican a la clase.

1. Las aventuras de Cervantes

a ¿Conoces la vida de Cervantes, el autor de *Don Quijote de la Mancha*? Lee los siguientes párrafos y numéralos para ordenar su biografía.

Miguel de Cervantes nació en Alcalá de Henares en 1547. Era hijo de Rodrigo Cervantes y de Leonor Cortinas, y tenía seis hermanos. Pertenecía a una familia con poco dinero y muchas deudas. [1]

En 1605 publicó la primera parte de *El ingenioso hidalgo don Quijote de La Mancha*, y en 1615, la segunda. Considerada la primera novela moderna, obtuvo un gran éxito tanto en España como en Europa: la primera parte se tradujo al inglés en 1612, al francés en 1614 y poco después a otras lenguas, pero Cervantes ganó poco dinero con la publicación y las traducciones de su novela. ☐

Unos años más tarde, en 1575, durante un viaje de Nápoles a España, unos corsarios atacaron el barco en el que viajaban él y su hermano Rodrigo. Les hicieron prisioneros y les llevaron a Argel, que en aquel momento era uno de los centros de comercio más ricos del Mediterráneo. Allí estuvo cinco años en prisión. ☐

Tuvo muchos problemas con la justicia. En 1592 fue a la cárcel, acusado de vender trigo ilegalmente, y en 1597, cuando era recaudador de impuestos, fue enviado nuevamente a prisión, acusado de robar dinero público. Fue en estas difíciles circunstancias cuando, probablemente, comenzó la redacción de *El Quijote*. ☐

Hombre de fuerte carácter, intentó escapar en cuatro ocasiones, pero no lo consiguió hasta que, finalmente, su familia consiguió reunir el dinero suficiente para pagar el rescate. Volvió a España en 1580. Tenía treinta y tres años y había pasado los últimos diez entre la guerra y la prisión. ☐

Murió en Madrid el 23 de abril de 1616, en la misma fecha que William Shakespeare. No se conoce con exactitud dónde está su tumba. ☐

Al volver de Argel conoció a Ana Villafranca, con quien tuvo una hija. Después se casó con Catalina Salazar y Palacios (1584), pero el matrimonio fue un fracaso y no tuvieron hijos. ☐

Cuando tenía 22 años se fue a Italia. Allí entró en el ejército y participó en la batalla de Lepanto (1571), en la que el imperio otomano y el español luchaban por el dominio del Mediterráneo. Durante la batalla, en la que participaron 200 000 hombres y murieron más de 40 000, recibió tres heridas, dos en el pecho y otra que le dejó inútil la mano izquierda. Por eso a Cervantes se le conoce como «el manco de Lepanto». ☐

b Piensa en un personaje histórico famoso en tu país, busca información sobre él o ella en internet, incluso en tu propia lengua, y escribe su biografía de forma breve, para una enciclopedia. Dale el texto a tu profesor para que lo cuelgue en la pared de la clase y lee las biografías que han escrito tus compañeros. ¿Qué personaje te parece más interesante?

2. Ciudadanos del mundo

a Probablemente tienes familiares o amigos que viven en otro país o conoces a alguien de otro país que vive en el tuyo. ¿Sabes por qué decidieron cambiar de residencia? Coméntalo con tus compañeros.

> por amor – por trabajo – porque querían vivir nuevas experiencias – por razones familiares – para estudiar – para ganar más dinero

■ *Yo tengo una amiga argentina que vive en Croacia.*
● *¿Ah, sí?*
■ *Sí. Se fue por amor. Conoció a un chico croata en un viaje y ahora viven juntos en Dubrovnik.*
● *Pues yo conozco a un chico italiano que vive en Londres. Se fue allí para estudiar un máster.*

b Escucha estas cuatro entrevistas a españoles que viven en otros países y relaciónalas con las imágenes. (84)

CHINA
SHANGAI
33 años
ASTURIAS
3 AÑOS Y MEDIO EN CHINA
ESPAÑOLES EN EL MUNDO

Nombre: ....
Entrevista n.º ....

CHIPRE
NICOSIA
33 años
PALENCIA
5 AÑOS EN CHIPRE
ESPAÑOLES EN EL MUNDO

Nombre: ....
Entrevista n.º ....

PERÚ
LIMA
54 años
LLEIDA
9 AÑOS EN PERÚ
ESPAÑOLES EN EL MUNDO

Nombre: ....
Entrevista n.º ....

GUINEA
MALABO
31 años
MADRID
5 AÑOS EN GUINEA
ESPAÑOLES EN EL MUNDO

Nombre: ....
Entrevista n.º ....

c Escucha otra vez las entrevistas. ¿Por qué estas cuatro personas decidieron irse a vivir a otro país? (84)

- Elena ....
  ....
- David ....
  ....
- Verónica ....
  ....
- Teo ....
  ....

d ¿Crees que estas personas valoran positivamente su experiencia? ¿Por qué? Coméntalo con tus compañeros.

e ¿Qué aspectos positivos crees que tiene vivir en otra cultura? Discútelo con tus compañeros.

1. Contrastes entre pasados: pretéritos indefinido, imperfecto y perfecto

Cuando se narran hechos o experiencias pasadas:

1 Se usa el pretérito indefinido para referirse a las acciones que tienen lugar en un momento concreto del pasado, que el hablante no relaciona con el momento actual.

■ *Se licenció en Medicina en 1891 en Río de Janeiro, donde vivía su familia.*

2 Se usa el pretérito imperfecto para describir las situaciones en las que se enmarcan las acciones pasadas, los escenarios que contextualizan esas acciones.

■ *Se licenció en Medicina en 1891 en Río de Janeiro, donde vivía su familia.*

3 Se usa el pretérito perfecto para referirse a acciones que tienen lugar en un momento del pasado que el hablante <u>relaciona</u> con el momento actual.

A *Oye, ¿tú has has trabajado como voluntario alguna vez?*

B *No, nunca he trabajado como voluntario.*

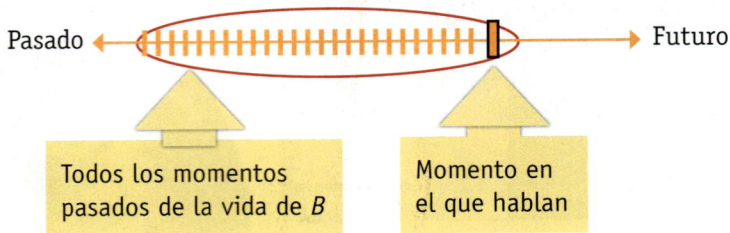

Pasado ← → Futuro

Todos los momentos pasados de la vida de *B*

Momento en el que hablan

Los hablantes *A* y *B* relacionan todos los momentos pasados de la vida de *B* con el momento en el que hablan.

A *Oye, ¿tú has has trabajado como voluntario alguna vez?*

B *Sí, trabajé como voluntario una vez, en Francia, hace diez años.*

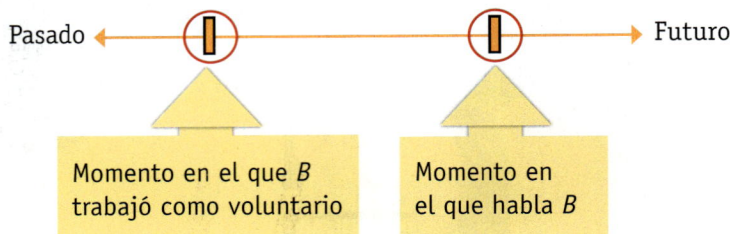

Pasado ← → Futuro

Momento en el que *B* trabajó como voluntario

Momento en el que habla *B*

El hablante *B* no relaciona el momento en el que trabajó como voluntario con el momento en el que habla.

2. Expresiones temporales

➡ Para expresar anterioridad:
(dos meses/tres años) ***antes de*** + infinitivo

■ *Antes de terminar la carrera ganó una beca para estudiar en una universidad francesa.*

■ *Nueve años antes de descubrir una sustancia contra el veneno de escorpión descubrió un antídoto contra el veneno de las serpientes americanas.*

➡ Para expresar posterioridad:
(dos meses/tres años) ***después de*** + infinitivo

■ *Después de licenciarse en Económicas hizo un máster en la UNED.*

➡ Para expresar inicio de tiempo: *desde la semana pasada/ayer/enero/2007, desde que* + verbo, ***desde hace una semana/un año***

■ *Desde el año 2009 trabaja como Directora de Exportación en Sillaspain.*

■ *Toca el violín desde que fue al Conservatorio.*

■ *Tiene el diploma CAE desde hace varios años.*

➡ Para expresar límite en el tiempo:
hasta + ayer/diciembre/el año pasado

■ *Vivió en Barcelona hasta el año 2003, cuando cambió de trabajo.*

➡ Para expresar simultaneidad: ***cuando*** + verbo

■ *Cuando tenía 22 años, la contrataron como estudiante en prácticas en una empresa de Barcelona.*

■ *Cuando empezó el Máster en Comercio Exterior, trabajaba en el Departamento de Marketing de una empresa de Madrid.*

16 Planeta agua

Cataratas de Iguazú

Lago Titicaca

Mar Mediterráneo

Río Amazonas

En esta unidad vamos a aprender a:

▶▶ Intercambiar opiniones sobre la importancia del agua en la vida de las personas

▶▶ Describir lugares y paisajes

▶▶ Hablar del clima de un lugar

▶▶ Describir acciones que suceden en el mismo momento del que se habla

▶▶ Dar y comprender consejos e instrucciones

1. Protagonista: el agua

a Mira las fotos de estas ciudades: ¿cómo se llaman?, ¿dónde están?

Estocolmo
Mopti
Benarés
La Habana

INDIA
SUECIA
CUBA
MALI

■ *La segunda foto puede ser La Habana, en Cuba.*
● *Sí, me parece que sí.*

b ¿Con qué río, mar o lago relacionas esas ciudades?

1. Río Níger ....
2. Lago Mälaren ....
3. Mar Caribe ....
4. Río Ganges ....

■ *¿Dónde está el río Níger?*
● *No estoy seguro/a, pero creo que está en Mali.*

c ¿Sabes algo más sobre esas ciudades? Coméntalo con tus compañeros.

■ *La Habana es la capital de Cuba y tiene un paseo al lado del mar muy famoso que se llama «el malecón».*

d Piensa en el pueblo o la ciudad donde vives. ¿Tiene **mar**? ¿Pasa algún **río** por ella? ¿Hay algún **lago** cerca? ¿Qué relación tiene la gente del lugar con el agua? ¿Y tú?

■ *En Helsinki tenemos el mar Báltico. Le gente navega, pesca, se baña y en invierno patina.*
● *A mí me gusta pasear cerca del mar y ver los barcos que van y vienen.*

2. Concurso de geografía

a En la televisión hay un concurso sobre curiosidades geográficas. Estas son las preguntas, ¿sabes alguna respuesta? Habla con tu compañero e intenta contestarlas.

1 ¿Cómo es el agua de nuestro planeta?
- 97% salada, 3% dulce ○
- 73% salada, 27% dulce ○
- 48% salada, 52% dulce ○

2 ¿Cuál es el océano más grande del mundo?
- Atlántico ○
- Pacífico ○
- Ártico ○

3 ¿Cuál es la montaña más alta de Europa?
- Elbrús ○
- Mont Blanc ○
- Aneto ○

4 ¿Cuál de las siguientes cordilleras está en África?
- Atlas ○
- Kuenlún ○
- Andes ○

5 ¿Cuál es el desierto más seco[1] del mundo? *[1]
- Sáhara ○
- Gobi ○
- Atacama ○

6 De las siguientes islas ¿cuál es la mayor[2]? *[2]
- Gran Bretaña ○
- Sumatra ○
- Madagascar ○

7 ¿Cuál es la catarata más alta de la Tierra?
- Ángel ○
- Victoria ○
- Niágara ○

8 ¿Cuál de los siguientes volcanes no está en Hawái?
- Mauna Loa ○
- Kilauea ○
- Krakatoa ○

*[1] seco ≠ húmedo

*[2] mayor = más grande

- ■ *El océano más grande del mundo es el Atlántico, ¿no?*
- ● *¿Seguro? Me parece que no, yo creo que es el Pacífico.*

b Escucha el concurso y comprueba tus respuestas. (85)

3. Tudelán, una isla de ensueño

a Completa este folleto turístico sobre la isla de Tudelán con las palabras que faltan. Fíjate en el ejemplo.

¿El Mauna Loa está en Hawái?

Responder **con** certeza
- Sí, seguro, yo he estado allí.

Responder **sin** certeza
- Creo / me parece que sí.
- No estoy seguro/a.

¡Ven a conocer Tudelán, la isla que lo tiene todo!

Tempo, Galto, Antar, Luva, Huero, Colpes, Alzán

¡VEN! ¡TE ESPERAMOS!

En Tudelán todo es posible: pescar en el ___río___ Galto, dormir bajo las estrellas en el _____ de Alzán, subir al _____ Luva, nadar en el _____ Huero, contemplar la puesta de sol en la _____ de Colpes, sentir el poder del agua en la _____ de Antar, perderse entre los árboles del _____ de Tempo…

b ¿Has estado en algún **desierto**? ¿Has subido a un **volcán**?
¿Conoces alguna **isla** paradisíaca? ¿Has visto alguna **catarata** espectacular?
Habla de tu experiencia con tus compañeros.

> ■ *Yo una vez fui de vacaciones a Egipto: me encantó el mar Rojo, que está lleno de corales y peces de colores. También fui al desierto. Es impresionante.*
>
> ● *Pues yo he visitado el Vesubio y...*

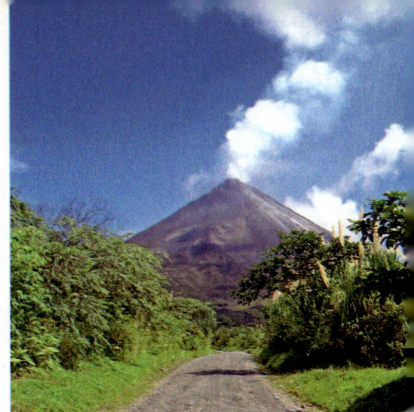

4. Un clima muy especial

a Unos amigos hablan de su visita a la isla de Tudelán. Mira los mapas del tiempo y escucha la conversación. ¿Qué día visitaron la isla: el 21 o el 22 de agosto?

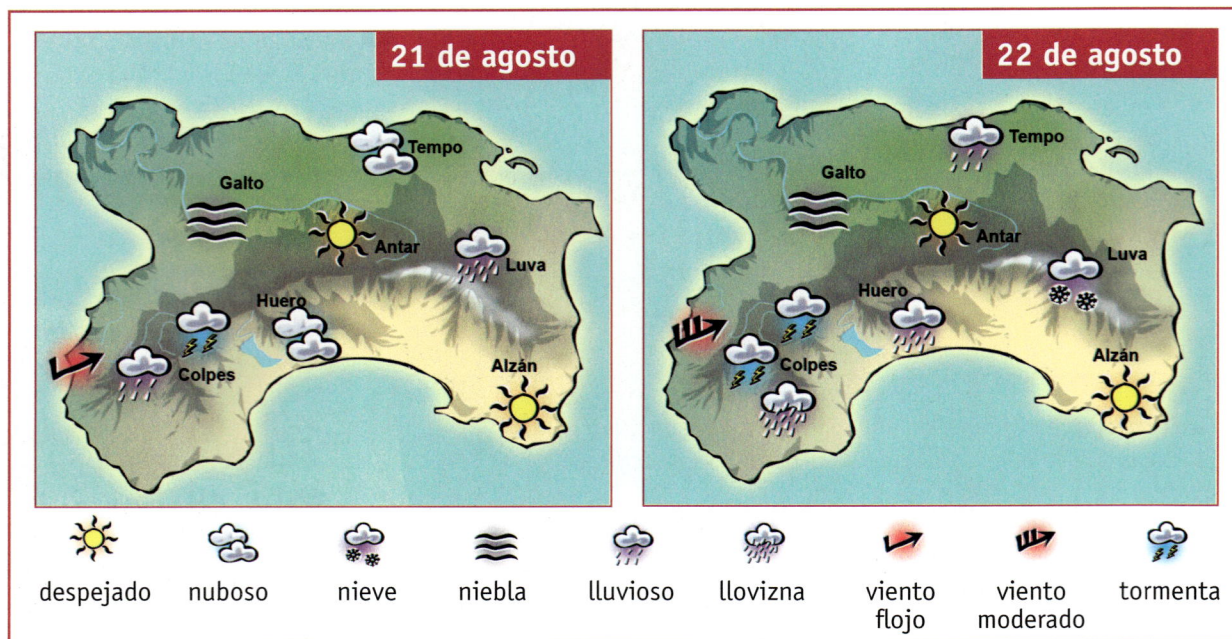

21 de agosto	22 de agosto

Tempo · Galto · Antar · Luva · Huero · Colpes · Alzán

despejado · nuboso · nieve · niebla · lluvioso · llovizna · viento flojo · viento moderado · tormenta

b ¿Con qué tipos de clima relacionas las siguientes características?

Hay tormentas y huracanes ....

Nieva ....

Llueve mucho ....

Hace mucho calor ....

Llueve muy poco ....

Hace mucho frío ....

Casi siempre hay la misma temperatura, más o menos 20º ....

Normalmente hay muchas nubes ....

Hay vientos fuertes ....

Las temperaturas varían mucho: puede hacer mucho frío o mucho calor ....

EL CLIMA
➤ Clima húmedo / seco
➤ Clima caluroso / frío
➤ Clima suave / duro
➤ Clima tropical / desértico

c ¿Qué clima hay en el lugar donde tú vives? ¿Qué te gusta y qué no te gusta de ese clima? Comenta con tus compañeros. ¿Todos tenéis los mismos gustos?

> ■ *Yo vivo en Bergen, en Noruega. Tiene un clima muy húmedo, llueve casi todos los días.*
>
> ● *¿Y hace frío?*
>
> ■ *Sí, bastante. Es un clima duro, pero me gustan los veranos porque hay mucha luz...*

¡Con el agua al cuello!

a En la Agencia ELE están escribiendo un reportaje sobre el agua y tienen que acabarlo rápidamente. Lee el cómic.

> Claro, sin problema. A mí me interesa mucho el tema este del consumo responsable del agua.

> Hola, aquí estoy, lo siento, es tardísimo.

> Por fin. ¡Bienvenido! Estamos hablando del reportaje sobre el agua.

> Sí, sí. Tenemos toda la información.

> Pues a trabajar. Hay que redactarlo hoy mismo.

> Fíjate, aquí dice que solo el 0,007% del agua de la Tierra es potable y que esa cantidad se reduce continuamente por la contaminación.

> Sí, por eso más de 1100 millones de personas en el mundo tienen muchísimos problemas simplemente para beber agua limpia.

> Millones de mujeres y niños caminan todos los días más de 10 kilómetros al día para conseguir agua.

> Es muy tarde, estoy cansadísimo. Y este reportaje está deprimiéndome. Necesito salir a comer algo.

> Voy contigo y me tomo una cerveza. Tengo sed y ¡agua, no gracias! ¡Qué día!

> Se necesitan 5680 litros de agua para producir un barril de cerveza.

> ¡Vale, nada de cerveza, seguimos con el reportaje!

b Los personajes de Agencia ELE han tenido problemas hoy con el agua. Completa estas frases con sus nombres.

- _____ ha tenido problemas de tráfico debido a la lluvia.

- _____ se deprime escribiendo el reportaje sobre el agua.

- _____ ha tenido que ducharse con agua muy fría.

- _____ ha sufrido una inundación.

1. Lo estamos celebrando

a En el cómic Rocío y Carmen hablan sobre Sergio y Paloma y su trabajo en el reportaje sobre el agua. Lee de nuevo ese momento y completa la frase con las palabras que faltan.

*Sergio **está** .... entrevistas y Paloma **está** ....
fotos en el río Guadaluz.*

La forma del verbo que has escrito se llama **gerundio** y cuando se combina con el verbo *estar* sirve para hablar de acciones que suceden en el mismo momento en el que se habla.

Para hablar de acciones que suceden en el mismo momento del que se habla ➤ **Estar** + **gerundio**

Verbos terminados en -ar ➤ -ando	Lavar ➤ lavando	Estoy Estás Está Estamos Estáis Están
Verbos terminados en -er ⎫ Verbos terminados en -ir ⎬ -iendo	Beber ➤ bebiendo Salir ➤ saliendo	lavando la ropa bebiendo un zumo saliendo del trabajo

b En la Agencia ELE han terminado el reportaje y lo están celebrando en un bar. Completa la descripción de la ilustración con los verbos de la tabla.

Hablar	Brindar
Leer	Dormir
Despedirse	Salir

despedirse ➤ despidiéndose

dormir ➤ durmiendo

Paloma y Sergio ....
.... Rocío
.... por el
móvil y Carmen ....
.... el periódico.
Miquel ....
.... del baño. Iñaki
.... y Mario
....

c Mira los personajes desconocidos del bar. Ponte de acuerdo con tu compañero para elegir a los hombres o a las mujeres. Después ponles nombre y preséntalos.

■ *La mujer que está pagando se llama...*

d Haz mímica para representar una acción.
Tus compañeros te dirán lo que estás haciendo.

■ *¿Estás lavándote los dientes?*
● *Sí, muy bien. Ahora tú.*

ESTAR + GERUNDIO Y LOS PRONOMBRES

- *Mario se está duchando / Mario está duchándose.*
  Mario está se̶ duchando.

- *¿Has acabado el reportaje?*
- *Lo estoy acabando / Estoy acabándolo.*
  Estoy lo̶ acabando.

2. Cierra el grifo

a Para hacer su reportaje los periodistas de la Agencia ELE han manejado una campaña informativa sobre el consumo responsable de agua. Solo cuatro de los siguientes consejos pertenecen a esa campaña. ¿Cuáles crees que son? Coméntalo con tu compañero.

❶ Llena la lavadora y el lavaplatos.   ❷ Toma bebidas calientes.   ❸ Usad el jábon para lavaros las manos antes de comer.   ❹ Bebe agua frecuentemente.   ❺ Cierra el grifo cuando te laves los dientes o te afeites.   ❻ Riega las plantas con poca agua.   ❼ Ponte el gorro para bañarte.   ❽ Usa la ducha, evita bañarte.

■ *Yo creo que el 1 pertenece a la campaña de ahorro de agua.*
● *Sí, seguro. ¿Y el número 2?*

b Los verbos subrayados de los consejos e instrucciones de arriba son imperativos. Completa la tabla.

	IMPERATIVO			Algunos imperativos irregulares (tú)	
	VERBOS EN –AR USAR	VERBOS EN –ER BEBER	VERBOS EN –IR ESCRIBIR	- Ir > Ve	- Salir > Sal
				- Venir > Ven	- Hacer > Haz
Tú	usa	beb__	escribe ✳	- Poner > ____	- Tener > Ten
Vosotros/as	us___	bebed	escribid		

El imperativo en la forma «tú» normalmente tiene los mismos cambios en las vocales que el presente: *cierra el grifo*.

c ¿De dónde crees que proceden las otras cuatro frases del apartado a?

Normas de uso de una piscina pública

Recomendaciones de higiene básica para los niños de una escuela

Campaña para la prevención de los efectos del calor excesivo

Consejos para combatir los síntomas de la gripe

d Con tu compañero escribe en el cuaderno dos o tres recomendaciones más, relacionadas con los temas del apartado c. Después léelas a tus compañeros. ¿Saben de qué tema estáis hablando?

3. ¡Viva la tecnología!

a ¿Tienes muchas cosas que hacer esta semana? El robot JC3002 te puede ayudar. Escribe en tu cuaderno las instrucciones de todo lo que tiene que hacer. Lee tu lista a tus compañeros.

■ *Recoge a los niños del colegio. Tienes que estar allí antes de las 5.*
● *Ve a la compra. Necesitamos: patatas y un...*

b JC3002 está muy cansado y ha decidido pedir ayuda a su amigo JC2003. Escribe de nuevo tus instrucciones para los dos robots, ¿qué robot va a estar más ocupado?

■ *Recoged a los niños del colegio. Tenéis que estar allí antes de las 5.*
● *Id a la compra. Necesitamos: patatas y un...*

4. ¿Qué hacer con la basura?

a ¿Cuánto tiempo crees que tardan estos objetos en desaparecer cuando los desechamos? Compara tus respuestas con las de tu compañero.

| ¿4000 años? | ¿1000 años? | ¿100 años? | ¿40 años? | ¿10 años? | ¿1 mes? | ¿3-4 semanas? |

CUERO

LATAS DE BEBIDA

PAPEL

VIDRIO

MADERA

BOTELLAS DE PLÁSTICO

MATERIA ORGÁNICA

■ *Yo creo que la madera tarda 10 años en desaparecer y el cuero 40.*
● *Pues yo creo que el cuero tarda menos que la madera.*

b En un colegio en España, un profesor está explicando en clase cuestiones relacionadas con el medio ambiente. Escucha y comprueba tus respuestas.

c ¿Qué conclusiones sacas de las explicaciones del profesor? ¿Se te ocurre algún consejo para cuidar el medio ambiente? Comenta con tu compañero.

5. Un lugar especial

En parejas o pequeños grupos organizad una presentación para todos los compañeros de la clase. El tema propuesto es «Un lugar especial». Puede ser especial por muchas razones: por su belleza, por su clima, por su situación, por la gente que vive allí, etc. Intentad seguir estos pasos:

1. Presentad el lugar a vuestros compañeros: podéis utilizar fotos, vídeos, textos, objetos, etc.

2. Explicad por qué es especial.

3. Dad consejos útiles para vuestros compañeros si deciden visitarlo.

COMPARAR

+ → ¿El vidrio contamina **más que** el plástico?

= → ¿El papel contamina **igual que** la materia orgánica?
¿El papel contamina **lo mismo que** la materia orgánica?

− → ¿Las latas de bebida contaminan **menos que** el vidrio?

Para hacer vuestras presentaciones os será útil escuchar otra vez la audición de la sección b) de la actividad 4. Prestad atención a cómo el profesor hace preguntas a los niños para asegurarse de que entienden y hacerlos participar en la explicación.

1. ¿Cómo se dibuja un paisaje?

a Un niño hizo los siguientes dibujos después de leer el poema «Cómo se dibuja un paisaje» de Gloria Fuertes. Lee el poema e identifica en los dibujos los elementos del paisaje de los que habla el texto. En tu opinión, ¿qué dibujo representa mejor el poema?

Cómo se dibuja un paisaje

Un paisaje que tenga de todo,
se dibuja de este modo:

Unas montañas,
un pino,
arriba el sol,
abajo un camino,
una vaca,
un campesino,
unas flores,
un molino,
la gallina y un conejo,
y cerca un lago como un espejo.

Ahora tú pon los colores;
la montaña de marrón,
el astro sol amarillo,
colorado el campesino,
el pino verde,
el lago azul
—porque es espejo del cielo, como tú—
la vaca de color vaca,
de color gris el conejo,
las flores…
como tú quieras las flores,
de tu caja de pinturas,
¡usa todos los colores!

> Puedes encontrar más información sobre Gloria Fuertes en:
> http://www.cervantesvirtual.com/bib_autor/fuertes/
> y en http://www.gloriafuertes.org/

b ¿Cómo es tu paisaje ideal? Descríbelo a tu compañero para que lo dibuje.

■ *En mi paisaje ideal hay una playa con palmeras. Pon cinco palmeras en la playa y en el mar dibuja un barco…*

Houston
SIERRA MADRE ORIENTAL
Monterrey
GOLFO DE MÉXICO
Miami
Nassau
OCÉANO ATLÁNTICO
MÉXICO
La Habana
Guadalajara
México DF
Mérida
CUBA
Puerto Príncipe
San Juan
SIERRA MADRE SUR
Belmopan
Kingston
Santo Domingo
GUATEMALA
Guatemala
HONDURAS
Tegucigalpa
EL SALVADOR
San Salvador
NICARAGUA
Managua
MAR CARIBE
OCÉANO PACÍFICO
COSTA RICA
PANAMÁ
San José
Panamá
Medellín
Caracas
Maracaibo
Cumaná
Trinidad
VENEZUELA
Bogotá
Georgetown
GUAYANA
Paramaribo
Cayenne
SURINAM
GUAYANA FRANCESA
COLOMBIA
Quito
ECUADOR
Guayaquil
Río Negro
Río Amazonas
Manaos
Iquitos
SELVA DEL AMAZONAS
CORDILLERA
PERÚ
BRASIL
Lima
Cuzco
MATO GROSSO
CORDILLERA DE LOS ANDES
Lago Titicaca
La Paz
Brasilia
Salvador
BOLIVIA
Potosí
ALTIPLANO
DESIERTO DE ATACAMA
San Pedro de Atacama
PARAGUAY
Asunción
Río de Janeiro
São Paulo
DE LOS ANDES
Porto alegre
Cerro Aconcagua (5962 m)
Córdoba
Valparaíso
PAMPAS
Rosario
URUGUAY
Santiago
Buenos Aires
Montevideo
CHILE
ARGENTINA
San Carlos de Bariloche
PATAGONIA
Punta Arenas
Río Grande

2. ¿Qué tiempo hace?

a 🔊 88 Escucha un programa de radio que trata sobre los lugares de la tabla y marca su situación aproximada en el mapa.

lugar	¿QUÉ TIEMPO HACE?
Cumaná	
Potosí	
San Pedro de Atacama	
Río grande	

b Mira el mapa de tu compañero y comprueba que los dos habéis colocado las ciudades en la misma zona. Imaginad que estamos en el mes de agosto, ¿qué clima creéis que hay en esas ciudades en esa época? Escribid vuestras hipótesis en la columna «¿Qué tiempo hace?».

■ *Yo creo que en Cumaná tiene que hacer calor, unos 30 grados más o menos.*
● *Vale, de acuerdo. ¿Tú crees que hace sol?*

c 🔊 89 Sigue escuchando el programa de radio y apunta en esta tabla el tiempo que hace el 22 de agosto en esas ciudades.

d ¿A cuál de esas ciudades prefieres viajar? ¿Por qué? Coméntalo con tu compañero.

■ *Yo prefiero ir a Cumaná porque tiene playa.*
● *Pues yo prefiero San Pedro de Atacama porque…*

lugar	¿QUÉ TIEMPO HACE?
Cumaná	
Potosí	
San Pedro de Atacama	
Río grande	

1. Hablar de acciones que ocurren en el momento del que se habla: *estar* + gerundio

Formación del gerundio
Bail~~ar~~ + -ando > bail**ando**
Com~~er~~ + -iendo > com**iendo**
Sal~~ir~~ + - iendo > sal**iendo**

Combinación con *estar*		
(Yo)	estoy	
(Tú)	estás	
(Usted/él/ella)	está	bail**ando**
(Nosotros/as)	estamos	com**iendo**
(Vosotros/as)	estáis	sal**iendo**
(Ustedes/ellos/ellas)	están	

> En esta foto estamos cortando la tarta.

2. *Estar* + gerundio y la colocación de los pronombres

Delante de *estar*	←	La tarta era enorme. En esta foto <u>la</u> estamos cortando.	→	Más informal
Detrás del gerundio formando una sola palabra	←	La tarta era enorme. En esta foto estamos cortándo<u>la</u>.	→	Más formal

3. Dar instrucciones con imperativo

	Verbos en –ar	Verbos en –er	Verbos en –ir
	Lav**ar**	Com**er**	Escrib**ir**
Tú	lav**a**	com**e**	escrib**e**
Vosotros/as	lav**ad**	com**ed**	escrib**id**

Imperativos irregulares					
	Ir	Venir	Poner	Salir	Hacer	Tener
Tú	Ve	Ven	Pon	Sal	Haz	Ten

La forma **tú** del imperativo normalmente tiene las mismas irregularidades vocálicas que el presente: c**e**rrar > c**ie**rra; c**o**ntar > c**ue**nta; p**e**dir > p**i**de.
La forma **vosotros** siempre es regular.

- <u>**Usa**</u> la lavadora solo cuando está llena.

4. Comparativos

Superioridad	*Luz corre más que Paz*
Igualdad	Mar corre *igual que* Luz *Mar corre lo mismo que Luz*
Inferioridad	*Paz corre menos que Luz*

5. Expresar distintos grados de certeza cuando respondemos a preguntas

¿El clima de Cumaná es tropical?	- Sí, seguro	→ Seguridad
	- No estoy seguro/a. - Creo que... / Sí, parece que sí. - Quizás. / Puede ser. - Es posible. / Es probable.	→ Falta de seguridad.

17 ¡Qué semana!

En esta unidad vamos a aprender a:

▶▶ Intercambiar información sobre los planes, las obligaciones y la realización de actividades previstas

▶▶ Hablar de noticias y reaccionar ante ellas

▶▶ Denunciar un robo en una comisaría de policía

▶▶ Describir objetos personales

1. Tengo una cita

a Observa las imágenes. ¿A qué persona crees que pertenece cada documento? Coméntalo con tu compañero.

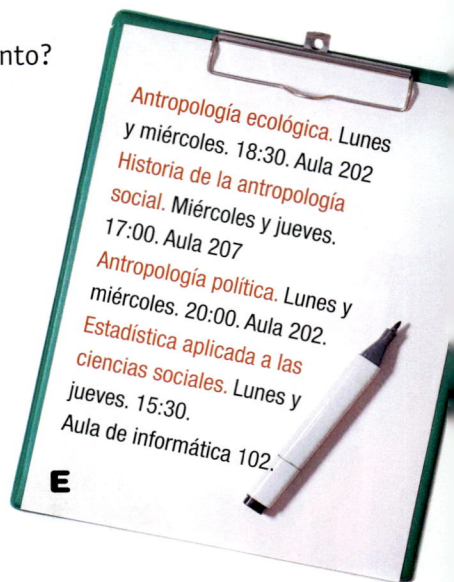

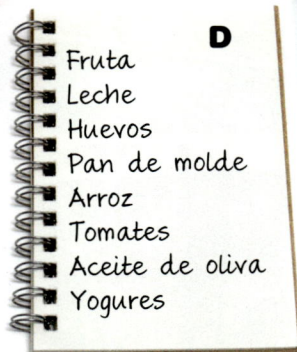

A

Viernes 31 JULIO
Recoger a Gabriela y Lucas
T. 4. 18 4565 Buenos Aires
¡¡A las 6:00 de la mañana!!

¡Ojo! Viernes
¡¡¡preparación del dominical!!!
Entrevistas con Miquel.
¿Reportaje de Sergio?
Cena con Gabriela.
- Reservar entradas para
  Exposición del Prado
- Comprar camisa para boda
- Reservar rest. Copacabana
- Pagar alquiler del piso
- Sacar billetes AVE

Sábado 1 AGOSTO

Museo del Prado

Viaje a Sevilla
Cenamos todos en
casa de Ariane

Domingo 2

Boda de Ariane
en Sevilla

B

Café Restaurante
Central
C/ Príncipe, 21
(metro Ópera)
Tel. 915320032

E

Antropología ecológica. Lunes
y miércoles. 18:30. Aula 202
Historia de la antropología
social. Miércoles y jueves.
17:00. Aula 207
Antropología política. Lunes y
miércoles. 20:00. Aula 202.
Estadística aplicada a las
ciencias sociales. Lunes y
jueves. 15:30.
Aula de informática 102.

C

Martes 30
de octubre 9:00
Entrenamiento

Pocket PC

D

Fruta
Leche
Huevos
Pan de molde
Arroz
Tomates
Aceite de oliva
Yogures

F

Fisioterapeuta
Medicina deportiva
No olvide su próxima cita
Día: 16/09/10
Hora: 10:15
Sala: 3
Le rogamos nos avise si no puede acudir a la
cita. Gracias. Teléfono: 91 500 00 00

1

2

3

■ *Yo creo que la cita con el fisioterapetua es del futbolista.*

● *Sí, es verdad, porque es medicina deportiva.*

b Y tú, ¿qué métodos usas para recordar y organizar las cosas que tienes que hacer? ¿Usas agenda? ¿Las apuntas en papelitos? ¿Dejas notas en la nevera? Coméntalo con tus compañeros.

■ *Yo no uso agendas, pero a veces me pongo notas de aviso en el móvil.*

● *Yo, para el trabajo, sí tengo una agenda, porque tengo muchas reuniones y viajo bastante, pero para mis cosas personales no la uso.*

2. ¿Bolso o bolsillo?

a ¿Qué objetos personales crees que lleva cada persona? Marca con una (P) las cosas de Paloma y con una (I), las cosas de Iñaki.

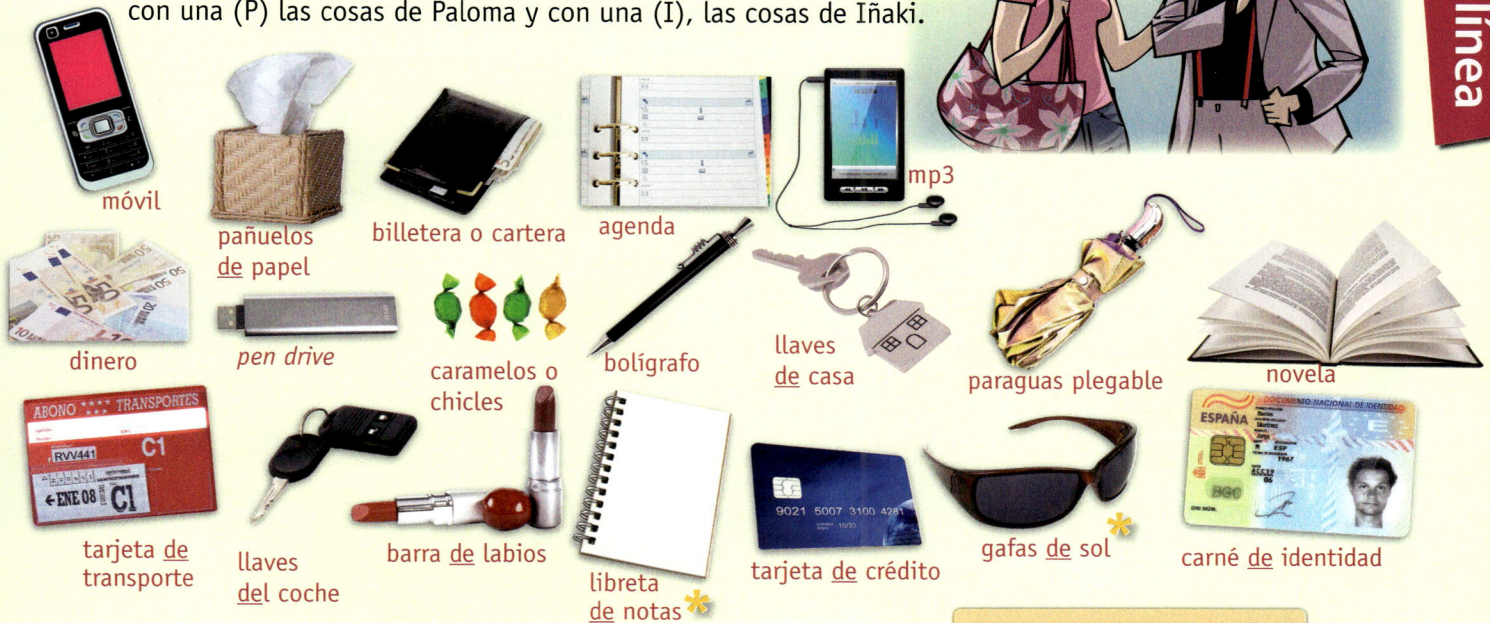

móvil

pañuelos de papel

billetera o cartera

agenda

mp3

dinero

pen drive

caramelos o chicles

bolígrafo

llaves de casa

paraguas plegable

novela

tarjeta de transporte

llaves del coche

barra de labios

libreta de notas *

tarjeta de crédito

gafas de sol *

carné de identidad

b Escucha y comprueba.

c Ahora comenta con tus compañeros qué llevas normalmente en tu bolso o en tus bolsillos. ¿Hay muchas diferencias?

> Observa el uso de la preposición DE para introducir el tipo o la clase de algo.

3. Tengo muchas cosas que hacer

a Tu compañero te propone hacer algunas cosas esta semana, pero tú tienes muchas cosas que hacer y no puedes aceptar sus propuestas. ¡Atención! No olvides dar una buena excusa.

¿Tienes algo que hacer el sábado? **¿Tienes planes para** el sábado?	Tengo muchas cosas que hacer. No tengo nada que hacer. (No)Tengo planes.
¿Tienes tiempo para...? ¿Tienes un minuto para...? ¿Tienes un rato para...?	No, lo siento, **tengo prisa.**

	No, lo siento **tengo...** *
	    una cita, un compromiso, una cena,
	    una fiesta, una reunión, un examen,
	    un viaje, una boda, clase.

	No, lo siento **tengo que...**
	    llevar **a** mi hijo **al** médico.
	    llevar **a** un cliente **al** aeropuerto.
	    acompañar **a** mi madre **al** dentista.
	    ir a buscar **a** mi hermana **a** la estación.
	    ir a buscar **a** los niños **al** colegio.

- ■ *Oye, ¿tienes un rato para tomar un café?*
- ● *¿Ahora? No, no puedo, lo siento, tengo que ir a buscar a mi marido al aeropuerto.*
- ■ *¿Y tienes algo que hacer el sábado por la mañana?*
- ● *El sábado tampoco puedo, tengo clase de piano y luego tengo una cita.*

> Observa la presencia y la ausencia del **artículo un** o **una**:
> *Tengo clase* (= la actividad en general)
> *Tengo una reunión* (= una en particular)

Es viernes y en la Agencia ELE hay mucho trabajo para preparar la edición semanal del domingo. Mario, que está especialmente ocupado, no tiene un buen día. Lee el cómic.

1. ¿Ya o todavía no?

a ¿Qué ha hecho Mario hoy? Con tu compañero, leed otra vez el cómic y completad la siguiente tabla con las acciones de la lista siguiendo los ejemplos que se dan de modelo.

> Reservar las entradas para el museo • Reservar la mesa en el restaurante
> Ir a buscar a sus amigos al aeropuerto • Trabajar con Sergio • Hacer las entrevistas con Miquel
> Poner la denuncia en la comisaría • Comprar los billetes para Sevilla • Pagar el alquiler
> Comprar la camisa para la boda

Ya ha ido a buscar a sus amigos al aeropuerto.

A las 16:30

Todavía no ha comprado los billetes para Sevilla.

b Observa los ejemplos anteriores y completa la siguiente tabla. Compara tu respuesta con la de tu compañero.

ACCIONES PREVISTAS PARA UN MOMENTO O DENTRO DE UN PLAZO

Para indicar que las acciones están realizadas:	Para indicar que las acciones no están realizadas:	Para preguntar si las acciones están realizadas:
Partícula: *Ya*	Partícula:	Partícula: ....
Ejemplo: *Ya he puesto la denuncia.*	Ejemplo:	Ejemplo: ....

c ¿Qué has aprendido ya en español? ¿Qué has estudiado ya? Comenta con tu compañero y escribe tus conclusiones.

- Los nombres de los colores
- Escribir una receta de cocina
- Hablar de los problemas sociales de tu ciudad
- Escribir tu CV
- Información sobre artistas hispanoamericanos
- Responder al teléfono
- Los nombres de los meses del año
- El presente del verbo *ir*
- Hablar de la última película que has visto
- Hablar de los recuerdos de tu infancia

- *Ya hemos estudiado el presente del verbo* ir.
- *Todavía no hemos aprendido a hablar de películas.*

2. ¿Qué planes tienes?

a Es jueves por la noche y Mario está muy cansado, y cuando recuerda lo que tiene que hacer, se equivoca en algunas cosas. Revisa la lista con tu compañero e indica las acciones correctas e incorrectas.

- mañana no tengo que trabajar
- pasado mañana voy a ir a Sevilla
- mañana voy a hacer unas entrevistas con Miquel
- la semana que viene tengo que pagar el alquiler
- dentro de dos días voy a ir al Museo del Prado
- dentro de tres días tengo una boda
- pasado mañana vienen unos amigos argentinos

- Para expresar un plan: **ir a + infinitivo**
- Para expresar una obligación: **tener que + infinitivo**

b Con tu compañero, ordena las siguientes expresiones de tiempo, la más cercana al presente con el número 1 y la más lejana en el futuro con el número 8.

pasado mañana ☐
dentro de un mes ☐
dentro de una semana ☐
el lunes que viene ☐
el mes que viene ☐
mañana ☐
el año que viene ☐
dentro de cinco días ☐

c ¿Tienes planes u obligaciones para los momentos de la lista anterior?
Compáralos con los de tus compañeros.

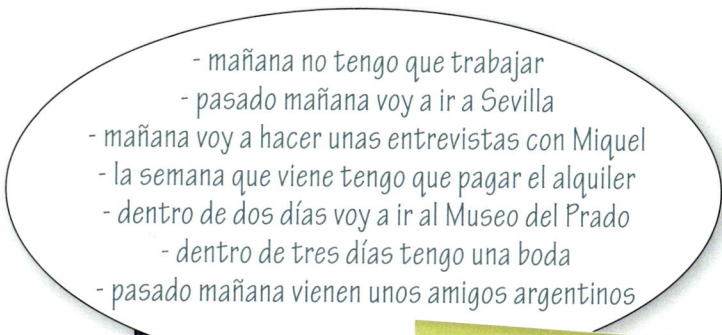

3. Me han robado la cartera

a Escucha la conversación entre Mario y el policía de la comisaría. ¿Cuál de los dos informes corresponde a la denuncia de Mario?

b Escucha otra vez la conversación y completa los siguientes fragmentos con las preguntas del policía.

Mario Hola, buenas tardes. Venía a denunciar un robo, que me han robado la cartera.*
Policía Muy bien, siéntese ahí. [...]
[...]
Policía Bien, ¿......................................?
Mario Creo que ha sido en la calle Preciados, al lado de El Corte Inglés.
[...]
Policía Una cartera tipo bandolera, muy bien. ¿......................................?
Mario Marrón, era una cartera marrón, muy vieja y gastada.
Policía Muy bien. Y el material, ¿......................................?
Mario De piel, de piel fuerte, rígida... ¿se dice de piel o de cuero?
[...]
Policía Un teléfono móvil, ¿......................................?
Mario Es un Nokia sencillo, pero no sé cómo se llama el modelo.

* Observa que se usa la **tercera persona** plural cuando el autor o sujeto de una acción es desconocido:
*Me **han robado** la cartera*

c Imagina que te han robado la cartera o el bolso en la calle. Representa la conversación en la comisaría. Tu compañero va a ser el policía.

Viernes, 31 de julio

El ciudadano brasileño Mario Gonçales denuncia el robo de una cartera. El denunciante declara haberse percatado del robo sobre la una y media de la tarde en la calle Preciados de Madrid. Se trata de una cartera marrón de cuero, vieja y hecha a mano. El denunciante declara llevar unos ochenta euros, su tarjeta de identificación, una tarjeta VISA y un móvil.
DENUNCIA

Viernes, 31 de julio
DENUNCIA

El ciudadano brasileño Mario Gonçales denuncia el robo de una cartera. El denunciante declara haberse percatado del robo sobre las ocho de la tarde, en la Puerta del Sol de Madrid. Se trata de una cartera negra bandolera de diseño. El denunciante declara llevar una billetera con doscientos euros, su pasaporte, una tarjeta VISA y una foto de su novia.

Describir objetos

¿**De** qué marca es?
¿**De** qué color es?
¿**De** qué (material) es?

Es **de** plástico
Es **de** piel
Es **de** tela
Es **de** cristal
Es **de** papel
Es **de** madera
Es **de** metal

4. Titulares

a En la Agencia ELE están trabajando en las noticias de la semana para su edición dominical. Estos son los titulares. Lee otra vez el cómic y señala quién está trabajando en cada noticia.

1. **La crisis financiera mundial <u>marca</u> la Cumbre Iberoamericana de principio a fin**

2. **<u>Muere</u> el cantante Michael Jackson**

3. **La operación salida de agosto <u>se inicia</u> con 4,6 millones de desplazamientos**

4. **Las altas temperaturas <u>mantienen</u> aún en alerta a nueve provincias**

5. **Los incendios <u>queman</u> un 80% más de superficie que en 2008**

6. **España <u>está</u> en la final de la Copa Davis**

b Lee los siguientes subtítulos de las noticias anteriores. ¿Qué información corresponde a cada titular?

a	El artista, de 50 años, sufrió una parada cardiorrespiratoria en su casa de Los Ángeles. ☐
b	Santa Cruz de Tenerife y Las Palmas van a superar los 38 grados. ☐
c	El Gobierno prepara ayudas para los afectados. ☐
d	El equipo español elimina a Israel y va a jugar la final de la Copa Davis ante la República Checa. ☐
e	La cumbre se cierra con la voluntad de involucrar a la juventud en el desarrollo. ☐
f	Más de 9300 guardias civiles van a vigilar las carreteras durante todo el mes. ☐

c Observa otra vez los titulares de arriba: ¿en qué tiempo está el verbo subrayado de cada uno? ¿Se puede sustituir por otra forma equivalente? Piensa con tu compañero y elegid la opción más adecuada para cada titular.

1. marca	2. muere	3. se inicia	4. mantienen	5. queman	6. está
ha marcado	ha muerto	se ha iniciado	han mantenido	han quemado	ha estado
está marcando	está muriendo	se está iniciando	mantienen	están quemando	está
va a marcar	va a morir	se va a iniciar	van a mantener	van a quemar	va a estar

d Piensa en la gente española que lee las noticias de arriba. ¿Cuáles crees que son las noticias más importantes para la gente? ¿Por qué? Comenta con tu compañero.

> **Los titulares de periódico**
> Muchas veces el verbo del titular está en presente pero se refiere a hechos pasados o futuros.

e Ahora escucha las entrevistas que ha hecho Mario y señala cuáles son las **dos noticias** más importantes para la gente. ¿Coincide con tus predicciones?

92

✎ .... ✎ ....

f Decidid entre todos cuáles son las dos noticias más importantes de esta semana en vuestra ciudad. Luego, con un compañero escribe el titular y el subtitular para cada una. Presentadlos en clase y comparad con las propuestas de los otros grupos.

5. Acción y reacción

a ¿Cómo reaccionan los personajes de Agencia ELE ante estos hechos? Mira el cómic de nuevo y relaciona.

Mario tiene que levantarse a las cuatro de la mañana.

Han llegado unos amigos de Mario de Argentina.

Mario tiene demasiadas cosas que hacer: trabajar, organizar la visita de sus amigos, comprar billetes de tren, etc.

Mario ha tenido que esperar más de dos horas en la comisaría.

A Mario le han robado la cartera y no tiene móvil, tarjetas, pasaporte...

¡Qué rollo!
¡Qué problema!
¡Qué estrés!
¡Qué horror!
¡Qué bien!

b ¿Buenas o malas noticias? Clasifica las formas de reaccionar en la tabla.

c ¿En qué parte de la tabla colocas las siguientes expresiones que también sirven para reaccionar?

¡Qué interesante!   **¡Qué divertido!**   **¡Qué suerte!**

¡Qué rollo!

d ¿Cómo reaccionas tú si alguien te cuenta las siguientes cosas? Compara con tu compañero.

Yo esta semana he trabajado todos los días hasta las 10 de la noche.

Yo la semana que viene tengo que ir al dentista.

Tengo un virus en mi ordenador y no puedo abrir mis archivos.

La próxima semana empiezo un trabajo nuevo.

Mañana voy a un concierto de Madonna.

La semana pasada tuve tres fiestas, dos citas amorosas y una visita de mis padres.

6. Las noticias de la clase

a ¿Qué has hecho en los últimos días? ¿Has hecho o te ha pasado algo importante relacionado con tu familia, tus amigos, tu trabajo, tus estudios, etc.? ¿Qué planes tienes para las próximas semanas? ¿Alguna cosa interesante? Escribe aquí tus listas de noticias y planes.

En los últimos días...

He jugado dos partidos de fútbol y...
He tenido gripe...
He gastado mucho dinero porque...

En los próximos días...

Voy a hacer un viaje a...
Tengo que organizar la fiesta de cumpleaños de mi hija y...

b En grupos de tres o cuatro compañeros comentad los hechos que habéis escrito en vuestras listas, ¿hay alguna coincidencia?

■ *Para mí una noticia importante es que la semana que viene es el cumpleaños de mi hija y vamos a hacer una fiesta en casa.*
● *¡Qué bien! ¿Y va a ser una fiesta muy grande?*
■ *Vamos a invitar a unos 12 niños.*
◄ *¡Qué horror! ¿Y qué vais a hacer con ellos?*
■ *Voy a vestirme de Mickey Mouse y voy a hacer magia...*
● *¡Qué divertido!*

c Elegid las noticias más interesantes que habéis comentado y escribid en una hoja una portada de periódico con ellas. Luego pasad el periódico a los compañeros de otros grupos. ¿Cómo reaccionan al leer vuestras noticias?

NANCY, CAMPEONA DE LA LIGA
2 partidos, 2 victorias

LA GRIPE ATACA A MAHMOUD
40º grados de fiebre y dos cajas de pañuelos de papel

FIESTA DE CUMPLEAÑOS EN CASA DE JAMES
12 niños y un Mickey Mouse

SEMANA BLANCA 2013

ALADA SENDERISMO

TRAVESÍA ESQUÍ

Semana Santa 2012
FUENTES DE ANDALUCÍA

Parque de las Ciencias

semana dela ciencia 2012
COMPRENDER Y MEJORAR EL MUNDO
del 9 al 22 de noviembre

Semana Negra
Gijón 6 al 15 de Julio 2012

Semana **fantástica**

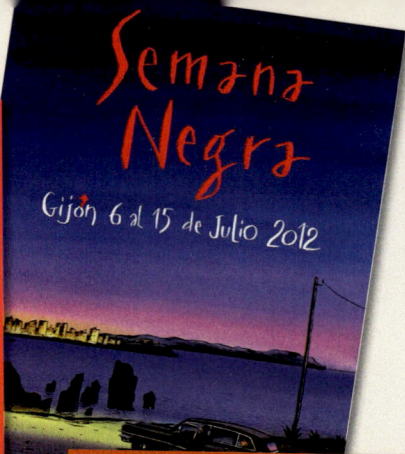

1. Semanas especiales

a Fíjate en las imágenes. ¿En qué crees que consisten estas semanas especiales? Coméntalo con tu compañero.

b Lee los textos y relaciónalos con las imágenes anteriores. ¿Qué semana especial explica cada uno?

La Semana _____ nació en 1988 con la idea de ser un festival de nuevo tipo, una mezcla de elementos literarios con elementos lúdicos, una gran fiesta de la cultura en la calle.
Inicialmente se centró en la literatura policíaca, pero después incorporó otros elementos festivos que en Asturias son tradicionales de las celebraciones político-culturales como actos solidarios, conciertos, una feria del libro, terrazas de bares, mercadillos interétnicos y oferta gastronómica.

La Semana _____ es el mayor evento de comunicación social de la ciencia y la tecnología que se celebra en España.
El Ministerio de Ciencia e Innovación apoya y coordina las actividades que se organizan en todo el territorio español. Museos, universidades, centros de investigación, parques tecnológicos o empresas organizan exposiciones, cursos, visitas, talleres, mesas redondas, excursiones o conferencias, acercando al público en general su quehacer diario, lo más llamativo y lo más desconocido.

La Semana _____ es una semana no lectiva que se celebra en algunas provincias de la Comunidad Autónoma de Andalucía para igualar la cantidad de días festivos de todas las provincias y compensar que la semana de feria se celebra en el mes de agosto, un mes no lectivo (como en el caso de Málaga y la Feria de Agosto, por ejemplo). Esta semana coincide con la última semana de febrero y a veces la primera de marzo, siempre coincidiendo con el día de Andalucía (28 de febrero).

En los grandes almacenes más importantes de España ya están de otoño. Para iniciar la temporada con unos días de precios reducidos, se estrena la semana _____ que dura hasta el 27 de septiembre. En esta semana vas a encontrar descuentos en toda la ropa de esta nueva temporada, en marcas nacionales e internacionales, donde sobresalen los diseños personales muy a la moda…

En el calendario cristiano, la Semana _____ es la conmemoración anual de la pasión, muerte y resurrección de Jesús de Nazaret.
Da comienzo el Domingo de Ramos y finaliza el Sábado Santo. Durante esta semana tienen lugar numerosas muestras de religiosidad popular a lo largo de todo el mundo, destacando las procesiones y las representaciones de la Pasión. La fecha es variable, y depende de la primera luna llena de la primavera.

c ¿Existen estas semanas especiales en tu país? ¿Hay otras diferentes? ¿Qué se celebra? Coméntalo con tus compañeros.

- *Nosotros también tenemos la semana blanca, pero es diferente, porque es para ir a esquiar.*
- *Pues en Múnich celebramos el festival de Oktoberfest, pero dura más de una semana. Desde la última semana de septiembre hasta la primera semana de octubre.*

2. El dominical

a Lee el siguiente texto sobre la revista española *El País Semanal* y escribe el nombre de las personas de las fotos en el lugar que corresponda. ¿Qué tienen todas ellas en común?

Un homenaje a
EL PAÍS SEMANAL
Sergio C. Fanjul

Esto es un homenaje a *El País Semanal*. Un homenaje de 24 amigos. _____, una de las grandes actrices españolas, ganadora de un Goya y del Premio Nacional de Interpretación; _____, con 20 años de carrera a sus espaldas y 21 millones de discos vendidos; _____, una de las voces más personales de la literatura española; _____, la reina de las mañanas radiofónicas del fin de semana; _____, que lleva camino de convertirse en uno de los mejores ciclistas de todos los tiempos. Así hasta 24 protagonistas del mundo de la cultura, el deporte, la cocina, la moda o la comunicación.

Todos ellos participan en los nuevos spots televisivos de *El País Semanal*, realizados por Nieves Dicenta y Juan Santiago Valero, de Sogecable. Comparten con nosotros una mirada solidaria y comprometida. El afán de conocimiento, el espíritu aventurero, la mentalidad creativa. Desde sus respectivos mundos se asoman a esta otra ventana al mundo que es *El País Semanal*. Y lo hacen por el valor de la amistad.

EL PAÍS SEMANAL
Nº 1.719
Domingo 6 de septiembre de 2009

Maribel Verdú
Actriz

Álvaro Pombo
Escritor

Alejandro Sanz
Cantante

Alberto Contador
Deportista

Montserrat Domínguez
Periodista

b Escucha a algunas de las personas que participan en este homenaje y hablan de qué es para ellos *El País Semanal*. Marca cuáles de las siguientes ideas destaca cada persona.

* Reportajes
* Compañero imprescindible del fin de semana
* Cultura

* Desayuno tranquilo
* Entrevistas
* Un buen domingo
* Lectura para toda la semana

* Información
* Entretenimiento
* Personajes de actualidad

c Y en tu país, ¿cómo son las ediciones de los periódicos los domingos? ¿Traen algún suplemento? ¿De qué tipo? Coméntalo con tus compañeros.

■ *En mi país, los domingos no hay suplemento con el periódico. Pero, como es España, es normal salir pronto a comprar el periódico y leerlo tranquilamente con el desayuno, en casa o en un café.*

1. Planes y obligaciones

Preguntar a alguien sobre sus planes, normalmente con la idea de proponer un encuentro

> *¿**Tienes algo que hacer** el sábado?*
> *¿**Tienes planes para** el sábado?*
> *¿**Qué vas a hacer** el sábado por la tarde?*

Preguntar a alguien sobre la disponibilidad de tiempo para hacer algo

> *¿Tienes tiempo para tomar un café?*
> *¿Tienes un rato para hablar de una cosa?*
> *¿Tienes un minuto?*
> *¿Tienes prisa?*

Dar información sobre los planes u obligaciones que uno tiene:

1. Expresar que una acción es un plan: ir a + infinitivo

> *El sábado por la tarde **voy a ir** de compras con mi madre.*
> *El fin de semana que viene **voy a ir** a Sevilla.*
> *El sábado **voy a limpiar** toda la casa.*
> *El sábado **vamos a ir** a ver a mis padres.*

2. Para expresar una obligación: tener que + infinitivo

> ***Tengo** muchas cosas **que hacer**.*
> ***No tengo** nada **que hacer**.*
> ***Tengo que llevar** a un cliente al aeropuerto.*
> ***Tengo que acompañar** a mi madre al dentista.*

2. Ya y *Todavía no*

Para dar o pedir información sobre la **realización de acciones** que están **previstas para un momento** o **dentro de un plazo**:

1. Para **preguntar** si las acciones están realizadas: partícula *Ya*

> *¿Has puesto ya la denuncia?*
> *¿Ya has terminado?*
> *¿Habéis comprado ya las entradas?*

> El tiempo del pasado más usado para esta situación es el PRETÉRITO PERFECTO.

2. Para indicar que las acciones **están realizadas**: partícula *Ya*

> *Sí, ya la he puesto.*
> *Ya hemos terminado las entrevistas.*
> *He ido ya al aeropuerto.*

> Las partículas pueden estar **antes o después del verbo.** Pero nunca entre el auxiliar y el participio:
>
> ~~*Hemos ya terminado*~~

3. Para indicar que las acciones **no están realizadas**: partícula *Todavía no*.

> *Todavía no he llamado al banco para cancelar las tarjetas.*
> *No he comprado todavía los billetes para Sevilla.*

3. Descripción de objetos: la preposición *de*

Para preguntar o informar sobre el tipo o la clase de algo.

> ■ *¿De qué tipo es la tarjeta?*
> ● *Es una tarjeta de crédito.*
>
> *Son unas gafas de sol.*

Para preguntar o informar sobre el material, el color o la marca de algo:

> *¿De qué marca es?*
> *¿De qué color es?*
> *¿De qué (material) es?*
> *Es de plástico / piel / tela / cristal / papel / madera / metal...*

4. Usos del presente

En titulares de noticias: el verbo que está en presente puede referirse a hechos o situaciones pasadas o futuras:

> *Muere el Rey del Pop.* = *Ha muerto el Rey del Pop.*
> *España está en la final.* = *España va a estar en la final.*

18 Maneras de vivir

En esta unidad vamos a aprender a:

▶▶ Intercambiar información sobre diferentes estilos de vida y compararlos

▶▶ Expresar deseos sobre el lugar de residencia y la vivienda

▶▶ Pedir permiso y favores

▶▶ Seleccionar información sobre alojamientos y hacer una reserva

1. Mi casa

a Con tu compañero, relaciona los rótulos con las imágenes. ¿Qué tipo de vivienda te gusta para vivir? ¿Qué tipo de vivienda es habitual en tu zona?

Chalés adosados

Chalé   **Bloque de pisos o apartamentos**   **Casa**

Una ciudad   **El campo**   **Una urbanización**   **Un pueblo**

- *A mí me gustan las casas de la foto C. Son chalés adosados, ¿no?*
- *Sí, creo que sí y están en una urbanización. En mi ciudad hay muchas urbanizaciones así.*
- *Pues en mi ciudad hay muchos bloques de pisos.*

Pueblo muy pequeño = aldea

b Y tú, ¿dónde vives? ¿Tienes muchos vecinos? ¿Qué relación tienes con ellos? ¿Hablas frecuentemente con ellos?

- *Yo vivo en un piso, en el centro de la ciudad. Tengo muchos vecinos, pero solo conozco a dos o tres.*
- *Yo también vivo en un piso, pero también tengo una casa en un pueblo y allí sí conozco a todos mis vecinos y hacemos muchas cosas juntos...*

2. Cada cosa en su lugar

a Observa las imágenes y comenta con tus compañeros qué cosas y animales pertenecen a cada lugar.

ROCAS · RAMO DE FLORES · SETAS · PÁJARO · CABRA · MOSCAS · OSO · ROSAS · MARGARITAS · GALLINAS · LEÑA · OVEJAS · PINO · HOJAS

Granja

Casa con jardín

Bosque

Montaña

b ¿Y estos animales? ¿En qué lugares podemos encontrarlos? Comenta con tu compañero.

pez · serpiente · conejo · araña · perro · ciervo

c ¿Te gustan los animales? ¿Tienes o has tenido alguna vez animales en casa? Comenta con tus compañeros.

■ *A mí me gustan mucho los animales. En mi casa siempre hemos tenido perros y otros animales.*

● *¿Sí? Yo nunca he tenido animales en casa...*

La ecoaldea: una aventura rural

a Miquel y Rocío han hecho un reportaje sobre las ecoaldeas y las personas que deciden repoblar antiguos pueblos abandonados.

b Selecciona el título más adecuado para el reportaje de Rocío y Miquel.

Las ecoaldeas, una nueva forma de turismo rural, barata y llena de aventuras.

Ecoaldeas, ¿es posible sobrevivir en ellas?

Un pueblo del pasado, una ecoaldea del futuro: naturaleza y vida en comunidad.

1. ¿Mejor o peor?

a Lee estas frases sobre los vecinos de las ecoaldeas y señala si son verdaderas o falsas. Después, escucha de nuevo el reportaje y comprueba tus respuestas.

	V	F
1. Cuando llegaron, en el pueblo no vivía nadie.		
2. Trajeron todas las cosas desde las ciudades y no tuvieron que hacer nada.		
3. Querían vivir en comunidad, cerca de la naturaleza.		
4. Ahora hacen menos cosas juntos y no son tan idealistas como antes.		
5. Antes había tantos vecinos extranjeros y niños como ahora.		

b Observa el esquema y completa los ejemplos con frases del cómic y de 1 a.

c Con tu compañero, completa las frases de Sergio sobre la vida en el campo y en la ciudad.

trabajo, árboles, tráfico, dinero, animales, prisa, tiendas, contaminación...

COMPARATIVOS DE IGUALDAD

X... verbo + *tanto* + *como*... Y
*Sergio trabaja **tanto** en el campo como en la ciudad.*

X... *tan* + adverbio/adjetivo + *como*... Y
*En el campo se vive **tan bien** como en la ciudad.*
*Ahora no son **tan** .... como ....*

X... *tanto/tanta/tantos/tantas* + sustantivo + *como*... Y
- Hoy no hace **tanto calor** como ayer.
- ¡Has cortado ....!
- No tengo **tantos vecinos** como en la ciudad.
- Ya no hacemos ....

En el campo...
No hay tanto...........................
El .... es más duro.
Hay menos ....
No tienen tanta ....

En la ciudad...
No hay tantos ....
El .... es más importante.
Hay más ....
Hay menos ....

d Y tú, ¿qué piensas? ¿Es la vida en el campo mejor que en la ciudad? Comenta con tus compañeros.

Piensa en...
la comida, la salud, la educación, las relaciones con los vecinos, las comunicaciones, etc.

más bueno/buena = mejor
más malo/mala = peor
más buenos/buenas = mejores
más malos/malas = peores

■ *Yo creo que las relaciones con los vecinos son mejores en los pueblos que en las ciudades.*
● *No sé, yo creo que en los sitios pequeños hay más problemas y las relaciones son más difíciles.*

2. ¿Te puedo pedir un favor?

a Observa los dibujos y, con tu compañero, completa los diálogos para pedir objetos y favores.

a ....
b Enseguida enciendo el fuego.

a ....
b Sí, no hay problema, toma las llaves; pero no tiene mucha gasolina, ¿eh?

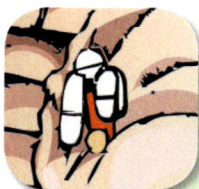

a ....
b Sí, claro, toma.

a ....
b Lo siento, es que se me rompió el otro día, pero si quieres te dejo un impermeable...

94 b Escucha a Sergio pedir estos favores en la ecoaldea. ¿Ha utilizado los mismos recursos que vosotros? ¿Encuentras muchas diferencias?

Pedir objetos y favores

- ¿Te puedo pedir un favor?
- ¿Tienes...?
- ¿Puedes darme...? / ¿Me das...?
- ¿Puedes dejarme...? / ¿Me dejas...?

3. Permiso concedido

a Relaciona las preguntas y las respuestas.

PEDIR PERMISO
1. Hace mucho calor aquí, ¿no? ¿Puedo poner el aire?
2. Perdone, ¿puedo abrir la ventana?
3. Oiga, ¿se puede fumar aquí?
4. ¿Podemos pasar?
5. Perdone, ¿podemos sentarnos aquí?
6. Perdone, por favor, ¿puedo usar su teléfono?

DAR/NO DAR PERMISO
a. No, no, está prohibido.
b. Por supuesto, siéntense.
c. Adelante, pasad.
d. Sí, ponlo, ponlo.
e. No, lo siento, es que no funciona.
f. Sí, claro, ábrala.

b Observa las respuestas e identifica (1) en qué casos se concede el permiso, (2) qué forma del verbo se utiliza y (3) en qué <u>dos</u> casos aparecen las formas de usted o ustedes. Compara con tu compañero.

Utilizamos el **imperativo** para conceder permiso.

c Mira los siguientes ejemplos de imperativos con pronombres y decide cuál es la regla para la posición de los pronombres.

- ¿Puedo guardar ya <u>los libros</u>?
- Sí, guárde<u>los</u>.

- ¿Se puede beber <u>el agua del grifo</u>?
- Sí, bében<u>la</u>, es buena.

- ¿Puedo usar <u>su ordenador</u>?
- Sí, úse<u>lo</u>.

- ¿Podemos hacer <u>las camas</u>?
- Sí, hágan<u>las</u>.

☐ Los pronombres se colocan delante del imperativo y forman una sola palabra.

☐ Los pronombres se colocan detrás del imperativo y forman una sola palabra.

☐ Los pronombres se colocan detrás del imperativo y como una palabra independiente.

d Observa los ejemplos anteriores y completa el esquema con las formas del imperativo para usted y ustedes.

IMPERATIVO			
	verbos en **-ar** **us**a**r**	verbos en **-er** **beb**e**r**	verbos en **-ir** **abr**i**r**
Usted	us_	be**ba**	abr__
Ustedes	us**en**	beb__	abr**an**

Algunos imperativos irregulares		
	Usted	Ustedes
Ir	Vaya	Vayan
Venir	Venga	Vengan
Tener	Tenga	Tengan
Salir	Salga	Salgan
Hacer	Haga	Hagan

e Lee las siguientes frases y pide permiso a tu compañero. Él debe contestar con imperativos.

- Tienes frío.

- La música está muy alta y te molesta.

- Quieres ver la televisión.

- Tu teléfono no funciona.

- *¿Puedo bajar un poco la música?*
- *Sí, claro, bájala.*

4. Alojamientos para todos los gustos

a La familia Silvestre Palomo quiere pasar una semana de vacaciones en el campo. Lee lo que piensa cada uno y decide, con tu compañero, qué alojamiento es el mejor para ellos.

Me gustaría tener tele en la habitación.

Me gustaría pasear por el bosque y no tener que cocinar.

Me gustaría subir a una montaña.

Quiero bañarme.

Nos gustaría tener jardín y estar cerca del pueblo.

Quiero jugar en un parque.

- *Yo creo que el mejor alojamiento para ellos es la casa rural El Rincón, porque tiene jardín y columpios.*
- *Sí, pero tienes que cocinar y no sé si tienen TV en las habitaciones.*

Expresar deseos:

me
te
le
nos   gustaría + infinitivo
os
les

b Escucha y responde. ¿Qué alojamiento han elegido?

c ¿En cuál de estos alojamientos te gustaría pasar las vacaciones con tu familia? ¿Y con tus amigos? Coméntalo con tu compañero.

CASA RURAL LA CASONA
Casa de piedra en plena naturaleza.
Alojamiento para doce personas.
Salón social y servicios compartidos.

CASA RURAL EL RINCÓN
Propietario; Juan Muñoz
Plazas: 7-10 personas.
Servicios: garaje, jardín, terraza, columpios, barbacoa.

HOSTAL RESIDENCIA PAZ
Para disfrutar de la montaña.
6 habitaciones confortables.
Comidas caseras.
Jardín con piscina.

HOTEL EL CID
Un lugar de leyenda.
24 confotables habitaciones y una suite con *jacuzzi*.
Totalmente equipadas.
Salón social.
Restaurante selecto.

HOSTAL RESTAURANTE PIRINEOS
12 habitaciones con baño y *TV*.
Comidas caseras.
En el centro del pueblo.

5. Quería hacer una reserva

a La familia Silvestre reserva el alojamiento por teléfono. Escucha y marca las opciones correctas.

Reservan...
❏ tres habitaciones dobles y una individual.
❏ dos habitaciones triples y una individual.
❏ dos habitaciones dobles y una triple.

Eligen...
❏ alojamiento y desayuno.
❏ media pensión.
❏ pensión completa.

La habitación doble cuesta...
❏ 70 euros.
❏ 80 euros.
❏ 95 euros.

Tienen que confirmar la reserva...
❏ una semana antes.
❏ un mes antes.
❏ dos semanas antes.

Las habitaciones...
❏ no tienen baño.
❏ tienen baño y TV.
❏ no tienen TV.

El pueblo está...
❏ a diez minutos a pie.
❏ a dos minutos en coche.
❏ a doce minutos andando.

b ¿Quieres hacer la reserva para el alojamiento que has seleccionado en la actividad 4? Prepara la conversación (con qué personas, cuántos días, en qué fechas) y después practica con tu compañero, que debe ser el recepcionista.

6. El mejor lugar para...

a ¿Conoces estos lugares? ¿Te gustaría conocerlos?

Habitaciones y fechas:
Quería reservar una habitación doble para el 1 de noviembre.
Personas:
Régimen: alojamiento y desayuno, media pensión, pensión completa.
Precio:
Servicios:

b En grupos, tenéis que pensar a qué lugar os gustaría ir para...

Hacer turismo • Trabajar un año • Pasar las vacaciones de verano
Conocer otras formas de vida • Ver animales • Estudiar español

c Tenéis que explicar vuestras propuestas a los otros grupos y justificarlas. Después, escuchad las propuestas de los otros grupos y elegid los lugares que os parecen más interesantes para cada actividad.

1. ¿Alternativa a la ciudad?

a Observa el mapa de la población española y el gráfico y comenta con tu compañero. ¿Cuáles son las zonas más habitadas? ¿Y las menos? ¿Cómo ha evolucionado la población española en los últimos 50 años?

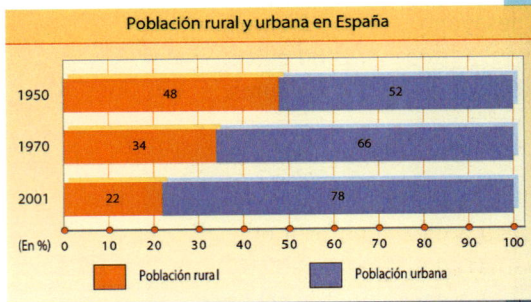

Población rural y urbana en España

(En %)	Población rural	Población urbana
1950	48	52
1970	34	66
2001	22	78

b Lee las siguientes noticias y relaciónalas con los titulares de la derecha.

Un grupo de alumnos de primero de Bachillerato del Instituto de Enseñanza Secundaria 'Parque de Monfragüe', de Plasencia, ha participado durante seis días en los talleres organizados para recuperar el pueblo de Búbal, gracias al Programa de Recuperación y Utilización Educativa de Pueblos Abandonados que el Ministerio de Educación y Ciencia (MEC) desarrolla desde hace 25 años.

Jóvenes estudiantes recuperan un pueblo abandonado.

Se buscan jóvenes para repoblar 125 pueblos en peligro de extinción.

Un pueblo de Soria premia a los nuevos vecinos con un viaje.

El programa Savia Rural necesita a jóvenes o a familias con hijos que estén dispuestas a renunciar a la vida urbana, «para integrarse en los pueblos del interior más despoblados y propiciar su desarrollo», dicen desde la coordinadora del proyecto. En esta iniciativa van a participar 125 pueblos de la Comunidad Valenciana que están despoblándose.

El Ayuntamiento de Fuentes de Magaña, un pequeño pueblo de la zona más despoblada de la provincia de Soria, sortea un viaje entre las personas que decidan vivir definitivamente en el pueblo, que tiene ahora 75 habitantes.

c ¿Qué te parecen estas medidas? ¿Sucede lo mismo en tu país? ¿Es un problema el abandono de los pueblos? ¿Por qué?

- *En mi país también hay campamentos de verano juveniles para conocer las costumbres y la vida de los pueblos.*
- *En mi país también, pero no hay programas como Savia Rural…*

2. Buenos vecinos

a Observa esta página *web* del Ayuntamiento de Barcelona. ¿Crees que es útil y necesaria? ¿Existe algo parecido en tu ciudad? Comenta con tus compañeros.

| Inicio | agenda | enlaces | contacta |

Barcelona es una ciudad mediterránea densa, activa, con un uso intensivo del espacio público.

Queremos mantener este carácter mediterráneo y conservar un espacio público acogedor, amable y agradable para todo el mundo, respetando los derechos de los demás.

Hay que romper con la idea individualista de «soy libre, hago lo que quiero» e incorporar una lógica más comunitaria de «comparto un espacio que es de todos y lo respeto».

Pregunta:

¿A quién le corresponde barrer la acera?

Respuesta:

Los servicios municipales hacen la limpieza de las calles y aceras. Sin embargo, si recuperamos la costumbre de barrer delante del portal y consideramos que mantener limpio este espacio también es responsabilidad de los vecinos, seguro que mejoramos, con nota, el aspecto de la ciudad.

También podéis consultar otras preguntas:

✦ ¿Hay un horario para regar las plantas del balcón?
✦ ¿Qué puedo hacer con unos libros viejos que me da pena tirar?
✦ ¿Puedo ir con mi perro a las playas de Barcelona?
✦ ¿Puedo subir mi bicicleta a los transportes públicos de la ciudad?
✦ ¿Puedo estacionar mi coche en doble fila?

b Con tu compañero, trata de imaginar las respuestas a las consultas que se plantean en la página.

c Además de la página, el Ayuntamiento tiene un servicio de consulta telefónica.
Escucha las consultas y toma notas en la tabla. Después, contrasta tus notas con las de tu compañero.

CONSULTAS	RESPUESTAS

d ¿Son las respuestas que esperabas? ¿Son diferentes las normas de convivencia en tu país?
Comenta las diferencias con tus compañeros.

1. Comparativos de igualdad

COMPARATIVOS DE IGUALDAD	
X... verbo + *tanto* + **como**... Y	*Los niños en la ciudad no juegan **tanto como** en el campo.*
X... *tan* + adverbio/adjetivo + **como**... Y	*En el campo se vive **tan bien como** en la ciudad.* *Mi casa no es **tan grande como** la tuya.*
X... *tanto/tanta/tantos/tantas* + sustantivo + **como**... Y	*María tiene **tanto dinero como** Luis.* *No tengo **tantos vecinos como** en la ciudad.* *Leo **tantas revistas como** libros.* *En el salón hay **tanta luz como** en la cocina.*

2. Pedir objetos y favores

- *¡Cómo pesa!*
- *¿Te ayudo?*

- *Me voy a la biblioteca...*
- *Oye, ¿**te puedo pedir un favor**? Es que tengo que devolver este libro y llego tarde a clase...*

- *Papá, ¿**tienes** un bolígrafo?*
- *Sí, toma.*

- *¡Qué bonito! ¿Me lo **das**?*
- *No, te lo **dejo**.*

3. Permiso

⇨ **Pedir permiso**

¿Se puede + INFINITIVO? →	- *¿Se puede fumar?*
	- *No, aquí está prohibido, pero puede ir a la terraza.* ← **No dar permiso**
¿Puedo + INFINITIVO? →	- *¿Puedo salir un momento?*
	- *Sí, claro, salga, salga.* ← **Dar permiso** (Imperativo)

4. Imperativo: formas usted/ustedes

	verbos en –ar **Lavar**	verbos en –er **Comer**	verbos en –ir **Escribir**
Usted	lav**e**	com**a**	escrib**a**
Ustedes	lav**en**	com**an**	escrib**an**

Imperativos irregulares

Ir	Venir	Poner	Salir	Hacer	Tener
vaya	venga	ponga	salga	haga	tenga
vayan	vengan	pongan	salgan	hagan	tengan

5. Expresar deseos: me gustaría...

⇨ **Pronombre + gustaría + INFINITIVO**

me	te	le	nos	os	les

- *¿No **te gustaría** vivir en el campo?*
- *¿En el campo? No, no, **me gustaría** vivir en una gran ciudad.*

Transcripciones

UNIDAD 1

Primera línea

1. ¿Es español?
c
1. playa
2. mujer
3. teléfono
4. guitarra
5. queso
6. champú
7. estación
8. zapato
9. niño
10. hotel

2. Del 10 al 0
b

Atención, preparados, empieza la cuenta atrás: diez, nueve, ocho, siete, seis, cinco, cuatro, tres, dos, uno ¡¡cero!!

3. Los sonidos del español: las vocales
a

A E I O U

b
1. niño
2. zapato
3. casa
4. mamá
5. vino
6. murciélago
7. playa
8. estación
9. tabaco
10. relación

4. Los sonidos del español: las consonantes
a

ca	que	qui	co	cu
za	ce	ci	zo	zu
ga	gue	gui	go	gu
ja	ge (je)	gi (ji)	jo	ju

b

Conversación 1
• 'Hotel'
○ No, no, la 'hache' no suena; 'hotel', 'hola'…
• Ah, sí, 'hotel', 'hola'…

Conversación 2
• ¿Ves?, 'ce' y 'hache' siempre se pronuncia 'ch'.
○ ¡Ah! Claro, como en 'champú'…
• Sí, sí, pero no solo al principio…
○ Claro, como en 'ocho'.

Conversación 3
• ¿La 'eñe' solo existe en español?
○ Bueno, el sonido existe en muchas lenguas, pero la letra, así, no sé, creo que no.

Conversación 4
• Me gusta mucho la 'paela'…
○ No, no, se dice, 'paella', como 'Sevilla', 'playa'…

Conversación 5
○ La 'r', ¿siempre suena fuerte 'erre'?
• No, también suave, como en 'Perú'.

Conversación 6
- En mi país, decimos 'ese' pero en España dicen 'ce'.
- ¿También al final de palabra?
- Sí, sí…

Agencia ELE
¿Qué significa «vacaciones»?
Bara: ¿Cómo se dice *beautiful* en español?
Paloma: Bonito.
Bara: ¿Cómo se escribe? ¿Con B o V?
Paloma: Con B.
Paloma: Perdona, ¿qué hora es?
Chico: *Je ne comprends pas,* eeeeh, no entiendo, no *espagnol,* no hablo español.

Camarero: Flan, pudin, helado de fresa, de chocolate, de vainilla, tarta helada, tarta de Santiago, fruta…
Paloma: Más despacio, por favor.
Camarero: Fruta: naranja, melón, plátano, manzana…

Bara: ¿Qué significa «cerrado»?
Paloma: *Closed.*

Empleado: ¿Nombre?
Paloma: Bara Anderson.
Empleado: ¿Cómo se escribe?
Paloma: Be, a, erre, a: Bara. An – der – son, como suena.
Empleado: ¿Sin hache?
Paloma: Sí, sí, sin hache.

Doctora: Alergine Complex tres veces al día, cada ocho horas…
Paloma: Perdone, ¿puede repetir?
Doctora: Sí, claro, Alergine Complex tres veces al día, cada ocho horas.

Entre líneas
1. En clase, en español
b
Diálogo 1
■ ¿Cómo se dice en español *beach*?
● Silencio, por favor. Perdón, ¿puede repetir?
■ ¿Cómo se dice en español *beach*?

Diálogo 2
■ Primero, vamos a hacer el ejercicio de la página 9…
● Perdón, no entiendo, ¿qué significa *ejercicio*?
■ ¿*Ejercicio*? Es como actividad…

Diálogo 3
■ "Busca-estas-frases-en-el-cómic. ¿Quién-las-dice?: No-entiendo, no-hablo-español"…
● Más despacio, por favor…
■ "Perdón, ¿puede repetir? Más despacio, por favor"…

2. Abcd… abecedario
b

a	be	ce	che	de
e	efe	ge	hache	i
jota	ka	ele	elle	eme
ene	eñe	o	pe	cu
erre	ese	te	u	uve
uve doble	equis	i griega	zeta	

3. ¿Cómo se escribe?
a
Diálogo 1
■ ¿Cómo se escribe 'helado', ¿con hache o sin hache?
● Con hache.

Diálogo 2
■ ¿'Gente' se escribe con ge o con jota?
● Con ge.

Diálogo 3
■ 'Llave' se escribe con elle, ¿no?
● Sí, con elle.

Diálogo 4
■ ¿'Perro' se escribe con una erre o con dos erres?
● Con una erre.

Diálogo 5
■ ¿'Lápiz' termina en ese o en zeta?
● En zeta.

b
Diálogo 1 ➜ Hache – e – ele – a – de – o
Diálogo 2 ➜ Ge – e – ene – te – e
Diálogo 3 ➜ Elle – a – uve – e
Diálogo 4 ➜ Pe – e – erre – o
Diálogo 5 ➜ Ele – a – pe – i – zeta

4. Países y ciudades en español
a

Londres	Rabat
Mánchester	Jerusalén
Nueva York	Moscú
Pekín	El Cairo
Lisboa	Ámsterdam
Atenas	París
Florencia	Río de Janeiro
Génova	

b
1. i – te – a – ele – i – a
2. efe – erre – a – ene – ce – i – a
3. e – ge – i – pe – te – o
4. erre – u – ese – i – a
5. i – ene – ge – ele – a – te – e – erre – erre – a
6. eme – a – erre – erre – u – e – ce – o – ese
7. ge – erre – e – ce – i – a
8. hache – o – ele – a – ene – de – a
9. a – ele – e – eme – a – ene – i – a
10. che – i – ene – a

c
1. Italia
2. Francia
3. Egipto
4. Rusia
5. Inglaterra
6. Marruecos
7. Grecia
8. Holanda
9. Alemania
10. China

UNIDAD 2

Primera línea
2. Nombres y apellidos
a
Daniel García Martín
Paula Urresti Sánchez
Fátima Hussein
María José Carrillo Juárez
James Taylor
José Luis Toledo Fernández
Montserrat Zapatero Pons

Agencia ELE

El primer día de trabajo de Paloma Martín en la AGENCIA ELE

Carmen Torres: Esta es Paloma, Paloma Martín, la nueva fotógrafa.
Paloma Martín: Hola, ¿qué tal?
Rocío: ¡Hola!
Miquel: Hola, ¿qué tal?
Luis: Bienvenida.
Luis: A ver, te presento… Este es Luis, redactor de Cultura, el madrileño del equipo… Esta es Rocío, la redactora de Sociedad. Es de Málaga… Y este es Miquel, el cámara.
Luis: Mucho gusto.
Rocío: ¡Hola!
Miquel: Encantado.
Paloma Martín: Encantada.
Carmen Torres: Y este es Sergio Montero, nuestro reportero…
Paloma Martín: Hola.
Sergio Montero: Hola, ¿qué tal?
Carmen Torres: Y hoy trabajas con él en un reportaje, ¿no, Sergio?
Sergio Montero: Sí, sí, necesito fotos para el reportaje.
Sergio Montero: Es un reportaje sobre la gente de Madrid, personas diferentes…
Paloma Martín: ¿Quién es la persona de hoy?
Sergio Montero: Es Ernesto Cocco, un músico de jazz, toca en un club…
Paloma Martín: ¿Es español?
Sergio Montero: No, es argentino, pero está casado con una española…
Paloma Martín: ¡Anda!, mi madre también es argentina…
Sergio Montero: Buenos días. ¿El señor Cocco, por favor?
Ernesto Coco: Sí, soy yo.
Sergio Montero: Hola, soy Sergio Montero, de la Agencia ELE.
Paloma Martín: Yo soy Paloma Martín
Ernesto Coco:: ¡Ah! Sí. ¡Hola!

En línea con

3. Una selección exquisita
b

El supermercado *Sogilam* le recuerda que en nuestro *Rincón del Gourmet* puede encontrar la más completa y selecta variedad de productos nacionales y de importación a los mejores precios. Visite la sección de bebidas, donde encontrará una extensa gama de vinos españoles, franceses, chilenos o de California, así como las mejores marcas de ron cubano, vodka ruso o *whisky* escocés. Sin olvidar, por supuesto, la amplia selección de cervezas de importación, mexicanas, alemanas u holandesas. Llene de sabor y lujo sus platos degustando las mejores carnes argentinas y de Nueva Zelanda, el salmón noruego, el caviar iraní o los exquisitos quesos españoles, franceses e italianos. Sorprenda a su familia y amigos con frutas venidas de los más exóticos países: bananas de Costa Rica, mangos de la India o papayas de Venezuela. Saboree el insuperable aroma de nuestros cafés de Colombia, Guatemala y Kenia. En nuestro *Rincón del Gourmet* los más golosos encontrarán deliciosos chocolates belgas y suizos. Visítenos hoy mismo.

Primera línea

1. Calendario de fiestas
b

Uno de enero, dos de febrero, tres de marzo, cuatro de abril, cinco de mayo, seis de junio, siete de julio San Fermín, a Pamplona hemos de ir.

3. Números de teléfono

Anuncio 1:
Toda la información que usted necesita en un número: 11 / 8 / 11.
Para su empresa, para los profesionales, para lo que usted necesita: 11 / 8 / 11.

Anuncio 2:
¡No lo dudes! Si necesitas información, marca siempre el 11 / 8 / 88, ¡tu número!: cines, restaurantes, discotecas, librerías, ¡tenemos todos los números que necesitas! No lo olvides: 11 / 8 / 88.

Agencia ELE

La fiesta de la bicicleta
a

Sergio Montero: Mira, Paloma, vamos a hacer un reportaje sobre la fiesta de la bicicleta.
Paloma Martín: ¿Cuándo es?
Sergio Montero: Este domingo, a las 11.
Paloma Martín: Vale, muy bien, ¿y qué tipo de reportaje?
Sergio Montero: Pues, entrevistas a la gente para saber quiénes son, por qué van a la fiesta…

Sergio Montero: Oiga, perdone, por favor…
Pepe Ruiz: ¿Sí?
Sergio Montero: Soy periodista, ¿puedo hacerle unas preguntas?
Pepe Ruiz: Sí, sí.
Sergio Montero: ¿Cómo se llama?
Pepe Ruiz: Pepe, Pepe Ruiz.
Sergio Montero: ¿Cuántos años tiene?
Pepe Ruiz: 74.
Sergio Montero: ¿Viene solo a la fiesta?
Pepe Ruiz: No, no, vengo con mi nieto. Es este chico.
Sergio Montero: ¿Y por qué viene?
Pepe Ruiz: Por mi nieto. Vienen muchos niños de su edad…

Sergio Montero: Oye, ¿te puedo hacer unas preguntas? Es para un reportaje…
Laura: ¡Vale!
Sergio Montero: ¿Cómo te llamas?
Laura: Laura, me llamo Laura.
Sergio Montero: ¿Y cuántos años tienes?
Laura: 18.
Sergio Montero: ¿A qué te dedicas?
Laura: Soy estudiante.
Sergio Montero: ¿Vienes sola a la fiesta?
Laura: No, vengo con mis hermanas.
Sergio Montero: ¿Cuántas sois?
Laura: Somos tres.
Sergio Montero: ¿Y por qué venís a la fiesta?
Hermana 1: Yo, por el ambiente, y por hacer deporte.

Laura: Yo también.
Hermana 2: Pues yo vengo porque soy ecologista. ¡Y porque es una fiesta muy divertida!

Sergio Montero: Oye, perdona.
María José: ¿Sí?
Sergio Montero: Hola, soy de la Agencia ELE, ¿te puedo hacer unas preguntas?
María José: Sí, claro.
Sergio Montero: ¿Cómo te llamas?
María José: María José.
Sergio Montero: ¿Cuántos años tienes?
María José: 42.
Sergio Montero: ¿Estás casada?
María José: No, estoy divorciada.
Sergio Montero: ¿Vienes sola?
María José: No, vengo con mis hijos y con unos amigos.
Sergio Montero: ¿Y cuántos hijos tienes?
María José: Tengo dos. Son estos: Jaime, de ocho años, y Natalia, de seis.

En línea con

2. Una fiesta española: las Fallas de Valencia
c

Locutor: El fuego es un elemento muy importante en la historia del hombre. Su descubrimiento por el hombre es una revolución. También es el origen de los hogares y de las familias, que se reúnen en torno al fuego. Los hombres han convertido también al fuego en un elemento clave de sus fiestas. Por ejemplo, en las Fallas de Valencia. Amparo Vicent, de Radio Valencia, buenos días.
Amparo Vicent: Hola, buenos días.
Locutor: Oye, ¿el fuego en las Fallas qué simboliza?
Amparo Vicent: Simboliza dos cosas: por una parte quemar, romper pues con lo malo de este año; y también representa el cambio de estación, decir adiós al invierno y recibir la primavera. Ya sabes que las Fallas son el 19 de marzo, al final del invierno.
Locutor: Oye, y de los orígenes de las Fallas, ¿qué queda hoy? ¿Cómo es la evolución de la fiesta de las Fallas?
Amparo Vicent: Bueno, pues yo creo que queda el ritual del fuego en el cambio de estación. Y se ha desarrollado mucho como expresión artística. También está la idea inicial: destruir las cosas malas del año con el fuego.

Agencia ELE

En el festival de cine de San Sebastián

Sergio Montero: ¿Tú qué haces hoy, Luis? ¿Qué película vas a ver?
Luis: Hoy estoy muy contento: voy a ver la de Guillermo del Toro.
Sergio Montero: ¡Ah, sí! Es una de terror, ¿no?
Luis: No, no, no es de terror, es fantástica. Es buenísima. Es de una niña que…
Sergio Montero: Ya veo que te gusta el cine fantástico ¿no?
Luis: Sí, me encanta, ¿a ti no?

Sergio Montero: Bueno, sí, me gustan las de ciencia ficción, pero prefiero el cine de aventuras. ¿Y tú, Paloma?

Paloma Martín: ¿Yo? Pues no sé, me gustan las comedias, Woody Allen, por ejemplo. Luego, pues, me gusta el cine argentino...

Luis: Bueno, ¿y vosotros qué hacéis hoy?

Sergio Montero: Yo voy a la rueda de prensa del director del festival.

Paloma Martín: Yo quiero hacer fotos de los actores en el hotel, pero si quieres, voy contigo y hago fotos en la rueda de prensa.

Sergio Montero: ¡Ah, vale, perfecto!

Sergio Montero: ¿Quieres ir a tomar algo?

Paloma Martín: ¡Ah, sí, estupendo! ¿Dónde vamos? Yo no conozco San Sebastián, ¿y tú?

Sergio Montero: Un poco, el casco viejo... Si quieres podemos tomar unos pinchos en una taberna por esa zona, ¿o prefieres ir a un restaurante?

Paloma Martín: No, no, mejor vamos a probar los famosos pinchos vascos, ¿no?

Sergio Montero: Sí, sí, a mí me encantan...

Entre líneas

2. ¿Qué prefieres?

a 23

■ ¿Quieres ir al cine esta tarde?

● Ah, sí, vale, ¿y qué película quieres ver?

■ No sé..., si quieres vemos la última de Guillermo del Toro.

● Pues..., ¡puff!... yo prefiero una comedia.

■ ¿Qué prefieres, una argentina o la de Woody Allen?

● Mejor la argentina.

5. Tiempo libre organizado

b 24

Locutora: Seguimos hablando de algunas actividades que se pueden realizar en el centro municipal «Tiempo Libre» y tenemos con nosotros a Nacho García, responsable de la sección «Sobre ruedas». Nacho, ¿Qué tipo de actividades organizáis en esta sección?

Nacho: Bueno, principalmente organizamos excursiones a lugares de interés en bicicleta, algunas veces también en moto o todoterreno..., lo importante es el camino...

Locutora: Una buena opción para los más viajeros, ¿verdad? Y también está con nosotros Marta Tomo, que es la responsable de «Libromanía». Marta, ¿en qué consiste «Libromanía»?

Marta: Pues la actividad principal es un club de lectura: se propone la lectura de un libro cada quince días y después nos reunimos para comentarlo. Se trata de dar a conocer libros importantes de la literatura en español y también nuevos autores... También organizamos intercambios de libros y conferencias y encuentros con autores importantes.

En línea con

2. Los hábitos culturales de los españoles

a 25

La cultura de un país tiene relación con la situación económica y política. El Ministerio español de Cultura ha publicado una encuesta de hábitos culturales en España; un estudio sobre la cultura en la sociedad. Según este estudio, escuchar música es la actividad cultural favorita de los españoles: casi un 90% lo hace. El cine es el espectáculo cultural preferido: más del 50% de los encuestados ha ido al cine el último año. Por otro lado, desde 1990 ha aumentado el público del teatro: un 30% de los encuestados va al teatro a menudo.

A los españoles les gusta leer: casi un 30% lee textos por placer, textos no relacionados con el trabajo.

Son muy importantes los medios de comunicación. El 90% de los españoles escucha la radio, y casi el 100% ve la televisión. El tiempo dedicado a ver la tele es de casi tres horas diarias. Los informativos son los programas preferidos de los españoles. También les gustan las películas, los documentales y las series.

UNIDAD 5

Primera línea

2. Calles y avenidas

26

Taxista: Buenos días.

Mujer: Hola, buenas, a la plaza de España, por favor, número 29.

Taxista: Muy bien.

Chico: Hola.

Taxista: Buenas tardes.

Chico: Quiero ir al paseo del Rey 187.

Chico: Buenas tardes.

Taxista: Buenas.

Chico: Vamos a la avenida de la Reina Victoria número 304, por favor.

Taxista: De acuerdo.

3. En mi barrio, en mi calle

b 27

Chica 1: Mira, a la derecha está la comisaría y el *parking*...

Chica 2: Sí.

Chica 1: Pues mi casa está al final de la calle a la izquierda, ¿ves? Enfrente del parque...

Chica 2: Ajá.

Chica 1: Sí, está al lado del museo y la oficina de información...

Agencia ELE

Todos contra el ruido

28

Sergio: ¿Comemos juntos el sábado antes de la manifestación?

Miquel: Vale, muy bien. ¿Cómo quedamos?

Sergio: ¿A las dos y media al lado del metro?

Paloma: ¿Qué tal un poco más tarde? ¿A las tres?

Miquel: Por mí, bien.

Sergio: De acuerdo. ¿Quedamos en la cervecería Cruz Blanca? Está al lado del metro.

Miquel y Paloma: Vale.

Vecino 1: En este barrio hay muchos coches, mucha gente y mucho ruido a todas horas.

Vecina 1: En mi calle hay una discoteca que abre a las once de la noche y cierra a las siete de la mañana. ¡Y un bar con terraza al lado de la discoteca, que abre a las siete y media de la mañana!

Vecina 2: Hay mucho tráfico, y faltan zonas verdes protegidas para los niños y los ancianos.

Vecino 2: Sí, hay mucho ambiente, pero no hay lugares tranquilos ni policías en la calle para vigilar y mantener el orden.

Vecina 3: ¡Eso, eso! ¿Dónde están los policías? ¿Y dónde está el ayuntamiento?

En línea con

2. ¿Quieres conocer Madrid?

b 29

Bienvenido a MADRID VISIÓN, la forma más atractiva de conocer Madrid. Todos los días del año, los autobuses de MADRID VISIÓN recorren la ciudad, con horario continuo, de 10 de la mañana a 9 de la noche.

Con MADRID VISIÓN usted puede conocer las principales calles de la capital y admirar cómodamente desde el segundo piso los edificios más importantes. En cualquier momento usted puede parar y visitar monumentos y museos, o parar para comer y descansar.

¡Por solo 20 euros! Durante dos días puede disfrutar de su visita con MADRID VISIÓN. ¡Y los niños menores de 6 años gratis! Elija su ruta: el Madrid Moderno o el Madrid Histórico, dos opciones que se complementan...

3. En ruta

a 30

Estamos en la calle Mayor y la próxima parada es frente a la plaza de la Villa, donde pueden admirar la antigua sede del Ayuntamiento, construida alrededor de 1650. Desde aquí pueden pasear por las estrechas calles del Madrid de los Austrias y visitar la plaza Mayor, cerrada al tráfico...

Estamos en la Puerta del Sol, kilómetro cero de las carreteras españolas y corazón de la ciudad. A la derecha pueden ver el edificio de la Casa de Correos, con el famoso reloj que cada 31 de diciembre marca el inicio del nuevo año...

Nuestra próxima parada es en Museo del Prado, una de las más importantes pinacotecas del mundo. Delante del edificio, un bello palacio de estilo neoclásico, se encuentra la estatua del pintor Diego Velázquez...

Estamos en la plaza de la Independencia, donde se encuentra la entrada principal al Retiro, y donde pueden admirar, a su izquierda, la Puerta de Alcalá, una de las antiguas puertas de la ciudad...

Nuestra última parada es en la plaza de Cánovas del Castillo, en el centro de la cual se encuentra la fuente de la diosa Cibeles, uno de los monumentos más queridos por los madrileños y donde se reúnen los seguidores del Real Madrid para celebrar sus victorias deportivas. Esta fuente, dedicada a la diosa Cibeles, símbolo de la Tierra...

UNIDAD 6

Agencia ELE

De primero, sopa

31

Luis: ¿Vais a desayunar?

Rocío: No, no, vamos a hacer las entrevistas para el reportaje sobre los hábitos para las comidas...

Iñaki: Por cierto, vosotros, ¿dónde coméis hoy?
Paloma: Yo como aquí, en la cocina.
Iñaki: ¡Ah! ¿Te traes la comida de casa?
Paloma: Sí, casi siempre. Es más sano y más barato. Mira, hoy tengo, de primero, sopa y, de segundo, pollo.

Luis: Pues yo voy a comer, como siempre, el menú del día de Los Arcos. Es bueno y, además, prefiero salir de la oficina.
Iñaki: Ah, sí, Los Arcos, nosotros también vamos a comer allí hoy.
Rocío: Sí, nos vemos allí sobre las dos, ¿vale?

Rocío: Perdonen, ¿pueden contestar unas preguntas? ¿Dónde van a comer hoy? ¿Qué van a comer?
Señor 1: Yo, el menú del día, en el restaurante.
Señor 2: Pues, yo como en casa, no sé qué, algo bueno, espero.
Rocío: Perdona, ¿comes en un restaurante o en casa?
Chica: Yo como en la oficina, me llevo la comida de casa. Hoy llevo macarrones y un poco de fruta.
Rocío: Perdone, señora, ¿usted come en casa o fuera?
Señora: Casi siempre fuera, normalmente un plato combinado en la cafetería de la esquina.

Rocío: ¿Y vosotros, vais a comer a casa?
Chica: No, comemos en la facultad, un bocadillo, normalmente.

Paloma: ¿Qué hay de menú?
Luis: ¿Y tu comida de casa?
Paloma: No funciona el microondas, ¡y no me gusta la sopa fría!
Iñaki: No pasa nada, mujer, mira, aquí también puedes comer sopa y pollo.

Entre líneas
3. En el restaurante
a
🔊 32

Luis: ¡Oiga, por favor!
Camarero: Un momentito, por favor. Sí, ¿qué van a tomar?
Luis: Sí, a ver, de primero, ensalada del día y, de segundo, salmón a la plancha.
Rocío: Yo..., yo también, ensalada y salmón.
Camarero: Muy bien, ¿y ustedes?
Iñaki: Pues..., yo de primero, macarrones con tomate y, de segundo, albóndigas.
Camarero: De acuerdo.
Paloma: Pues yo, de primero sopa de pescado y, de segundo, pollo.
Camarero: ¿Para beber?
Luis: Agua, por favor.
Camarero: ¿Agua para todos?
Iñaki, Paloma y Rocío: Sí, sí, sí, agua.

Iñaki: Perdone...
Camarero: ¿Sí?
Iñaki: ¿Puede traer un poco más de pan?
Camarero: Ahora mismo.

Camarero: ¿Toman postre o café? De fruta hay melón.
Paloma: Yo café, café solo, por favor.
Iñaki: Yo, postre..., fruta.

Luis: Sí, yo también fruta.
Rocío: Para mí, un café con leche.

Paloma: Perdone, por favor...
Camarero: ¿Sí?
Paloma: La cuenta, por favor.
Camarero: Sí, en seguida.

4. Alimentación equilibrada
b
🔊 33

Luis: Y me siento cansado, cada día estoy más gordo...
Doctor: La alimentación es fundamental. Hay que comer bien...
Luis: Ya, no comer dulces ni nada rico.
Doctor: No, hombre, no, es cuestión de comer de todo pero en las cantidades adecuadas: mira, cada día, pero cada día, ¿eh?, hay que tomar, por lo menos, cuatro porciones de fruta y verdura, cuatro, ¿tú lo haces?
Luis: Bueno, yo, la verdad es que fruta no tomo nunca. Verdura sí, ¿eh? Tres veces a la semana, más o menos...
Doctor: Tienes que tomar más verdura Luis, e hidratos de carbono, bueno, ya sabes, pan, arroz, pasta..., esta es la base de la alimentación, ¡y si son integrales, mejor!
Luis: Pues pan, pan tomo mucho, en el desayuno, la comida, la cena..., y pasta y arroz también, casi todos los días.
Doctor: Muy bien eso, muy bien. ¿Y el grupo de las proteínas: carne, pescado, huevos, legumbres?
Luis: Carne y huevos, sí, todos los días, pero pescado, nunca, no me gusta.
Doctor: Pues tienes que variar, y también legumbres, ¿eh?
Luis: Legumbres, pues, tomo fabada un día a la semana.
Doctor: Eso es poco... ¿Y los lácteos?
Luis: ¡Uy, sí! Los lácteos me encantan, tomo leche con los cafés, yogures y queso de postre siempre.
Doctor: Pues de eso solo hay que tomar dos porciones al día, así que tienes que sustituir algún lácteo por fruta de postre.
Luis: Menos lácteos, sí...

En línea con
2. Desayuno en el bar
a
🔊 34

Periodista: Vamos a investigar cómo son los desayunos en un céntrico café de Madrid. Hablamos con Fernando. Fernando Vera es camarero, hijo del propietario del Café Comercial de Madrid. Fernando, buenos días.
Fernando: Hola, buenos días.
Periodista: ¿A qué hora empieza el servicio?
Fernando: A las siete y media de la mañana.
Periodista: Siete y media, ¿eh? Y a partir de ese momento, ¿cuántos cafés servís en un desayuno, habitualmente?
Fernando: Pues... miles de cafés.
Periodista: ¿Miles?
Fernando: Sí, sí, sí.
Periodista: ¿Y cuál es el favorito, Fernando?
Fernando: El café con leche. El café con leche es el favorito de los clientes del local.
Periodista: ¿Café con leche verdadero, descafeinado, o...?

Fernando: No, no. Verdadero, el verdadero.
Periodista: Y churros o porras, ¿no?
Fernando: Churros. En el Comercial hacemos churros.
Periodista: O sea que, Fernando, café con leche y churros es el desayuno típico del Café Comercial.
Fernando: Café con leche y churros, sí. Y el chocolate, también.
Periodista: Chocolate con churros, pero más para la merienda, ¿no?
Fernando: Sí..., pero algunos clientes también lo toman para el desayuno.
Periodista: Fernando, ¿cuánto tiempo estamos desayunando? ¿Cinco minutos, diez...?
Fernando: Pues durante la semana, muy poco tiempo. Entre cinco y diez minutos... El fin de semana, un poco más, con el periódico...
Periodista: Oiga, Fernando, ¿y quién es el último en desayunar? ¿Hasta qué hora se puede desayunar?
Fernando: Entre semana, a la una o una y cuarto. Y los fines de semana, no hay horarios...

3. Un buen desayuno
b
🔊 35
1.
Periodista: Pues a ver, vamos a ver qué desayunan nuestros oyentes, y si sienten placer en este momento del desayuno. Tamara, de Sevilla, buenos días.
Tamara: Buenos días.
Periodista: Hola, Tamara, ¿qué desayunas?
Tamara: Ay, pues mira, a mí me gusta mucho desayunar...
Periodista: Sí...
Tamara: ... porque estoy a dieta ahora, pero por la mañana puedo comer bien. Y me tomo mi zumito de naranja, y mi pan con aceitito de oliva y un poquito de jamón, y un café con leche bien cargadito, para empezar bien el día.
Periodista: O sea, que seguramente es una de las comidas más agradables del día, que te la comes con más ganas, ¿verdad, Tamara?
Tamara: Síí.

2.
Periodista: Celi, de Las Palmas de Gran Canaria, buenos días.
Celi: Hola, buenos días.
Periodista: Hola, Celi. ¿Qué desayunas?
Celi: Pues yo desayuno... lo primero, un café solo. Después me tomo un zumo de naranja, que me gusta mucho; y luego, mi yogur con cereales. Eso, todos los días. Y luego, los fines de semana me encanta poner una buena mesa, con fruta... Me encanta la fruta, me encanta un buen embutido, queso... Una mesa puesta, sin problemas de tiempo para desayunar, en mi terraza...
Periodista: Espectacular, sí. Eso es lo mejor.
Celi: Tener todo el día, con el periódico..., es maravilloso. Eso es empezar bien el día.
Periodista: Sí..., Celi, es verdad. Una buena mesa, con bollos, mermeladas, de todo... Mmmm.

3.
Periodista: Teresa, de Barcelona, hola...
Teresa: Hola, buenos días.

Periodista: ¿Qué tal? ¿Qué nos dices?
Teresa: Mira, yo, por las mañanas, de lunes a viernes, es un desayuno rápido, corriendo… Fatal, horrible.
Periodista: Sí…
Teresa: Por eso, cuando llega el fin de semana, me encanta cuando mi pareja me trae el desayuno a la cama, con mi zumo de naranja, mi cafecito, mis tostadas… Tengo un bebé de siete meses, y me lo traigo a la cama, mientras desayuno se me queda dormido, y ¿tú sabes el placer, estar desayunando ahí con tu bebé al lado, con los ojitos, la sonrisa enorme…? Es un placer, es maravilloso.
Periodista: Y tanto…

UNIDAD 7

Agencia ELE
Se alquila piso

Paloma: ¿Y dónde están los muebles?
Empleado 1: Son esos.
Sergio: ¿Y esa puerta es de la cocina?
Empleado 1: No, la del baño.
Sergio: ¿Y eso qué es? ¿Un armario?
Empleado 1: No, eso es la cocina.

Empleado 2: …Primero vamos a ver el piso, después la piscina y por último el garaje. ¿El piso es para ustedes dos?
Paloma: Sí, señor.
Sergio: ¿Y cuánto cuesta el alquiler?
Empleado 2: 1600 euros al mes, con tres meses por adelantado.

Paloma: ¿Se puede fumar aquí?
Empleado 2: Lo siento, no se puede. Está prohibido.
Sergio: ¿La piscina es solamente para los vecinos?
Empleado 2: Sí. Bueno, se puede venir con amigos, pero hay que hablar con el portero.

Paloma: Este piso está muy bien, pero…, ¡es muy caro!
Sergio: Sí. ¡Qué difícil es encontrar un piso en condiciones a un precio razonable!
Paloma: Sí, es verdad. Pero creo que no hay que ver más pisos. Ya tenemos suficiente información.
Sergio: Sí. Creo que el reportaje va a ser muy interesante… ¡Ah! ¿Quieres un caramelo? Es bueno para no fumar…
Paloma: No, gracias.

Entre líneas
5. ¿En qué orden?
c

1. [Ruido de un cajero automático al sacar billetes / ruido de gente en el supermercado / ruido de una lavadora.]

2. [Ruido de una aspiradora / ruido de una olla exprés, de aceite en una sartén / ruido de platos y agua.]

3. [Ruido de una ducha / ruido de café en una cafetera y platos / ruido de una puerta de armario y de perchas que se corren para buscar ropa.]

6. ¡Qué casa!
b

1. Mi nueva casa es céntrica, tranquila y está bien comunicada, con metro y autobús muy cerca. ¡Qué contenta estoy!

2. Tengo muebles nuevos en el salón. Los colores son muy bonitos: un sofá azul y una mesa amarilla, con sillas azules y amarillas.
3. Me gusta mucho la nueva cocina de la casa de Juan. Es moderna y está bien equipada. La nevera y la lavadora son nuevas, grandes, muy elegantes, de color blanco. Pero el salón es un poco pequeño. ¡Y no tiene televisión, ni DVD!

4. Las estanterías del despacho son marrones, y la mesa es blanca. Para la silla, ¿qué color es mejor?

En línea con
1. Casas con estilo
c

1. Mi casa es mi refugio y el de mi familia, mi mujer y mis tres niños. En ella encontramos calor y alegría. Siguiendo un estilo bastante tradicional de mi país, en el interior, la casa está llena de colores muy vivos en las paredes y también en el techo: el salón es azul y naranja; el baño verde, los dormitorios en distintos tonos de rosa o amarillo y la cocina amarilla. Además, me gustan mucho los muebles y los objetos decorativos, así que tengo muchas cosas: grandes muebles de madera y muchas piezas de artesanía mexicana para llenar los diferentes espacios. Las ventanas son grandes y además tenemos un pequeño patio lleno de plantas y de luz…, y también de color: el suelo es azul y rojo.
2. Yo soy escritor y, claro, mi casa es también mi lugar de trabajo. Por eso necesito vivir en un lugar tranquilo donde pueda concentrarme y trabajar pero también relajarme… Para mí también era esencial tener aire fresco y mucha luz natural. Por eso para mí es perfecto este estilo de las casas de la isla… Y esta casa es así: sencilla, luminosa, nada me distrae. No tengo muchos muebles ni adornos…, me gustan las formas simples, producen armonía y paz. El blanco que domina todo y los materiales naturales crean una atmósfera de comodidad y relax. Y el paisaje…, la casa con varios espacios abiertos, como habitaciones exteriores o terrazas, es parte del paisaje, una continuación de la luz del mar, que casi lo puedo sentir dentro.

UNIDAD 8

Primera línea
2. ¿Dónde trabajan?
a

Me llamo Ana. Soy enfermera y trabajo en un hospital. Es un trabajo duro, pero ayudar a la gente es muy bonito.

Me llamo Pedro. Soy funcionario del Ministerio de Economía. Trabajo en una oficina, en el departamento de Créditos. Es un trabajo muy tranquilo, a veces un poco aburrido.

Soy Julián, y soy profesor de literatura en un instituto de Bachillerato. Es un trabajo interesante y me gusta, pero a veces es difícil.

Soy Susana, y soy camarera en un restaurante muy bueno. De mi trabajo me gusta el contacto con la gente, pero los horarios son muy malos porque trabajo por las noches.

Me llamo Andrés. Soy periodista y trabajo a veces en casa, y a veces en la redacción de mi revista: *Primera Línea*.

3. ¿Qué hacen en su trabajo?
b

Ana: En el hospital, hay que trabajar en equipo con el médico y las demás enfermeras. Eso es lo más bonito.

Pedro: Trabajo solo, pero todos los días hablo por teléfono con mucha gente y respondo correos electrónicos. También escribo cartas y muchos informes. No me gusta mucho mi trabajo, la verdad. Me gustaría cambiar de departamento.

Julián: Tengo 18 horas de clase a la semana. Además, a veces voy a congresos sobre literatura del Siglo de Oro. Es mi especialidad. ¿Lo que menos me gusta de mi trabajo? Corregir exámenes y deberes.

Susana: Me gustaría tener mi propio restaurante. Por eso hago cursos de formación sobre cocina y hostelería. También es importante viajar y conocer restaurantes famosos, en España y fuera de España.

Andrés: En mi trabajo, a veces hay que viajar para hacer entrevistas, reportajes… También hablo mucho por teléfono para hacer entrevistas.

Agencia ELE
Familia o trabajo

Rocío: Hoy charlamos con Carlos Guisbert, Director General de *Mejor Vida*. Señor Guisbert. ¿Qué es *Mejor Vida*?
Guisbert: *Mejor Vida* es una empresa especializada en mejorar la relación entre vida y trabajo en las grandes empresas.
Rocío: ¿Puede poner un ejemplo?
Guisbert: Sí, claro; nosotros buscamos soluciones para los problemas familiares de los empleados: cuidado de hijos pequeños, asistencia a los padres enfermos; también proponemos horarios más flexibles…

Iñaki: Oye, Rocío, ¡qué interesante esta entrevista!
Rocío: ¿Sí? ¿Te gusta de verdad? Gracias…
Iñaki: Sí, sí, está muy bien. Creo que es un tema actual y muy importante.
Paloma: Yo estoy de acuerdo, porque todos tenemos ese tipo de situaciones.
Iñaki: Es verdad, por ejemplo, para mí es más importante tener un buen horario que ganar mucho dinero…
Paloma: ¡Ah! ¿Sí? Entonces estás muy contento aquí, ¿no? Ganamos poco y trabajamos mucho.
Rocío e Iñaki: Ja, ja.

Iñaki: Pues ese es el problema, que trabajamos sin horario fijo…

Rocío: Entonces, ¿crees que es mejor un trabajo de oficina de 9 a 5?

Iñaki: No, eso es muy aburrido.

Paloma: Sí, pero es cómodo y te deja las tardes libres.

Rocío: Yo creo que el horario no es lo único importante. En este trabajo conocemos gente interesante, viajamos…, y la empresa nos ayuda mucho… Por ejemplo, a mí me paga un curso de árabe.

Iñaki: Sí, todo eso es verdad, pero…

Paloma: Pero Iñaki no está contento. ¡Yo creo que quiere cambiar de trabajo!

Iñaki: Pues últimamente lo pienso, sí.

Rocío: ¿Sí? ¿En serio? ¿Te quieres ir de Agencia ELE?

Iñaki: No, sé, es que mi pareja y yo queremos adoptar un niño y…

Entre líneas

3. El curso de Rocío

a 🔊 43

A ver, a ver, este, sí, *Academia Al Ándalus, aprende árabe en Marruecos,* ¡qué bien! Y solo dura quince días, ¿Cuánto cuesta? ¡1 800 €, qué barbaridad! No, no, necesito uno más barato…

A ver otro *Primero de árabe, Escuela Oficial de Idiomas,* suena bien, sí de octubre a ¡¡junio!! ¡Uy, no! Este dura demasiado y, sí, es más barato que el de *Al Ándalus,* solo 120 €, pero…

¿Y este otro? Un curso *on line,* por internet, no es mala idea; 300 €: es más caro que el de la Escuela Oficial, pero dura menos tiempo, no sé, sin profesor…

¡Este suena bien! *Pandilinguas, Árabe intensivo.* ¿Cuánto dura? 120 horas, tres horas al día, es más intensivo, sí y…, ¿cuánto cuesta? 600 €, bueno, es más caro, pero…

En línea con

2. La situación laboral en España

a 🔊 44

Locutor: Bienvenidos a nuestro programa. Esta mañana vamos a hablar del empleo. De la calidad del empleo. Porque, ¿se puede vivir con situaciones como estas?

Pedro: Me llamo Pedro y soy de Madrid. Tengo treinta años, soy Licenciado en Humanidades, tengo un máster en Gestión Cultural, y ahora mismo trabajo de chófer en una empresa. Y nada, estoy esperando, a ver si puedo encontrar un trabajo de mi carrera y cambiar lo que estoy haciendo ahora mismo.

Locutor: Historias como esta son frecuentes en nuestro país. Este ejemplo y los que vamos a oír a continuación llevan a una conclusión realmente preocupante: hoy en día se puede tener un trabajo y ser pobre al mismo tiempo. Vamos a ver un ejemplo. Rubén Sánchez, de Valencia. Rubén, buenos días.

Rubén: Hola, buenos días.

Locutor: ¿Cuántos años tienes, Rubén?

Rubén: 26.

Locutor: 26 años, y trabajas ¿de?

Rubén: Soy informático en una empresa.

Locutor: ¿Y cuánto cobras?

Rubén: 920 euros al mes.

Locutor: 920. No llegas a mil euros al mes.

Rubén: Sí, eso es.

Locutor: Vamos a ver otro ejemplo. Ana, desde Granada, buenos días.

Ana: Hola, buenos días.

Locutor: Hola, Ana, ¿qué tal? Tú tienes 30 años, ¿verdad?

Ana: Sí, sí.

Locutor: Eres licenciada en Historia…

Ana: Sí.

Locutor: ¿Y trabajas de…?

Ana: Soy cajera en un centro comercial.

Locutor: Cajera en un centro comercial. ¿Hace cuánto tiempo?

Ana: Ehh… Un año y medio o algo así.

Locutor: ¿Con contrato indefinido?

Ana: No, no, con contratos temporales.

Locutor: Ya. María, desde Bilbao, buenos días.

María: Buenos días.

Locutor: Tienes una hija de cuatro meses, trabajas de asistente social y cobras… ¿cuánto?

María: 1 018 euros.

Locutor: 1 018. ¿Y puedes conciliar vida familiar y laboral?

María: No.

Locutor: No. Imposible.

María: No. Tengo muchos problemas.

Locutor: Tienes muchos problemas. Bueno, os voy a pedir a todos que escuchéis a nuestros expertos invitados esta mañana…

b 🔊 45

Locutor: Vamos con las cifras. Eva Aguado, jefa de Estadística de nuestra emisora, buenos días.

Eva: Buenos días.

Locutor: ¿Qué tal, Eva? Cuéntanos.

Eva: ¿Qué tal? Pues en este momento, España es uno de los países más dinámicos de la Unión Europea. En los tres últimos años, se han creado más de dos millones de empleos y el paro ha bajado en doscientas mil personas. Las mujeres y los inmigrantes son los protagonistas de este progreso. En los últimos años, muchas mujeres y muchos inmigrantes se están incorporando al mundo del trabajo en España. Pero las mujeres y los inmigrantes también son, junto a los jóvenes, los grupos que tienen más problemas. Hay el doble de paro entre las mujeres que entre los hombres, las mujeres españolas cobran un 15% menos que los hombres; además, tienen más problemas que los hombres para conciliar trabajo y vida personal. Otro grupo con problemas es el de los inmigrantes. Los inmigrantes cobran un 30% o un 40% menos que los españoles. Y otro problema también muy importante son los contratos temporales. La situación está cambiando, pero todavía más de cinco millones de trabajadores tienen contratos temporales en España. El porcentaje español es el doble del europeo.

UNIDAD 9

Primera línea

3. ¿Cuánto cuesta?

a 🔊 46

1. ¿Vas a hacer una tortilla de patatas para la fiesta? Hay que comprar patatas. Compra cuatro kilos. Y compra también una docena de huevos y un kilo de cebollas.

2. Juan, ¿vas al supermercado? Pues trae una botella de Rioja, que viene tu madre a comer. Y acuérdate de las cosas que faltan: ocho yogures, tres kilos de tomates y cuatro cartones de zumo de naranja.

3. Para el desayuno, un paquete de pan de molde, dos cartones de leche y un bote de mermelada. Y seis flanes de huevo, que se han terminado.

Agencia ELE

Fiesta de Navidad en la Agencia ELE

🔊 47

Luis: No me gustan las navidades. Todo es muy caro. Y este año, más caro que nunca.

Sergio: Sí, es verdad. Pero me gusta la fiesta de la empresa. Es agradable estar con los compañeros sin trabajar.

Carmen: Sergio, ¿qué tal las compras para la fiesta de esta tarde? ¿Está todo preparado?

Sergio: Sí, todo. Bueno, hay que comprar platos y vasos de papel.

Carmen: ¿Puedes ir tú a comprarlos? En la tienda de abajo, al lado del estanco.

Sergio: De acuerdo.

Dependiente: ¿Qué desea?

Sergio: ¿Tienen platos y vasos de papel?

Dependiente: Sí. ¿Qué tal estos? Son muy resistentes.

Sergio: Los vasos, bien. Pero los platos son un poco pequeños. ¿No tienen más grandes?

Dependiente: Sí, aquellos.

Sergio: ¿Cuánto cuestan?

Dependiente: Un paquete, dos euros.

Sergio: Vale. Me llevo estos platos, y esos vasos.

Dependiente: ¿Cuántos vasos quiere?

Sergio: Tres paquetes, por favor.

Dependiente: Muy bien. ¿Algo más?

Sergio: No, nada más. ¿Cuánto es todo?

Dependiente: Dos paquetes de platos y tres paquetes de vasos… Son diez euros con cincuenta.

Dependiente: Hasta luego. ¡Feliz Navidad!

Sergio: ¡Gracias, igualmente!

Uno de los empleados: ¡Salud!

Dos o tres empleados, todos a la vez: ¡Salud!

Entre líneas

1. Fórmulas sociales

🔊 48

1. Toma, esto es para ti. ¡Feliz cumpleaños!
2. Por nosotros. ¡Salud!
3. ¡Feliz año nuevo!
4. Adiós, hasta el lunes. ¡Buen fin de semana!

4. *Un poco / muy / más*

b 🔊 49

1. Comprar en Navidad es muy caro. Por eso no me gusta.
2. Este año, comprar en Navidad es más caro que el año pasado.
3. Estos platos son más bonitos que esos. Me gustan más.
4. Estos platos son muy pequeños. No los quiero.

e

1. Cliente: ¿Cuánto cuestan los pantalones?
Dependiente: ¿Cuáles? ¿Los vaqueros?
Cliente: Sí, esos. Me gustan más.

2. Dependiente: ¿Qué desea?
Cliente: Una camisa para mí, por favor.
Dependiente: Mire, estas están de rebajas.
Cliente: La marrón no me gusta. Es un poco clásica. La otra es más moderna.

3. Clienta: La camiseta de manga corta no me gusta mucho. La otra es un poco cara, pero me gusta más.
Dependiente: ¿La amarilla?
Clienta: Sí, esa. Quiero la amarilla.

4. Cliente: Buenos días, quería una bufanda para una chica joven.
Dependiente: ¿Qué le parece esta de rayas?
Cliente: Sí, es muy bonita. ¿Cuánto cuesta?

En línea con
1. Compras de Navidad
c

Locutor: Estamos en navidades, y este es un momento, ya lo saben, de compras y de regalos, y nos gustaría ayudarles a gastar menos dinero, a ahorrar y proteger nuestra economía. Estas navidades, cada español va a gastarse, nos vamos a gastar, unos 950 euros, que no está nada mal. Gastamos sobre todo en alimentación y bebidas, unos 280 euros en total, unos 120 en juguetes para los niños, 115 en ocio, y 150 en lotería.

2. Formas de pago
a

Locutor: Vamos a pedir consejo a Jesús Calderón, nuestro experto. Jesús, ¿es mejor pagar con tarjeta o en efectivo?
Jesús: Hombre, si se puede, es mejor pagar en efectivo, lo que pasa es que las tarjetas son muy cómodas. El problema de las tarjetas es sobre todo cuando usamos tarjetas de crédito. Tarjetas que nos permiten pagar más tarde, el mes siguiente o en los meses siguientes, y que muchas personas creen que no van a pagar nunca, que no tienen que pagar. Por eso, algunas personas gastan un 30% más de dinero con la tarjeta. Un 30% más, porque piensan que no tienen que pagar. Sobre todo cuando se usan tarjetas de crédito. Por eso, para algunas personas que tienen problemas, se dice que es mejor usar tarjetas de débito, porque pagamos las compras en el mismo momento, inmediatamente. Con las tarjetas de débito es más fácil controlarse. Por eso, cuidado con las tarjetas de crédito, sobre todo en las navidades. Mejor pagar con tarjetas de débito.
Locutor: Entonces, ¿gastamos más dinero si llevamos tarjeta? ¿La tarjeta hace gastar más dinero?
Jesús: Bueno, es muy difícil saber la cantidad exacta, pero no hay duda, es decir, el llevar tarjeta hace que se compre de una forma mucho más alegre y fácil, por dos razones: en primer lugar, si pagamos en efectivo sabemos cuánto gastamos; y en segundo lugar, más importante,

con la tarjeta podemos gastarnos el dinero que no tenemos, que eso es lo más peligroso, ¿no? Gastar un dinero que en realidad no tenemos.

d

Locutor: ¿Usted aconseja dejar la tarjeta en casa en las navidades?
Jesús: Bueno, no, eso no... Bueno, en casos extremos de personas con muchos problemas para controlarse, puede ser una buena idea dejar la tarjeta en casa, sí. Pero para personas más «normales», es suficiente saber cuánto pagan con la tarjeta, escribir el dinero de las compras con la tarjeta. Eso, si se hace bien, es un control perfecto para muchas personas.
Locutor: Bueno, pues Jesús Calderón, profesor de psicología de la compra del consumidor, muchísimas gracias, buenos días.
Jesús: Gracias a ustedes.

UNIDAD 10

Agencia ELE
Campeones
a

Rocío: Mira, Sergio, ya tengo la información de Rafa Nadal, ¡y las fotos!
Sergio: Estupendo, yo también tengo los datos de Fernando Alonso, ¿lo vemos juntos?
Rocío: Sí, vamos.

Rocío: Pues, fíjate, Nadal empezó a jugar a los 4 años, mira esta foto de pequeño, y ganó su primera competición oficial a los 8. Increíble, ¿verdad?
Sergio: Pues como Alonso, que empezó a correr en *Karts* a los 3 años y su primera victoria en un campeonato fue a los 7 años.
Rocío: Mira, ¡qué pequeño! Por cierto, ¿en qué año nació Alonso?
Sergio: Nació en..., un momento..., en 1981. ¿Y Nadal? Es más joven, ¿no?
Rocío: Sí, un poco, nació en el 86.
Sergio: La verdad es que los dos tienen una carrera deportiva excepcional. ¡Alonso fue el piloto más joven en ganar un gran premio de Fórmula 1! Lo ganó en..., 2003. Y en 2005, con 22 años, hizo historia como el piloto más joven en ganar el campeonato mundial.
Rocío: ¡Ah! Sí, me acuerdo, y recibió el Premio Príncipe de Asturias de los Deportes ese año, ¿no?
Sergio: Sí y además volvió a ser campeón del mundo en 2006... Nadal también triunfó muy joven, ¿no?
Rocío: Sí, también en 2005 ganó su primer trofeo de Grand Slam, en París. Mira, aquí, con 19 años...
Sergio: ¡Qué joven!
Iñaki: Hola, ¿de qué habláis?... ¡Ah, de Rafa Nadal!... ¿Sabéis que lo conozco?
Rocío: ¿Sí? ¿En serio?
Iñaki: Sí, es que estuve en París en la final del 2007.
Rocío: ¡Ah! Lo viste jugar...
Iñaki: No, no, lo conocí y hablé con él. Estuvimos juntos en la fiesta con la prensa.
Sergio: ¡Qué suerte! ¿Tienes fotos?

Iñaki: Sí, me hice alguna foto con él, pero no la tengo aquí. Luego te la envío por correo electrónico.

Entre líneas
2. El pretérito indefinido
b

Empezó	Llegó	Ganó	Habló
Jugó	Venció	Nació	Conocí
Vi	Recibió	Escribí	Fue
Tuvo	Fui	Hice	Estuve

En línea con
2. Tienda de recuerdos
b

1. A mí en los viajes me gusta mucho entrar en las tiendas de regalos, bueno, sobre todo en las de artesanía tradicional y casi siempre compro el mismo tipo de cosas: instrumentos musicales, juguetes tradicionales... Por ejemplo, instrumentos tengo muchísimos: flautas, maracas, tambores... Porque, además, mis amigos, como saben que me gustan, casi siempre me traen alguno de sus viajes.

2. Yo siempre compro regalitos para la familia, claro, pero, eso sí, me gusta comprar cosas útiles, que puedan utilizar cada día y así se acuerdan de mí. Pues, no sé, camisetas, cosas para la cocina, delantales, paños. ¡Ah! Y también para escribir: cuadernos, bolígrafos...

3. A mí no me gusta comprar regalos en los viajes, se pierde mucho tiempo y prefiero hacer otras cosas: pasear, visitar museos... Pero, claro, a mis padres les tengo que comprar algo y siempre acabo comprando tonterías en el último minuto: imanes para el frigorífico o figuritas de monumentos...

UNIDAD 11

Primera línea
4. ¿Qué hay en la tele?
b

Ricardo: Y ahora está con nosotros Manuela que como siempre nos va a hablar de lo que podemos ver en la tele hoy.
Manuela: Gracias, Ricardo. Pues sí, mira, hoy tenemos muchas cosas que ver. Si os interesa el deporte ya sabéis que a las once hay «Club de fútbol» y seguro que también os va a encantar la entrevista con Diego Armando Maradona que ofrece el programa «Hoy desayunamos con...».
Ricardo: ¿Maradona? ¡Qué interesante! ¿Y para los aficionados al cine?
Manuela: Pues «La película de los lunes», a las 10 de la noche. Y también a las cuatro se puede ver el capítulo 35 de la serie «Amar a contracorriente».
Ricardo: Muy bien, ¿y para los niños?
Manuela: Para los más pequeños, los dibujos animados de los copetes, a las seis. Y para los mayores tenemos los documentales de Crónicas, las recetas de cocina de Con pan y vino, el concurso Saber y no perder, el debate de Hablando se entiende la gente a las once y media de la noche... en fin, muchísimas cosas para todos los públicos.

Ricardo: ¿Y algún programa del corazón?

Manuela: Claro, todo sobre la vida de los famosos a las dos de la tarde en Corazón de melón.

Ricardo: Sí, y no hay que olvidarse de los informativos, los telediarios…

Agencia ELE
A mí también me gusta

🔊 58

Paloma: Y tenemos el problema de elegir la foto para el reportaje de la Plaza Pereira.

Sergio: Ya hemos seleccionado dos buenas fotos. ¿Cuál os gusta más?

Rocío: A mí la de la derecha.

Luis: A mí también.

Carmen: Pues… a mí no.

Iñaki: A mí tampoco. La de la izquierda es preciosa. Podemos poner las dos.

Carmen: ¡Buena idea, Iñaki! Otra cosa: las encuestas sobre los medios de comunicación. Vamos a hacerlas por teléfono. ¿Quién puede llamar hoy?

Paloma: Yo no puedo, ya sabéis, el reportaje…

Rocío: Pues yo tampoco.

Luis: Yo sí, pero por la tarde.

Sergio: Yo también por la tarde.

Iñaki: Bueno, vale, yo puedo ahora…

Iñaki: Vale, vamos a empezar…

Iñaki: 9 1 3 4 6 7 5 8 2.

Contestador: Llama usted al 9 1 3 4 6 7 5 8 2. En este momento no podemos atenderlo. Si quiere, puede dejar un mensaje después de la señal.

Iñaki: ¡Vaya! No contestan.

Iñaki: 9 1 5 3 2 2 9 3 1.

Iñaki: Comunica.

Iñaki: 9 1 7 2 5 8 2 9 1.

Teléfono: Oigo.

Iñaki: Hola, buenos días, ¿puedo hablar con doña Laura Sánchez Jiménez, por favor?

Cubano: No está, está en el trabajo, ¿de parte de quién?

Iñaki: Soy Iñaki Induráin, de Agencia ELE. Es para una encuesta.

Cubano: Si quiere, puede llamar después de las 4.

Iñaki: De acuerdo, gracias. Hasta luego.

Iñaki: 9 1 2 5 8 2 7 7 1.

Tfno. Voz de mujer.: ¿Sí?

Iñaki: Hola, buenos días, ¿puedo hablar con don Eduardo Pacheco Torres, por favor?

Tfno. Voz de mujer.: No, no es aquí. Es un error, lo siento.

Iñaki: Perdón, perdón, disculpe la molestia.

Tfno. Voz de mujer.: No pasa nada, no se preocupe.

Iñaki: 9 1 4 2 8 5 6 7 2.

Tfno. Fernado Ríos: ¿Diga?

Iñaki: Hola, buenos días, ¿está don Fernando Ríos Pérez, por favor?

Tfno. Fernado Ríos: Sí, un momento, por favor.

Iñaki: Gracias.

Tfno. Fernado Ríos: ¿Dígame?

Iñaki: ¿Fernando Ríos?

Tfno. Fernado Ríos: Sí, soy yo.

Iñaki: Soy Iñaki Induráin, de Agencia ELE. Le llamo para hacerle una encuesta sobre los medios de comunicación, ¿tiene unos minutos?

Tfno. Fernado Ríos: Sí, pero tiene que ser rápido, es que tengo que ir a trabajar…

Entre líneas
1. Al teléfono
c

🔊 59

Juan: ¿Diga?

Miquel: Hola, ¿está Carmen, por favor?

Juan: ¿De parte de quién?

Miquel: Soy Miquel, un compañero de trabajo.

Juan: Un momento, por favor.

Juan: ¡Mamáááá al teléfono! ¡Un compañero del trabajo!

Carmen: ¿Sí?

Miquel: ¿Carmen?

Carmen: Sí, soy yo.

Miquel: Hola, Carmen, soy Miquel….

4. Yo no puedo… yo tampoco
b

🔊 60

Hombre: No me gusta nada hacer compras en internet

Mujer: ¡Mañana salgo de vacaciones!

Hombre: Hoy no puedo ir al cine.

Mujer: Me encantan las series de televisión.

c

🔊 61

Hombre: Hoy no llevo pantalones vaqueros.

Mujer: ¡Me encanta levantarme temprano!

Hombre: Tengo hambre.

Mujer: No me gustan nada las películas de terror.

5. La encuesta de Iñaki
a

🔊 62

Fernando Ríos: ¿Dígame?

Iñaki: ¿Fernando Ríos?

Fernando Ríos: Sí, soy yo

Iñaki: Soy Iñaki Induráin, de Agencia ELE. Le llamo para hacerle una encuesta sobre los medios de comunicación, ¿tiene unos minutos?

Fernando Ríos: Sí, pero tiene que ser rápido, es que tengo que ir a trabajar.

Iñaki: No se preocupe, es solo un minuto.

Fernando Ríos: Vale, pues, dígame.

Iñaki: ¿Qué medios de comunicación e información utiliza usted diariamente?

Fernando Ríos: Pues, mire, creo que todos: la radio, el periódico, la tele, el ordenador…

Iñaki: ¿Internet?

Fernando Ríos: Sí, eso, internet.

Iñaki: Vale, empecemos por la radio. ¿Qué tipo de programas suele escuchar?

Fernando Ríos: Pues las noticias y también música, mucha música.

Iñaki: Bien, ¿y cuándo la escucha la radio? ¿En qué momento del día?

Fernando Ríos: Mientras voy al trabajo, en el coche, por las mañanas. Claro, y también por la tarde, cuando vuelvo a casa.

Iñaki: Ahora, la tele. ¿Qué programas le gusta ver?

Fernando Ríos: Pues veo el telediario y lo que pongan después. Ya sabe, alguna serie o los programas esos del corazón. También el fútbol, claro.

Iñaki: ¿Y a qué hora la ve?

Fernando Ríos: Pues por la noche, mientras ceno y un ratito después de cenar.

Iñaki: ¿Y la prensa?

Fernando Ríos: Pues leo el periódico casi todos los días y también leo revistas de mi profesión. Es que soy médico, ¿sabe?, y tengo que estar al día.

Iñaki: Ya.

Fernando Ríos: El periódico lo leo mientras desayuno y en la cama, cuando me acuesto. Y las revistas las leo antes de cenar en un café muy tranquilo que hay cerca de mi casa, mientras me tomo un vinito.

Iñaki: ¿Y qué secciones del periódico le interesan más?

Fernando Ríos: Pues las noticias del extranjero, sobre todo. Y todo lo relacionado con la salud, claro.

Iñaki: Por último vamos a hablar de internet.

Fernando Ríos: Vale, internet. Todas las noches antes de ir a dormir entro para ver el e-mail. También llamo por teléfono a mi hijo, que vive en el extranjero. Es mucho más barato que el teléfono normal.

Iñaki: ¿Y no busca información en la web?

Fernando Ríos: Sí, sí, bastantes veces al día, en el trabajo. También la uso para comprar los billetes cuando tengo que viajar.

Iñaki: Muy bien, señor Ríos. Pues ya hemos terminado. Ahora solo me queda una última pregunta. ¿Cuántos años tiene?

Fernando Ríos: 47.

Iñaki: Pues, ya está, muchísimas gracias.

Fernando Ríos: De nada, de nada. Que tenga un buen día.

En línea con
2. ¿Informados?
b

🔊 63

Fragmento 1

Locutor: Radio Nacional de España. Informativos.

Locutora: Son las doce de la noche, las once en Canarias. Buenas noches. Rodríguez Zapatero se encontrará en la Casa Blanca con el Presidente Bush…

Fragmento 2

Locutora 1: Radio3.

Locutora 2: Radio Nacional de España.

Locutor: Radio 3 y «Rock Reactor» presentan la gira española de Joe Bonamassa. El próximo lunes 17 de noviembre, de 3 a 4 de la madrugada, edición especial de Rock Reactor dedicada a este increíble guitarrista de blues. Y además, Joe Bonamassa regala 2 guitarras eléctricas a los oyentes de Radio 3.

Fragmento 3

Locutora: A hombros de gigantes. Con Manuel Seara Valero. Un espacio de radio dedicado a la ciencia.

Locutor: Mañana sábado se clausura en Valencia el primer congreso mundial de biodiversidad marina, un encuentro en el que participan más de 500 investigadores procedentes de 42 países, y todos ellos con un objetivo: preservar los océanos ante el deterioro causado en los últimos años por la acción humana y el cambio climático.

Fragmento 4

Locutor: Muy buenas noches a todos los oyentes de «La estación azul», saludos de Ignacio Helguero. Invitados, esta noche, dos poetas alemanes y un poeta español. Los poetas alemanes que van a estar con nosotros: Heinrich Heine y Goethe.

Fragmento 5

Locutora 1: Documentos. Radio Nacional de España.

Locutora 2: Estados Unidos, 2008: Las elecciones del cambio. Nueva York, 1789. Balcón del Federal Hall. Toma de posesión del Primer Presidente de los Estados Unidos, George Washington: «The constitution of the United States».

Fragmento 6

Locutor 1: ...España, portal, ahí va Sena, pierna derecha ¡gol!

Locutor 2: ¡Tómalo! ¡Tómalo!

Locutor 3: Golazo, Gooolazo.

Locutor 1: ¡¡¡Goooooooooooooooooooooooooooooooooooooooooool!!! ¡Goooolazo de Marcos Sena! Gol, gol, gol, gol, gol. ¡Gol del Villareal!

Fragmento 7

Locutora 1: Bienvenidos al reino de los cuentos. Cinco minutos de cuento han de bastar para que brujas, ogros, madrastras y lobos os hagan pensar y a vuestra fantasía volar. Hola, chicos. ¿Alguno de vosotros sabía que hace mucho, pero que mucho, mucho tiempo los elefantes no tenían trompa?

3. Navegando
b

Locutor: Los españoles e internet. ¿Y qué pasa con internet? ¿Usamos internet los españoles? ¿Qué hacemos cuando estamos conectados? Pues según una encuesta realizada en febrero de 2008 por el Centro de Investigaciones Sociológicas, la mitad de los españoles utiliza internet. Y una parte muy importante, el 65%, se conecta todos o casi todos los días. El 91% de los encuestados entra en internet para buscar información y el 79% escribe correos electrónicos. Un 48% baja música, vídeos y películas, ¡Sí, un 48%! ¿Es legal esto? Y un 46% chatea y participa en foros. Sin embargo, solo un 25% se dedica a hacer compras en línea y mucha menos gente, el 8%, se mete en la red para hacer llamadas telefónicas.

UNIDAD 12

Primera línea
2. ¡Tengo sueño!
b

1.

Niño: Mamá tengo hambre. ¿Me preparas un bocadillo?

Madre: Sí, ¿de qué lo quieres?

2.

Mujer: Ufff... ¡Qué calor hace hoy! ¿Me dejas tu abanico?

3.

Hombre: Ahhhh... La película me gusta pero tengo sueño, me voy a la cama. ¿Te quedas?

Mujer: Sí, voy a esperar a que termine.

Hombre: Vale, buenas noches.

Mujer: Buenas noches.

4.

Chico: Perdone, ¿puede darme un vaso de agua? Tengo mucha sed.

Mujer: Sí, claro.

5.

Chica: ¡Qué fuerte está el aire acondicionado! Tengo frío.

Chico: Pues ponte el jersey.

6.

Mujer: Mira el termómetro: tienes fiebre, 38 grados...

Hombre: Sí, ¿y qué hago?

Mujer: Pues tómate una aspirina y vamos ahora mismo al médico.

3. Partes del cuerpo
b

Mujer: ¡Qué divertidas son! ¿A ti cuál te gusta?

Hombre: A mí la que más me gusta es la que levanta la pierna.

Mujer: ¿La que tiene las dos piernas levantadas?

Hombre: No. La que tiene la pierna levantada y las manos al lado de la cabeza de la otra mujer.

Mujer: Pues a mí la que más me gusta es la que tiene la mano en la espalda de la otra bañista.

Hombre: No sé cuál es.

Mujer: La que está con la mano en la bañista de delante y tiene una mano en su pierna.

Hombre: Ah, la de en medio.

Entre líneas
6. ¿Tiene algo para...?
a

Luis: Hola, buenas tardes.

Farmacéutica: Buenas tardes, ¿qué desea?

Luis: Por favor, ¿tiene algo para los granos? ¡Me pica muchísimo!

Farmacéutica: Sí, claro, ¿ha tenido fiebre? ¿Le duele algo más?

Luis: Bueno, fiebre no, pero me duele un poco la cabeza y también el estómago...Seguramente he comido algo que me ha sentado mal.

Farmacéutica: Bueno, pues esta crema es muy buena para el picor. Solo puede utilizarla durante cinco días.

Luis: Y, ¿cuántas veces al día?

Farmacéutica: Tres veces al día.

Luis: ¿Puedo ir a la playa?

Farmacéutica: Sí, claro, pero no debe tomar el sol. Y tiene que ponerse la crema después de bañarse.

Luis: De acuerdo. ¿Cuánto es?

Farmacéutica: 4 €.

Luis: Aquí tiene.

Farmacéutica: Muchas gracias. Adiós.

Luis: Adiós, gracias.

En línea con
2. Terapias naturales y alternativas
b

Paloma: Llevo cinco años acudiendo a las sesiones. Al principio, las agujas me asustaban, pero luego te acostumbras. He pasado por varios profesionales. Durante una temporada dejé de tratarme con esta técnica porque no sentía mejoría. Además, como en España este tratamiento no lo cubre la Seguridad Social, porque estas terapias no están dentro del sistema sanitario público, para mí era muy caro y veía que el tratamiento se alargaba.

La primera acupuntora me dijo que experimentaría una gran mejoría, pero no me explicó el tratamiento. Según ella, la acupuntura servía para todo. Mi acupuntora actual es algo más concreta sobre los resultados que se pueden obtener, y sobre los dolores para los que puede o no ser útil esta terapia. Porque la acupuntura no lo cura todo, y puede tener efectos negativos, yo los he tenido, sentía calambres cuando me introducían la aguja, pero bueno, ahora ya no los tengo. Las agujas son muy finas y no duelen cuando te las ponen porque la profundidad es muy poca. De todas maneras yo combino la medicina tradicional con la acupuntura.

3. Medicina tradicional o medicina alternativa
a

Entrevistadora: Carlos, ¿por qué hay que elegir las medicinas tradicionales?

Carlos: Básicamente porque los médicos prescriben un principio activo que está demostrado que es eficaz.

Entrevistadora: ¿Y tú crees que es mejor que la medicina alternativa?

Carlos: Sí, tiene más calidad porque está controlado. Todos los medicamentos tienen un código, el registro sanitario.

Entrevistadora: ¿Y tú, Daniel? ¿Por qué crees que eliges la medicina alternativa?

Daniel: En mi caso viene de familia. Mi abuelo es de la Asociación de Médicos Naturistas. Trajo la acupuntura a España desde China. Luego fue mi padre, con una editorial. Y ahora yo, con la tienda.

Entrevistadora: ¿Y tú crees que es mejor que la convencional?

Daniel: Es complementaria. Hay cosas que está bien tratarlas con medicamentos. Pero la medicina alternativa es menos dañina para el cuerpo y más barata. Y hay terapias, como la acupuntura, que pueden evitar la cirugía.

Entrevistadora: Carlos, ¿alguna vez te has tratado con medicina alternativa?

Carlos: Yo soy farmacéutico. Si algún producto se vende en farmacias, sí, porque están preparados. Pero de herboristerías, no. Algunas cosas pueden incluso ser dañinas.

Entrevistadora: Daniel, ¿utilizas la medicina convencional?

Daniel: Si puedo evitarlo, lo hago. Pero quiero insistir en que son complementarias.

UNIDAD 13

Primera línea
2. Ocasiones especiales y viajes
b

Locutor: Buenas tardes, mis queridos oyentes. Aquí estamos una tarde más en el concurso «Vivir para viajar». Hoy nos ocupamos de los viajes de paso del Ecuador. ¿Quién no recuerda su viaje de paso del Ecuador?... Ese viaje que hacemos cuando estamos en el segundo o tercer año de carrera y ya hemos recorrido la mitad del camino. Playa, sol, la compañera de la que estaba enamorado y que no me hacía ni caso, el relax después de los exámenes... ¡Ah, qué recuerdos! Pues bien, ya sabéis que podéis ganar un fantástico crucero por el Mediterráneo si nos llamáis y nos contáis cómo fue vuestro viaje de paso del Ecuador, ¿adónde fuisteis?, ¿cómo lo organizasteis?, y ¿cómo conseguisteis el dinero?... ¡Ah! Aquí tenemos nuestra primera llamada de la tarde. Hola, qué tal? Bienvenido a «Vivir para viajar». ¿Cuál es tu nombre?

Peter: Peter, me llamo Peter.

Locutor: Hola, Peter, ¿de dónde eres?

Peter: Soy americano, de Nueva York.

Locutor: ¡Ah! Muy bien. ¿En Estados Unidos también hacéis viajes de este tipo?

Peter: Pues, sí...

Locutor: ¿Adónde fuisteis?

Peter: Bueno, yo fui solo y a trabajar en un proyecto a Gambia.

Locutor: ¿Tú solo? ¿A trabajar en un proyecto? ¿Como viaje de estudios con tus compañeros de clase?

Peter: No, bueno, fui después de la universidad, en mi país lo llamamos *year off*.

Locutor: Creo, mi querido Peter, que tu experiencia tiene que ser muy interesante pero no se trata de un viaje de paso del Ecuador. Lo siento, no puedes concursar porque necesitamos a gente con experiencias en pasos del Ecuador, ¿vale? Gracias por tu llamada...

Peter: Ok, no pasa nada. Gracias a vosotros.

Locutor: Aquí tenemos la siguiente llamada. Hola, buenas tardes, ¿Tu nombre por favor?

Josito: ¡Buenas tardes! Mi nombre es Josito.

Locutor: ¿De dónde eres?

Josito: Pues de Buenos Aires, Argentina.

Locutor: Muy bien, a ver... cuéntanos cómo fue tu viaje.

Josito: Bueno, yo paso el Ecuador cada vez que voy a mi país, la última vez fue el año pasado, compré los billetes con mucha antelación...

Locutor: Perdona un momento, ¿me hablas de un viaje a tu país, a Argentina?

Josito: Sí, fui el año pasado....

Locutor: Lo siento, creo que te confundes, no hablamos de atravesar el Ecuador, plano perpendicular al eje de la Tierra.

Josito: Ah, ¿no? Pues, ¿de qué tipo de viaje, entonces?

Locutor: Viajes que se hacen en la universidad normalmente el tercer año de carrera, es decir a la mitad, como si fuera el ecuador de los estudios.

Josito: ¡Ah! Sí, claro, entiendo, pues perdone, ¿eh? lo siento...

Locutor: Nada, tranquilo, no pasa nada... otra vez será. Gracias por tu llamada.

Josito: Gracias a ustedes. ¡Hasta pronto!

Locutor: Tenemos una nueva llamada. A ver si esta vez hay suerte y tenemos a un concursante que nos cuente una experiencia de paso del... Hola, ¿qué tal? ¿Con quién hablo?

Guillermo: Guillermo Pereira.

Locutor: Encantado, Guillermo. Vamos a ver... Para participar nos tienes que contar tres cosas: ¿adónde fuisteis?, ¿cómo lo organizasteis?, y ¿cómo conseguisteis el dinero?

Guillermo: Vale, muy bien. Bueno, pues fuimos a Cuba porque era lo más barato y queríamos sol y playa.

Locutor: Vaya, vaya, los universitarios de ahora solo quieren pasárselo bien

Guillermo: Hombre, después de los exámenes estás tan cansado que lo único que quieres es no pensar y descansar en la playa. Lo organizamos todo por internet. Encontramos una oferta en una página con todo organizado y nos apuntamos. Para conseguir dinero vendimos camisetas y organizamos un par de fiestas en un pub cerca de nuestra Facultad.

Locutor: Muchas gracias, Guillermo. Con tu viaje has entrado directamente en el concurso... ¡Mucha suerte!

Guillermo: Gracias y espero que hasta pronto...

Locutor: Tenemos otra llamada... Hola, ¿qué tal? ¿Quién eres?

Ana: Hola, me llamo Ana Fernández.

Locutor: Encantado, Ana. Pues me imagino que ya conoces las tres preguntas: ¿adónde?, ¿cómo lo organizasteis?, y ¿cómo conseguisteis el dinero?

Ana: Pues fuimos a las islas Galápagos y lo organizamos tres meses antes de la boda.

Locutor: ¿Antes de qué?

Ana: De la boda, claro, gracias al dinero que nos dieron nuestros padres... ¡¡¡Fue maravilloso!!!

Locutor: Te recuerdo, Ana, que el tema del programa de hoy son los viajes de paso del Ecuador...

Ana: Sí, sí... que las islas Galápagos están en Ecuador. Primero volamos a Quito y desde allí, mi marido y yo, cogimos otro vuelo hasta las islas.

Locutor: Creo que me estás contando tu viaje de luna de miel, ¿verdad?

Ana: Sí, sí... porque fue a Ecuador.

Locutor: No, Ana. Gracias por llamar, pero necesitamos gente que nos cuente sus experiencias con viajes de estudios, ¿sabes?, paso del Ecuador.

Ana: ¡Ah! Perdón... ¡qué pena! Hasta la próxima, entonces...

Locutor: Gracias a ti, Ana. Un saludo.

Locutor: Vamos con la siguiente llamada, ¡a ver si hay más suerte! ¡¡Buenas tardes!!

3. En el aeropuerto

a

Diálogo 1

Pasajero 1: A ver... mira aquí hay un panel informativo.

Pasajera 2: ¡Ah! Menos mal... llevamos diez minutos dando vueltas y nada...

Pasajero 1: Llegadas, ¿no? Nuestro número de vuelo era el 286E.

Pasajera 2: Sí, sí, sí, muy bien... Mira, ahí está. Tenemos que ir a la sala de recogida de equipajes.

Pasajero 1: Sí, a la cinta número 4. Pero, ¿dónde está la sala ésa?

Pasajera 2: Ni idea... Espera, que le preguntamos a alguien.

Pasajero 1: Oye, perdona, ¿sabes dónde está la sala de recogida de equipajes?

Pasajera 3: Sí, miren... tienen que seguir por este pasillo y al fondo, a la derecha. ¿Ven a aquel señor de pelo blanco?

Pasajera 2: Ah, sí, gracias, gracias...

Pasajero 1: ¡Hasta luego!

Diálogo 2

Profesor: A ver... ¿estamos todos?

Grupo de chicos: Sí, sí... ya estamos aquí.

Profesor: Primero tenemos que facturar el equipaje, ¿vale? Vamos al mostrador 345 y allí...

Un chico: ¿En qué número?

Profesor: Mostrador 345: 3-4-5. ¿Está claro?

Una chica: Pero... ¿dónde está el mostrador 345?

Profesor: A ver. Escuchadme todos, por favor... El mostrador está en el pasillo B, vamos hacia la derecha... vamos todos juntos, por favor, no os separéis.

El chico: ¿Y qué hacemos allí?

Profesor: Muy buena pregunta. Como llevamos billete electrónico, no es necesario enseñarlo porque la azafata ya tiene nuestros datos en el ordenador y basta con mostrar el carné de identidad. Así que nos ponemos en la cola y con el carné de identidad en la mano preparado, ¿vale?

La chica: Yo no tengo carné, pero me traje el pasaporte, vale igual, ¿verdad?

Profesor: Sí, Ana, sí... Venga, vamos que se nos hace tarde.

Diálogo 3

Azafata: ¡Hola, buenos días! ¿Adónde va?

Pasajero: A Casablanca.

Azafata: ¿Su pasaporte, por favor?

Pasajero: Aquí tiene.

Azafata: ¿Va a facturar equipaje?

Pasajero: Sí, tengo una maleta...

Azafata: Ponga la maleta aquí, por favor. Gracias.

Pasajero: ¿Esta bolsa también?

Azafata: ¿Es el equipaje de mano?

Pasajero: Bueno, sí... en realidad, sí.

Azafata: Entonces, no, no la tiene que pesar. Veamos la maleta. ¡Uy! Pesa 22 kilos y solo permitimos 20. Tiene que pagar la diferencia.

Pasajero: No, no... espere un segundo. Ya está. ¿Y ahora? ¿Cuánto pesa?

Azafata: A ver... 20 kilos, 900... Se pasa un poquito, pero bueno, está bien.

Pasajero: Gracias.

Azafata: ¿Qué prefiere ventanilla o pasillo?

Pasajero: Ventanilla, por favor.

Azafata: A ver... Aquí tiene su tarjeta de embarque. La puerta de embarque es la K22 y empezaremos a embarcar a las 8:30.

Pasajero: Muchas gracias. ¡Adiós!

Entre líneas

5. Inmigrantes de hoy, emigrantes de ayer

b

1. Trabajé en una fábrica en Alemania durante 10 años. Cuando tuve suficiente dinero para crear mi propia empresa, volví a España. Eso fue en 1975.

2. Me fui a Irlanda cuando terminé la carrera. Allí estudié y trabajé en la universidad durante cuatro años.

3. Cuando terminé la universidad, quise tener una experiencia de trabajo en el extranjero. Busqué trabajo durante unos meses, y al final lo encontré. Ahora doy clases de francés en Madrid.

6. ¿Antes o después?
b

🔊 73

Ayer trabajé muchísimo. Por la mañana tuve una reunión con Sergio y Luis, y luego fui con Paloma a entrevistar a cuatro personas para un reportaje sobre «emigrantes de hoy y de ayer». Volví a la agencia a las 13.30 y empecé a escribir el reportaje. Comí con Sergio, Luis y Paloma, y hablamos de un reportaje que vamos a hacer la semana que viene. A las 16.00 volví a la oficina. A las 17.30 llamé por teléfono a Aboubakar D'Diaye, para preguntarle unos detalles. A las 19.00 terminé el reportaje de los emigrantes y lo entregué a la jefa. A las 19.00 salí de la agencia y me fui a casa.

7. El viaje de Sara
a

🔊 74

Amiga de Sara: Venga, enséñame ya las fotos de tu viaje a París que me muero de curiosidad. ¿Cómo fuisteis?
Sara: Vale... espera, que enciendo el ordenador... y aquí están. Mira, fuimos en avión, ésta foto es de nuestra llegada al aeropuerto. ¡Qué frío al salir! Tuve que esperar una hora mis maletas.
Amiga de Sara: ¡Qué horror! A ver cuéntame todo, anda... ¿Qué hicisteis en París?
Sara: Sí, mira... el primer día fuimos a ver la Torre Eiffel. Luis hizo muchas fotos. Le encanta hacer fotos. En esta, por ejemplo, estoy muerta de frío en la terraza de la torre.
Amiga de Sara: ¿Cuándo fuisteis?
Sara: En Navidad.
Amiga de Sara: Ah, claro... normal el frío... ¿Dónde estuvisteis, además de la Torre Eiffel?
Sara: Pues, mira... En esta otra foto estamos a la entrada del Museo del Louvre.
Amiga de Sara: Oye, ¿y por qué decidisteis ir a París?
Sara: Fuimos a visitar a Ana y a François. Ana es amiga de Sevilla, pero vive en París desde hace muchos años. Tienen una casa preciosa. Mira, aquí está la foto de la habitación en la que nos quedamos. Fue genial poder descubrir París y al mismo tiempo poder pasar unos días con Ana...
Amiga de Sara: A Ana no la conozco... ¡es muy guapa! ¿Cuánto tiempo os quedasteis?
Sara: Pues... una semana. Mira, esta foto fue la Noche de Fin de Año. Hicimos un crucero nocturno por el río Sena y fue genial. Luis y yo nos llevamos las doce uvas... como manda la tradición.
Amiga de Sara: ¡Qué guapos!
Sara: Mira esto es el día después... Fuimos a Montmartre y nos compramos un cuadro.
Amiga de Sara: ¡Qué bonito! ¿Dónde lo tienes? No lo he visto aquí en casa...
Sara: Sí, es que... lo perdimos en el metro de París.
Amiga de Sara: ¿Cómo? ¿En serio?
Sara: Pues sí. Salimos muy rápido en una de las paradas y dejamos el cuadro en el vagón del metro.
Amiga de Sara: ¿Y no hicisteis nada para intentar recuperarlo?
Sara: Pues, sí, pero no encontraron nada...

En línea con
2. Como en mi pueblo...
b

🔊 75

Ulrike: No sé por qué los españoles dicen esto. Ellos creen que su pueblo de origen siempre es el mejor del mundo. No puede ser que todos los pueblos de España sean los mejores del mundo, pero ellos se lo creen. Pero esto es porque no han visto muchos otros pueblos...
Locutora: Sí, eso puede ser...

3. Una suiza en España
a

🔊 76

Locutora: Tú vives en Madrid...
Ulrike: Sí, vivo en Madrid.
Locutora: Y llegaste allí en un momento clave para un periodista, justo antes de la muerte de Franco. Viviste la Transición...
Ulrike: Sí. Vine muy joven, vine muy joven, y viví momentos muy importantes para una periodista que viene de un país muy estable, muy sólido, como es Suiza.
Locutora: ¡Hombre, claro! ¿Te acuerdas de algún momento especial?
Ulrike: Por ejemplo, estuve en el Parlamento, el 23 de febrero del 81.
Locutora: ¿El 23-F estuviste en el Parlamento?
Ulrike: Sí, sí... Y pude vivir también otros momentos muy importantes, y estoy muy agradecida. Pero ahora en España no hay crisis, ni cambio de gobierno, ni nada. El país es tan estable, que parece Suiza. Mejor para los españoles, pero para los periodistas que escribimos sobre temas políticos hay menos temas de primera página.
Locutora: Oye, y cuando te retires, ¿vas a quedarte en España, volverás a Suiza, o qué piensas hacer?
Ulrike: Me voy a quedar aquí, porque mis hijos quieren vivir aquí. Les gusta más España, y no tengo ninguna razón de regresar permanentemente a Suiza. Solo para ver amigos, para ver el país... De vacaciones.

c

🔊 77

Locutora: Entonces, tú tienes tres hijos, y los tres quieren quedarse en España.
Ulrike: Sí...
Locutora: ¿Qué dicen de Suiza? ¿Qué les parece?
Ulrike: Bueno, en Suiza es un poco más difícil acostumbrarse a las relaciones humanas. Son un poco más distantes, un poco más modestos, un poco más tranquilos..., más fríos, si quieres.
Locutora: ¿Más aburridos?
Ulrike: Son más tímidos, no se abren tan fácilmente como aquí, no hay un contacto físico como en España... Bueno, la gente es un poco más distante. Es otro tipo de sociedad. Y el clima tampoco... El clima es la razón para muchos suizos de vivir en España.

UNIDAD 14

Entre líneas
2. El Juanjo de ayer y de hoy
a

🔊 78

Paloma: ¿Sí?
Rocío: Paloma, ¿qué tal? Soy Rocío.

Paloma: ¡Ay!, hola, Rocío, ¿cómo andas?
Rocío: Por aquí, de domingo. Te llamaba para preguntar qué tal te fue ayer con Juanjo, como estabas un poco preocupada el viernes...
Paloma: Bien, bien, bastante bien, un poco raro todo.
Rocío: ¿Por qué raro?
Paloma: Bueno, después de tantos años...
Rocío: ¿Es tan guapo como antes?
Paloma: La verdad es que físicamente ha cambiado mucho. Cuando íbamos a la universidad tenía el pelo muy moreno y casi siempre lo llevaba corto.
Rocío: ¿Y ahora?
Paloma: Pues ahora lo tiene casi blanco, largo y con rastas.
Rocío: ¿Rastas?
Paloma: Sí, como Bob Marley, ya sabes.
Rocío: Ja, ja...
Paloma: Y también es un poco más gordo que cuando tenía veinte años, claro. Pero sigue siendo un hombre atractivo.
Rocío: Ya. Bueno, ¿y a qué se dedica ahora?
Paloma: Pues vive en el campo, solo come verduras y trabaja por su cuenta haciendo reportajes.
Rocío: Ya.
Paloma: Antes, que yo sepa, no le gustaba nada el campo, comía hamburguesas todo el tiempo y quería ser funcionario.
Rocío: Curioso.
Paloma: Sí, y tiene dos hijos. Antes tenía un perro.
Rocío: ¡Pues sí que ha cambiado, sí!
Paloma: Cuando salíamos de marcha, tomaba vino, cerveza, cubatas, lo que fuera. ¿Y sabes lo que se pidió el sábado para beber? Un zumo de manzana.
Rocío: ¡Mucho más sano!
Paloma: Antes tocaba la guitarra, ahora toca el piano. Y fuma, ¿te lo puedes creer? Antes odiaba el tabaco, siempre tenía en la boca un chicle de menta.
Rocío: ¡Ahora, cuando todo el mundo ha dejado de fumar!
Paloma: Sí, y antes era muy aficionado al cine, iba casi todas las semanas. Cine y gimnasio, cine y gimnasio. Pues ahora nada de cine. Pero se ha comprado un telescopio para mirar las estrellas, las de verdad, no las de Hollywood y dice que pasea mucho por el campo.
Rocío: ¡Muy interesante!
Paloma: Yo me compré un vestido elegante para la ocasión, con unos zapatos altos que eran incomodísimos... recuerdo que él antes iba siempre con unos vaqueros, una camisa y una americana y se reía de mis minifaldas y mis camisetas de colores...
Rocío: Un poco pijo, ¿no?
Paloma: Sí, sí... pues el sábado, llevaba unos pantalones de pana con un jersey de lana.
Rocío: O sea que hacíais buena pareja...
Paloma y Rocío: ¡Ja, ja, ja!....

6. De compras
b

🔊 79

Paloma: Hola, buenos días, quería probarme los zapatos negros del escaparate.
Dependiente: ¿Cuáles? ¿Los altos o los bajos?
Paloma: Los altos, los de tacón.

Dependiente: Vale ¿qué número necesita?

Paloma: El 38.

Dependiente: Sí, aquí están, tome, son estos.

Dependiente: ¿Qué tal le quedan?

Paloma: Pues, creo que me quedan demasiado grandes. ¿Me puede dar un número más pequeño?

Dependiente: Sí, sí, aquí tiene.

Paloma: ¿Cuánto cuestan?

Dependiente: 60 euros, están muy rebajados. Antes costaban 110.

Paloma: Vale, me los llevo.

Dependiente: ¿Va a pagar con tarjeta o en efectivo?

Paloma: En efectivo, aquí tiene.

Dependiente: Pues, gracias y hasta otro día.

7. Un lugar en nuestra vida
b

Mujer: Cierra los ojos y trasládate a un lugar de tu pasado que recuerdes bien. Piensa en los colores, la gente y las cosas que había allí, los olores, los sonidos…
Ahora abre los ojos y escribe en un papel las respuestas a las siguientes preguntas:
¿Qué cosas había en aquel lugar?
¿De qué colores eran esas cosas?
¿Cómo eran esas cosas? ¿Grandes o pequeñas? ¿Viejas o nuevas? ¿Bonitas o feas?
¿Qué personas había normalmente allí?
¿Cómo eran esas personas? ¿Jóvenes o mayores? ¿Divertidas o aburridas?
¿Qué hacía la gente normalmente en ese lugar?
¿Cómo eras tú en aquel tiempo? ¿Cuántos años tenías más o menos?
¿Qué ropa llevabas?
¿Qué hacías normalmente allí?
¿Era un lugar agradable? ¿Te gustaba estar allí?

En línea con

2. De colores
c

Rocío: Hola, buenos días, señora. Mire, estamos haciendo un reportaje sobre los colores de la ropa de la gente, ¿me puede decir cómo se llama?

Lola: Sí, hija, sí. Lola, me llamo Lola.

Rocío: Bueno, Lola, ¿les puede explicar, por favor, a nuestros oyentes cómo va usted vestida hoy?

Lola: ¿Cómo voy vestida yo? Pues, normal, muy normalita. Llevo una falda gris y un jersey verde, verde oscuro.

Rocío: ¿Y por qué esos colores, Lola? ¿Alguna razón especial?

Lola: Bueno, es que a mí me gusta mucho el gris, ¿sabe? Es un color serio, propio de mi edad, pero no tan triste como el negro. Y el jersey verde porque combina bien con el gris, ¿no?

Rocío: ¡Claro! Va usted muy guapa. Muchas gracias, Lola.

Lola: De nada, adiós.

Rocío: Señor, ¿le importa contestar a unas preguntas sobre su ropa para un programa de radio?

Antonio: No, no, dígame.

Lola: ¿Cómo se llama?

Antonio: Antonio.

Lola: Bien, Antonio, veo que va vestido con un traje negro, también lleva corbata oscura, negra, ¿verdad? ¿Por qué esos colores?

Antonio: Bueno, mire, es que, desgraciadamente, después de trabajar tengo que ir al funeral de un amigo…

Rocío: ¡Ah! Lo siento, muchas gracias, Antonio, por su colaboración.

Rocío: Hola, oye, ¿te importaría contestar a unas preguntas para la radio sobre la ropa que llevas hoy?

Ricardo: No, no, dime.

Rocío: ¿Nos puedes decir tu nombre y explicar a los radioyentes cómo vas vestido?

Ricardo: Ricardo, me llamo Ricardo, y llevo unos vaqueros, una cazadora de cuero y una camiseta.

Rocío: Sí, y los vaqueros son azules, la cazadora negra y la camiseta naranja, ¿por qué esos colores?

Ricardo: Pues, no sé, los vaqueros normalmente son azules, ¿no? Y la cazadora es de mi hermano. Y la camiseta… no sé, el naranja es guapo, ¿no?

Rocío: Claro, gracias, Ricardo.

Ricardo: Hasta luego.

Rocío: Hola, estamos haciendo un reportaje para la radio sobre la ropa y los colores que lleva la gente, ¿te importa contestar a unas preguntas?

Verónica: Vale, dime.

Rocío: ¿Cómo te llamas?

Verónica: Verónica.

Rocío: Gracias, Verónica, y ahora cuéntanos, por favor, cómo vas vestida.

Verónica: Pues llevo un vestido de flores rojo, verde y amarillo y una chaqueta negra.

Rocío: ¿Y por qué?

Verónica: Porque me gustan los vestidos, son mucho más cómodos que las faldas o los pantalones. Y la chaqueta la llevo porque por las mañanas hace fresco.

Rocío: Y los colores, ¿por qué?

Verónica: ¡Ah, los colores! Bueno, me he levantado esta mañana, hacía sol, hoy es viernes… en fin, me apetecía ponerme algo alegre. Y la chaqueta negra porque combina con todo, ¿no?

Rocío: Con todo, sí, sí. Gracias, Verónica.

Verónica: De nada, hasta luego.

UNIDAD 15

Primera línea

3. La vida es así
b

Periodista: ¡Hola, amigos! Bienvenidos a una edición más de nuestro programa «Españoles en el mundo». Hoy estamos en Tokio, donde hemos contactado con Alejandro, un español de Sevilla que vive desde hace varios años en esta ciudad de Japón. Primero de todo, Alejandro, unas preguntas para que te conozcamos todos un poco, ¿vale?

Alejandro: Sí, sí, claro, por supuesto.

Periodista: A ver, tú naciste en Sevilla, ¿no?

Alejandro: Sí, en Sevilla, en el barrio de Triana.

En 1982 para más señas.

Periodista: ¡Ay, en el barrio de Triana! ¡Qué bonito! ¿Viviste allí mucho tiempo?

Alejandro: Bueno, hasta los 15 años, hasta que murió mi abuela.

Periodista: Vaya.

Alejandro: Sí. Entonces mi padre decidió cambiar de trabajo y nos fuimos a vivir a Valencia. Allí empecé la Universidad.

Periodista: ¿Ah, sí? ¿Y qué estudiaste?

Alejandro: Bueno, pues al principio no sabía qué estudiar, pero era bueno en Matemáticas y al final me decidí por hacer Informática. Me licencié en 2004.

Periodista: ¿Te licenciaste en Informática? ¡Vaya, chico listo! Oye, ¿y no me podrías arreglar un problemita que tengo con el ordenador…? Se trata de un virus…

Alejandro: Eh… sí, bueno, lo podemos intentar…

Periodista: ¡Era broma! Bueno, cuéntame: ¿cómo es que te viniste a vivir a Japón?

Alejandro: Bueno, pues ya antes de terminar la carrera, cuando todavía estaba en Valencia, empecé a estudiar japonés. No sé, me gustaba…: una cultura tan distinta… Y luego, después de la Universidad, resulta que… en fin, que como hablaba un poco de japonés y ya había terminado la carrera, pues gané una beca para trabajar en una empresa multinacional japonesa.

Periodista: ¿Aquí, en Tokio?

Alejandro: Pues sí.

Periodista: O sea, que te viniste a Japón por motivos de trabajo.

Alejandro: Sí, eso es.

Periodista: ¿Y no nos vas a decir qué multinacional era?

Alejandro: Eh… sí, claro: Yamaha.

Periodista: ¡Caramba, Yamaha! Luego me darás un paseo en moto, ¿no?

Alejandro: ¡Ja, ja, ja!

Periodista: A ver, más cosas: hablemos del amor. ¿Estás casado? ¿Tienes novia? ¿O novio?

Alejandro: Tenía, tenía, pero ya no. Estoy divorciado. Conocí a una chica japonesa, Noriko, y nos casamos en 2007 pero la cosa duró poco. Nos separamos el año pasado.

Periodista: Vaya, lo siento. Y no sé si te puedo preguntar… ¿teníais hijos?

Alejandro: Sí, tenemos una niña, Akiko. Hoy está con su madre.

Periodista: ¡Ah, claro! Bueno, pues creo que ya te he hecho unas cuantas preguntas personales. Ahora me podrías enseñar un poco la ciudad. ¿Adónde vamos?

Entre líneas

4. Experiencias interesantes
b

Diálogo 1

Hombre 1: Oye, ¿tú has trabajado como voluntario alguna vez?

Hombre 2: Eh… pues sí, una vez, pero hace muchos años, en Francia.

Hombre 1: ¿En Francia? ¿Y cómo fue eso?

Hombre 2: Pues… yo estudiaba en el Instituto Francés de Barcelona, y un día la profesora llegó a clase y nos comentó la posibilidad de ir al sur de Francia como voluntarios, en verano, para hacer excavaciones arqueológicas.

Hombre 1: ¡Excavaciones arqueológicas! ¡Qué interesante!

Hombre 2: Sí, muy interesante. La verdad es que aprendí muchas cosas.

Hombre 1: ¿Sí? ¿Como qué, por ejemplo?

Hombre 2: Bueno, primero, cómo vivían los hombres prehistóricos, pero sobre todo, aprendí a trabajar en grupo y a convivir con otras personas.

Diálogo 2

Mujer 1: Pues yo he trabajado de canguro bastantes veces, la verdad.

Mujer 2: ¿Ah, sí? Cuenta, cuenta.

Mujer 1: Pues... bueno, nada especial. Es que mi hermana tiene dos niños y cuando eran pequeños, y mi hermana y su marido salían por la noche, pues yo iba a su casa.

Mujer 2: ¿Y qué hacías?

Mujer 1: Pues nada, jugaba con ellos, les contaba cuentos, les daba la cena...

Mujer 2: ¿Y nunca pasó nada? Quiero decir, ¿un accidente o algo?

Mujer 1: ¡Ah, sí, sí!, una vez mi sobrina Sara rompió el cristal de una mesa que había en el salón con la cabeza. ¡Qué susto!

Mujer 2: ¡No me digas! ¿Y qué hiciste?

Mujer 1: Pues la llevé corriendo al hospital y llamé a mi hermana, claro.

En línea con
2. Ciudadanos del mundo
b

1. Elena

Periodista: Este curso, Elena ha cambiado el colegio en el que estaba dando clases en Madrid por uno que está más lejos: en Malabo, la capital de Guinea Ecuatorial. Ni más ni menos.

Periodista: ¿De dónde eres, Elena?

Elena: De Madrid, del barrio de Aluche.

Periodista: ¿Por qué decidiste venir a Guinea Ecuatorial?

Elena: Pues... porque tenía ganas de conocer cómo era la cultura en un país de África occidental, en Guinea se habla español, salió la oportunidad en el colegio y, nada, me vine para acá, de profesora de educación infantil, con niños de cuatro añitos. Y, la verdad, que... contenta.

Elena: Me vine sin pensarlo mucho. Me lo ofrecieron y tampoco sabía mucho cómo iba a ser aquí la vida.

Periodista: ¿Cómo reaccionaron tus amigos cuando les contaste que querías irte a Guinea?

Elena: Pues no se sorprendieron. Ya saben cómo soy, ¿eh?

2. David

Periodista: Si hay algo con lo que disfrutan David y su mujer, María, es descubriendo los lugares más desconocidos de la ciudad de Nicosia, la capital de Chipre. Hoy, esta pareja de arquitectos nos ha permitido acompañarles.

Periodista: ¿David? ¡Hola, David!

David: ¡Hola! Esta es María, mi esposa.

Periodista: ¡Hola, María!, ¿qué tal? ¿Cómo estás?

María: ¡Hola! Bien.

Periodista: ¿Tú de dónde eres, David?

David: De Palencia, de Palencia con «p». Y

María es de aquí, de Nicosia; ella es chipriota, estamos casados y somos arquitectos los dos.

Periodista: ¿Cómo os conocisteis?

María: Nos conocimos en Atenas, en la Escuela de Arquitectura de Atenas y como a mí y a mis amigos nos gustaba mucho la gente extranjera de Erasmus, porque conocíamos varias culturas y tal, pues así nos conocimos.

Periodista: O sea, vamos, que os enamorásteis locamente en Atenas y tú, David, te viniste a Chipre... por amor, ¿no?

David: Pues sí, en pocas palabras, eso fue.

Periodista: María, ¿por qué este edificio en el que estamos es tan especial para vosotros?

María: Pues, aquí hicimos la cena de nuestra boda porque es un lugar muy especial arquitectónicamente; es uno de los espacios más bonitos —restaurados— en la ciudad antigua y, no sé, tiene un encanto.

Periodista: Cuéntanos, David, qué pensáis hacer en este sitio.

David: Pues mira, aquí hay mucha gente aficionada al fútbol. El fútbol es el deporte... el deporte más importante, es el deporte nacional. Entonces, la idea es hacer una peña del Real Madrid aquí, en Chipre, que no hay.

María: ...Y la inauguración, la vamos a hacer aquí.

David: ...Intentamos hacer cosas que acerquen a los dos países, a Chipre y España. Ya que estamos tan lejos, crear lazos de unión. Y eso va a ser muy bonito, yo creo. Va a poder... porque, claro, lo del fútbol es una excusa, pero lo importante es hacer cosas que, que..., es lo bonito, que se junten los países.

3. Verónica

Periodista: Vino con su marido a poner molinos de viento. Ahora es empresaria y madre.

Periodista: ¿Española, de dónde?

Verónica: De Salas, Asturias.

Periodista: ¿Y qué hace aquí una asturiana?

Verónica: Pues junto con mi marido hemos creado nuestra propia empresa, aquí, en China. Llevamos cuatro años, casi, viviendo aquí.

Periodista: ¿Y ahora, adónde me llevas?

Verónica: Pues mira, ahora te llevo a la estación de Guinantempo, que es donde tengo mi oficina.

Periodista: ¿Por qué decidisteis veniros los dos aquí, a China?

Verónica: Estábamos en Estados Unidos, haciendo un Máster, antes de venirnos a vivir aquí. Conocimos a una persona china allí y empezamos a conocer un poco este mundo, las oportunidades que podría haber y vinimos por primera vez en junio del 2005 y decidimos, pues... crear una empresa, nuestra propia empresa, y empezar a hacer negocios entre España y China.

Periodista: ¿Y de qué es la empresa?

Verónica: Pues mira, lo que hacemos principalmente es ayudar a empresas españolas que quieren instalarse en China y luego les ayudamos a comprar o a vender sus productos, a introducir su producto en el mercado chino, también.

Periodista: ¿Y qué tal vivir aquí?

Verónica: La verdad es que nunca me hubiera imaginado que iba a vivir aquí. Al principio fue un poco duro: la contaminación, los coches, la

lengua... pero, fíjate, cuatro años después, y aquí estoy. Shangai es una ciudad muy cómoda, la conozco...

Periodista: ¿Los chinos son muy distintos de los españoles?

Verónica: Pues al principio me parecían muy distintos, pero ahora, ya los vas conociendo poco a poco..., te haces tu grupo de amigos y resulta que tenemos muchas cosas en común: somos muy familiares, nos encanta hablar, la comida también es así, con tapas..., muchos platos..., les encanta estar por la calle, hacer tertulias...

4. Teo

Periodista: Me alejo de Lima en coche para entrar en la cordillera de los Andes. Después de dos horas de viaje llego hasta San Mateo, un pequeño pueblo que está a más de 3000 metros de altura. Aquí he quedado con Teo, un enamorado del Camino Inca.

Periodista: Timoteo, ¿qué tal? ¿Cómo va?

Teo: Hola, ¿qué tal?

Periodista: ¿De dónde eres, Teo?

Teo: Soy catalán, nacido en Cataluña, residente durante treinta años en Madrid y llevo veintiún años en América.

Periodista: Bueno, ¿adónde me vas a llevar?

Teo: Te voy a llevar al valle de Tarma, que es un valle muy bonito, donde vamos a ver algunos tramos del Camino Inca.

Periodista: ¿Y el Camino Inca, exactamente, qué es?

Teo: Es la ruta que utilizaron los Incas para expandir su imperio desde el siglo xi al siglo xiv, ¿no? Ahora hemos escrito un libro que narra todo el camino desde Quito, capital de Ecuador, hasta La Paz, capital de Bolivia. Son cerca de 3000 km.

Periodista: ¿Y qué se cuenta en ese libro?

Teo: Pues se cuentan los paisajes, el medio ambiente, la cultura de los pueblos andinos actuales...

Periodista: Y para eso, habrás andado por muchos tramos del Camino Inca, ¿no?

Teo: Pues cerca de 3000 km.

Periodista: ¡Tres mil kilómetros! Oye, ¿y en España qué hacías? ¿Tenías un trabajo de oficina o qué?

Teo: En España tenía un trabajo de oficina; era funcionario de la Comunidad de Madrid, pero tenía ganas de vivir otra vida, de hacer otras cosas, de..., no sé, de VIVIR, de vivir la vida de forma más auténtica, realmente.

Periodista: ¡Pues vaya cambio!, ¿no?

Teo: Sí, y entonces me vine a América y... ya van veintiún años aquí.

UNIDAD 16

Primera línea
2. Concurso de geografía
b

Presentador: Recibimos con un fuerte aplauso a nuestra siguiente concursante. Hola, Elvira, ¿cómo estás?

Concursante: Bien, bien, gracias. Un poco nerviosa...

Presentador: ¿Nerviosa? Nada de nervios, mujer, que todo va a ir bien. El tema que toca ahora es geografía. Ya sabes que tenemos ocho preguntas para hacerte. Las preguntas aparecerán en pantalla y tienes tres opciones para elegir. ¿Vamos allá?

Concursante: Sí, sí, cuando quieras. Mejor empezar ya.

Presentador: Vale, pues aquí va la primera pregunta. ¿Cómo es el agua de nuestro planeta? ¿El 97% salada y el 3% dulce, o el 73% salada y el 27% dulce o el 48% salada y el 52% dulce? ¡Qué lío! ¿no?

Concursante: ¡Vaya, porcentajes! Pues no estoy segura. Voy a decir que 73% salada y 27% dulce, la verdad es que no lo sé.

Presentador: Vaya, lo siento, Elvira, no es correcto. El 97% del agua del planeta es salada y solo el 3% es dulce. En fin, vamos a la siguiente, no pasa nada, todavía quedan siete preguntas. La segunda es: ¿qué océano es el mayor? el Atlántico, el Pacífico o el Ártico.

Concursante: Esta sí la sé. Seguro que es el Pacífico.

Presentador: Sí, señora, el Pacífico es el mayor con más de 166 000 Km². Después viene el Atlántico, que es casi la mitad de pequeño. ¿Vamos a la siguiente pregunta?

Concursante: Sí, sí.

Presentador: ¿Cuál es la montaña más alta de Europa: el monte Elbrus, el Mont Blanc o el Aneto?

Concursante: Pues creo que el Mont Blanc. Sí, venga, el Mont Blanc.

Presentador: Ya, casi todo el mundo piensa eso. Pero, no. La montaña más alta de Europa es el Monte Elbrus, en Rusia, en el Cáucaso. En realidad, el Mont Blanc es solo el pico más alto de Europa occidental. No pasa nada, Elvira, vamos a por la siguiente pregunta. ¿Qué cordillera está en África: el Atlas, la de Kuenlún o los Andes?

Concursante: ¿En África? El Atlas, ¿no?, que está en Marruecos.

Presentador: ¡Eso es, bravo! El Atlas, sí, en Marruecos y en Túnez, uno de los sitios más bonitos del mundo. Seguimos, quinta pregunta: ¿cuál es el desierto más seco del mundo: el Sáhara, el Gobi o el de Atacama?

Concursante: El Sáhara es el más grande, pero creo que no es el más seco. ¿Quizás el Gobi? No, no, creo que no, voy a decir Atacama.

Presentador: ¡Efectivamente, el Atacama! Un desierto costero que está en Chile, allí nunca llueve, o casi nunca. Sexta pregunta: ¿qué isla es la mayor: Gran Bretaña, Sumatra o Madagascar?

Concursante: Pues me parece que Madagascar, es probable, sí, sí, Madagascar.

Presentador: ¡Sí, Madagascar, muy bien! Lo estás haciendo estupendamente, Elvira, y ya casi estamos acabando esta fase. ¡Sigue así! ¿Cuál es la catarata más alta del mundo: el Salto del Ángel, las cataratas Victoria o las del Niágara?

Concursante: ¡Vaya! Ni idea, ¿las cataratas Victoria?

Presentador: No, qué pena, Elvira. La más alta es el Salto del Ángel, que está en Venezuela. Pero todavía nos queda la última pregunta: ¿cuál de los siguientes volcanes no está en Hawái: Mauna Loa, Kilauea o Krakatoa?

Concursante: Esta es difícil, todos me suenan

igual. Eee… Krakatoa, voy a decir Krakatoa.

Presentador: ¡Ahí estamos, Krakatoa! No está en Hawái, sino en Indonesia, en una isla que lleva el mismo nombre que el volcán. ¡Felicidades, Elvira! Gracias a esta respuesta pasas a la siguiente fase de nuestro concurso.

4. Un clima muy especial

a

Mujer 1: Bueno, y ¿qué tal? ¿Qué tal las vacaciones?

Mujer 2: Pues muy bien, hija, muy tranquilo, nada de pensar en el trabajo, estupendo.

Hombre 1: ¿Fuisteis por fin a la islita esa famosa? ¿Cómo se llama?

Hombre 2: Tudelán. Sí, sí que fuimos.

Mujer 2: Es una isla muy curiosa porque es muy pequeñita, la puedes visitar en un día y tiene muchas cosas diferentes.

Hombre 2: Que si bosques, desiertos, tiene un volcán, playas, ríos, unas montañas altísimas, en fin, es verdad que tiene de todo.

Mujer 1: ¿Y fuisteis un día solo?

Mujer 2: Sí, solo un día. Lo que tiene es un clima rarísimo, cambia de un sitio a otro un montón.

Mujer 1: ¿Sí?

Hombre 2: Fíjate que nosotros llegamos y lo primero que hicimos fue ir a ver las cataratas. Y allí hacía sol porque en esa zona el clima es bastante seco. Y entonces decidimos ir al lago, a darnos un baño. Pues allí llovía.

Mujer 2: Claro, en la zona del lago el clima es muy húmedo y llueve casi todo el año.

Hombre 2: Así que nada, nos fuimos al desierto. Y allí sol, otra vez, ¡y un calor!

Mujer 2: Sí, y entonces nos fuimos a las montañas, a la cordillera esa… ¿cómo se llama?

Hombre 2: Los Colpes.

Mujer 2: Los Colpes, sí, y ahí ya tuvimos de todo. Allí hay un clima muy duro.

Hombre 2: Sí, tormenta, granizo y un viento fuertísimo.

Mujer 2: Total, que nos fuimos al río y ahí había mucha niebla.

Hombre 2: Sí, una niebla que no se veía.

Hombre 1: ¡Vaya!

Hombre 2: Y luego en el bosque había muchas nubes y llovizno un poco.

Mujer 1: ¡Madre! ¡Qué cosa más rara!

Mujer 2: Sí, en pocos kilómetros hay clima casi tropical, mediterráneo, desértico y polar porque en el volcán nevaba y hacía un frío de muerte.

Hombre 1: ¿Nevaba? ¡Pues sí que es una cosa rara la isla esa!

Mujer 2: Bueno, y vosotros, ¿qué tal?

Entre líneas

4. ¿Qué hacer con la basura?

b

Profesor: Venga, vamos a empezar, todo el mundo atento. María, siéntate. Pedro, cierra la puerta.

Niño 1: ¿Puedo ir al baño?

Profesor: Ve, ve, pero deprisa, ¿eh? Bueno, hoy vamos a hablar del cuidado del medio ambiente, ¿sabéis lo que es eso?

Niños: Síííí.

Niña 1: El aire, el agua, las plantas, los animales.

Profesor: Muy bien, Gabriela, toda la naturaleza. Y nosotros mismos también, la gente también forma parte del medio ambiente.

Niño 1: ¿La gente? ¿Mi papá también?

Niños: ¡Jajajajaja!

Profesor: Venga, bueno, vosotros ya sabéis que últimamente nosotros, la gente, estamos haciendo cosas malas al medio ambiente, ¿sabéis por qué?

Niño 2: Porque vamos en coche a todas partes.

Niña 2: Sí, y en avión. Y tenemos muchas fábricas.

Niño 1: Y comemos muchas hamburguesas.

Niños: ¡Jajajajajaja!

Profesor: Eso es, bueno, y algunos de esos problemas ya sabéis que son la contaminación, la desaparición de animales y plantas, los incendios de los bosques, el efecto invernadero y muchas cosas más. Pero hoy vamos a hablar de un problema muy cercano a nosotros, el problema de los residuos. ¿Sabéis lo que son los residuos?

Niños: Nooooooo.

Niño 2: ¡Yo sí, yo sí! La basura, los residuos son la basura.

Profesor: Muy bien, Vicente, la basura. ¿Qué hacer con la basura? Si se quema, contamina el aire. Si se entierra, contamina el suelo, la tierra. Y si se tira a los ríos, los mares o los lagos, ¿qué pasa?

Niña 2: Pues que se contamina el agua y luego no la podemos beber.

Profesor: Eso es, María. Para que veáis cuánto tiempo tarda en desaparecer la basura de la naturaleza vamos a jugar al contaminómetro. Aquí tengo una bota de piel (de cuero), una lata de bebida, una hoja de papel, una botella de vidrio, un bote de plástico, una caja de madera y un plátano. Si tiramos algo de esto en un bosque, ¿cuánto tiempo tarda en desaparecer? A ver, ¿qué desaparece antes?

Niña 1: El plátano.

Niño 2: No, no, el plátano, no. El papel.

Profesor: Vale, vale. En realidad, los dos tenéis razón. La materia orgánica, es decir, el plátano, tarda 3 o 4 semanas en desaparecer. Y el papel tampoco contamina mucho, desaparece después de un mes. Así que la materia orgánica, es decir, el plátano y el papel es lo que menos contamina. Bien, ¿y qué creéis que tarda más en desaparecer? ¿Qué es lo que más contamina?

Niño 1: El plástico, las botellas de plástico.

Niños: Sí, sí, el plástico.

Profesor: Pues no. El plástico tarda 1000 años en desaparecer, que es muchísimo, ¿verdad? Pero el vidrio tarda más, tarda 4000 años.

Niño 1: ¿4000? Es muchísimo.

Profesor: Muchísimo, sí, Daniel, un montón. Y las latas de bebida también tardan bastante, unos 100 años.

Niña 2: ¿Y qué tarda más: la madera o el cuero?

Profesor: ¿Tú qué crees?

Niña 2: Yo no sé.

Niña 1: Yo creo que tarda más el cuero porque yo veo muchos zapatos tirados en el campo.

Profesor: Ja, ja, ja, sí, sí. Tiene razón Gabriela. La madera contamina menos porque una caja de madera desaparece después de 10 años pero una bota de cuero tarda 40. Bueno, y ahora vamos a pensar, ¿qué conclusiones podemos sacar de todo esto para cuidar nosotros el medio ambiente? Poneos en grupos de tres...

En línea con
2. ¿Qué tiempo hace?
a

Locutora: Hoy vamos a proponer a nuestros radioyentes un viaje, un fantástico viaje a América del Sur. Nosotros aquí estamos en Madrid, muertos de calor, normal siendo 22 de agosto. Pero nos vamos a ir a cuatro ciudades de América del Sur. Nos vamos a Cumaná, a Potosí, a San Pedro de Atacama y a Río Grande. ¿Las conocen? ¿Han oído hablar de esas ciudades? ¿Saben dónde están? ¿No? Pues vengan, vengan con nosotros. En la radio todo es posible.

Locutora: ¿Cumaná? ¿Cumaná?

Venezolano: Sí, aquí Cumaná. Hola, hola, ¿qué tal?

Locutora: Bien, Bien. Cumaná, ¡qué bien suena! ¿Dónde estás exactamente?

Venezolano: Bueno, pues desde la ventana veo el mar Caribe.

Locutora: ¡Qué suerte! ¡El Caribe!

Venezolano: Sí, chévere. Cumaná es la capital del Estado de Sucre, en el norte de Venezuela. Una bellísima ciudad, hermosísima.

Locutora: Bien, bien. Muchas gracias, no te vayas, sigue ahí, que ahora vamos a saludar a nuestra próximo colaborador.

Español 1: Sí, sí, aquí hablamos desde la ciudad de Potosí.

Locutora: Bienvenido. ¡Potosí! En Bolivia, ¿no? Pero, ese acento no es boliviano...

Español 1: Es verdad, soy español, pero llevo ya diez años enamorado de esta tierra de Bolivia. Y, efectivamente, Potosí está en el sur de Bolivia, en la cordillera de los Andes. Estamos hablando de una de las ciudades más altas del mundo. Yo estoy ahora mismo en la plaza principal de la ciudad, a exactamente 3826 metros sobre el nivel del mar.

Locutora: ¡Qué barbaridad! Potosí, una ciudad legendaria. Bien, gracias, ahora volvemos a Potosí, pero ahora nos vamos un momento a San Pedro de Atacama, donde está Fernando, otro periodista español enamorado de América.

Español 2: Aquí Fernando. Hola desde el desierto de Atacama, el desierto más árido del planeta. Un lugar ciertamente privilegiado en el norte de Chile, entre los Andes y la costa del océano Pacífico.

Locutora: ¡Impresionante, impresionante el desierto de Atacama! Pero un segundito que tenemos que continuar nuestro viaje. Vamos a ir ahora al último punto de nuestro recorrido, que es Río Grande.

Argentina: Sí, acá Río Grande, en el extremo sur de la Argentina, en la isla Grande de Tierra del Fuego, una auténtica maravilla.

Locutora: ¿Han visto señoras y señores qué fantástico viaje les hemos preparado? Desde la calidez del Caribe a las frías aguas del extremo sur del océano Atlántico, hemos atravesado desiertos, selvas y altísimas montañas. Ahora vamos a pensar en el tiempo que hace en esos lugares, para ir entrando en ambiente.

c

Locutora: A ver, ¿qué tiempo hace ahora en Cumaná?

Venezolano: Bueno, pues ahora, en agosto, estamos en época de lluvias. Y ahora mismo está lloviendo bastante. Hay 30º pero la sensación de calor es más porque hay mucha humedad. Y por la noche solo bajaremos a unos 23º, así que bastante calor aquí por el Caribe.

Locutora: Bien, calor en el Caribe, ¿y en Potosí?

Español 1: Bueno, pues en Potosí no llueve. Tenemos un día muy soleado pero está haciendo bastante frío. Ahora mismo estamos a unos 10º pero por la noche bajará de cero.

Locutora: ¡Uy, qué frío en Potosí! Claro, allí es invierno y aquello está tan alto, allí en los Andes, ¿y qué nos van a decir desde San Pedro de Atacama?

Español 2: Pues aquí también es invierno, pero la verdad es que no hay mucha diferencia de clima entre invierno y verano. Ahora mismo en San Pedro tenemos 18º, pero la temperatura cambia mucho del día a la noche. Por la noche podemos tener 4º y por el día 22º.

Locutora: ¡Claro, el desierto! ¡Qué diferencias! ¿Verdad?

Español 2: Sí, sí, el clima aquí es muy especial. En el centro del desierto se han registrado periodos de 300 años sin llover y las temperaturas mínimas pueden llegar a -25º y las máximas a 45º. Pero, vamos, aquí en el pueblo, en San Pedro, no es tan extremo.

Locutora: ¡Increíble! Bueno, del desierto nos vamos al invierno, a la Patagonia argentina.

Argentina: Hola de nuevo, desde Río Grande. Acá tenemos la temperatura más baja. Ahora mismo está haciendo 2º y la sensación térmica es de mucho frío porque tenemos un 100% de humedad.

Locutora: Muy bien, pues ahora ya saben qué tiempo hace el 22 de agosto en esos lugares, cada vez es más real nuestro viaje, ¿no? ¿Hablamos ahora de gastronomía? ¿Qué se come por allá?

UNIDAD 17

Primera línea
2. ¿Bolso o bolsillo?
b

Iñaki: Oye, Paloma, ¿por qué llevas siempre un bolso tan grande?

Paloma: Pues, porque me gusta tenerlo todo a mano. Nunca se sabe qué puede pasar...

Iñaki: ¿Y qué llevas... la cocina y un paracaídas?

Paloma: Pues, cosas necesarias, mira, llevo muchas llaves... Por ejemplo: esta es la de la oficina, esta la del garage de mi casa, esta la del portal, esta la de la puerta de mi piso, esta pequeñita, la del buzón, esta la del coche, esta otra pequeñita la de mi maleta de viaje...

Iñaki: ¿En serio que llevas la llave de tu maleta de viaje?

Paloma: Pues sí... Y, claro, también llevo mi billetero, bueno, mi cartera.

Iñaki: ¡Madre mía, qué cartera!

Paloma: Sí, me gustan las carteras grandes con muchos bolsillitos, así puedo llevar dinero y toda la documentación. Mira: el DNI, las tarjetas de crédito, el abono de la piscina, la tarjeta de transportes públicos, el carné de la biblioteca, un calendario pequeño, la tarjeta del supermercado...

Iñaki: ¿Y el carné de conducir?

Paloma: No, ese lo llevo en el coche. ¡Ah! ¡Y también llevo una foto de mis sobrinos! ¡Mira qué guapos!

Iñaki: Pues, sí que son guapos... se parecen a su tía...

Paloma: Mira, otra cosa que llevo siempre conmigo es el cargador del móvil y el teléfono, claro.

Iñaki: ¿Pero ese chisme no pesa mucho?

Paloma: No, es de los pequeños... Pero es que una vez me quedé sin batería mientras hacía una entrevista telefónica y no quiero que me vuelva a pasar...

Iñaki: Oye, ¿y esta bolsita verde qué es?

Paloma: Pues esto es un ajo.

Iñaki: ¿Un qué?

Paloma: Sí, un ajo, una vez estuve en Galicia y me dijeron que era un amuleto contra el mal de ojo.

Iñaki: No me lo puedo creer, ¿tú crees en esas cosas?

Paloma: No sé, nunca se sabe... Mira, esta es mi agenda, es preciosa, me la regaló un amigo, ¿te gusta? No puedo vivir sin ella. Me encantan los cuadros de Gustav Klimt y por eso me la regaló. Mira, están casi todos... cada semana, uno diferente.

Iñaki: Es muy bonita, sí...

Paloma: Y también llevo... un paraguas, y... una barra de labios, y... aspirinas, y... pañuelos de papel, y... tres o cuatro bolígrafos y...

Iñaki: Sí, sí, ya veo que son cosas muy necesarias... Fíjate, pues yo lo llevo todo aquí en la Blackberry: agenda, teléfono, música, fotos...

Paloma: Ya... es que yo sigo siendo muy «analógica». Con decirte que en el coche llevo cintas...

Iñaki: ¿En serio? Pues yo tengo hasta libros en este aparatito...

Paloma: Hablando de libros, yo también llevo un libro en el bolso. Mira ahora estoy leyendo *La censura cinematográfica en España*, un libro muy interesante... ya sabes que me gusta mucho el cine. A ver... ¿y tú no llevas nada más en los bolsillos, aparte de la berry esa?

Iñaki: Sí, llevo esta mini carterita con la tarjeta de transporte y una tarjeta de crédito; luego, dinero suelto, las llaves de casa, un *pen drive* de 4 GB y nada más...

Paloma: ¿Un qué?

Iñaki: Un lápiz de memoria. Mira.

Paloma: ¡Ah sí!... Yo también tengo uno en la oficina, pero no lo llevo en el bolso. El mío me lo regalaron unos bodegueros y tiene forma de botella de vino. Oye, ¿y no llevas documentación?

Iñaki: Pues no... hasta nunca me la han pedido... Oye, tienes que enseñarme ese lápiz de memoria que debe ser muy gracioso, ¿no?

Paloma: Claro, ven que lo tengo aquí... Oye, tienes que llevar la documentación porque ya verás el día que te la pidan que...

Entre líneas

3. Me han robado la cartera

a

Mario: Hola, buenas tardes. Venía a denunciar un robo, que me han robado la cartera.

Policía: Muy bien, siéntese ahí. Le voy a tomar los datos y a hacer una serie de preguntas.

Mario: Vale. Muy bien.

Policía: Dígame su nombre, apellidos, edad, n.º de DNI, dirección... o mejor, déjeme ver su DNI.

Mario: No, es que no lo tengo... porque me han robado la cartera y lo llevaba allí.

Policía: ¡Ah! Sí, perdón, que le han robado la cartera. Bien, ¿dónde le han robado?

Mario: Creo que ha sido en la calle Preciados, al lado de El Corte Inglés.

Policía: Claro... lo típico, ¿y cómo ha sido?

Mario: Pues ha sido hace un par de horas. Resulta que dejé la cartera en el suelo un minuto mientras mi compañero y yo hacíamos una entrevista.

Policía: ...y lógicamente un minuto después la cartera ya no estaba, ¿no?

Mario: Efectivamente, pero todo ha sido muy rápido, yo pensaba que aquí en España estas cosas no pasaban...

Policía: ¿De dónde es usted?

Mario: Soy de Brasil y soy periodista y estoy de becario en la Agencia ELE, ¿la conoce?

Policía: No, no tengo el gusto, lo siento. Bien. A ver, vamos ahora con la cartera que le han robado. Se trata de una cartera de documentos, de libros, ¿no?

Mario: Sí, sí de las que se llevan colgadas, así, cruzada...

Policía: Cartera tipo bandolera, muy bien, ¿de qué color era?

Mario: Marrón, era una cartera marrón, muy vieja y gastada.

Policía: Muy bien. Y el material, ¿de qué material era?

Mario: Pues de piel, de piel fuerte, rígida... ¿se dice de piel o de cuero?

Policía: Creo que eso es de cuero. Y el tamaño, ¿cómo era?

Mario: Pues una cartera bastante grande y con muchos bolsillos.

Policía: ¿Era de alguna marca en especial?

Mario: Pues, no, no... Me la compré hace muchos años en un mercadillo de artesanía, en Río de Janeiro.

Policía: Bien... cartera hecha a mano, sin marca... ¿Y qué llevaba?

Mario: Pues un montón de cosas... llevaba mi móvil.

Policía: Un teléfono móvil, ¿de qué marca?

Mario: Es un Nokia sencillo, pero no sé cómo se llama el modelo.

Policía: Muy bien, ¿qué más cosas?

Mario: También una billetera con mi tarjeta de identificación, una tarjeta VISA, unos 80 euros, algunas monedas...

Policía: ¿Ya ha llamado a su banco para cancelar su tarjeta?

Mario: Pues no... es que me he venido corriendo a la comisaría y no he tenido tiempo...

Policía: Pues hágalo inmediatamente. A ver si aún llegamos a tiempo y todavía no le han robado el dinero de su cuenta...

Mario: Bueno... tiene razón, voy a llamar inmediatamente...

Policía: Bien, ¿algo más que declarar?

Mario: Sí, también llevaba las llaves de mi casa, una agenda, una carpeta con papeles del trabajo, un bocadillo de jamón, ¡¡¡qué hambre!!!... un periódico y no sé qué más... ¡Ah! ¡Creo que también llevaba mi cámara de fotos! Por favor, encuentren la cartera antes de mañana, por favor, si no no puedo ir a Sevilla y es muy importante...

Policía: Haremos lo que podamos, pero no se haga muchas ilusiones. Yo, en su lugar, me preocuparía más por la documentación personal.

Mario: Muchas gracias, señor agente, y avíseme cuando sepa algo.

Policía: De nada, estamos a su servicio. Déjeme, por favor, un número de contacto.

Mario: Sí, tome nota: es el 657 45... ¡Ah! Pero si no tengo el móvil... a ver le dejo el de la oficina: 91 34...

4 Titulares

e

1 Mario: Perdone, por favor, una pregunta...

Señor: No, no, yo no quiero salir en la tele.

2 Mario: Hola, perdona, ¿te puedo hacer una pregunta? Es para el dominical de Agencia ELE.

Chico: Vale, venga.

Mario: ¿Cuál ha sido para ti la noticia de la semana?

Chico: ¿De esta semana? Hombre, está claro, la muerte de Michael Jackson.

Mario: ¿Por qué?

Chico: Hombre es, bueno, era el rey del pop. Creo que hemos perdido a la estrella de la música más importante desde los Beatles.

Mario: Vale, muchas gracias.

3 Mario: Hola, buenos días, una pregunta...

Señora: Diga, diga.

Mario: ¿Usted cuál diría que es la noticia de la semana?

Señora: ¡Huy!, pues el calor, este calor. Que estamos teniendo 42 y 43 grados, hijo. Que una ola de calor como esta no se recuerda. No lo digo yo, ¿eh?, que lo han dicho en las noticias, que este mes de julio se han batido todos los récords. Y es que tanto calor es muy malo para la salud. Para los ancianos, por ejemplo es malísimo... Y el ayuntamiento dice que va a ayudar, ¿sabes?

Mario: Sí, sí, muy amable, señora, muchas gracias.

4 Mario: ¿Cuál ha sido para ustedes la noticia de la semana?

Señor: Para mí, la reunión de los Jefes de Estado y de Gobierno de los países iberoamericanos.

Señora: ¿Tú crees que esa es la noticia de la semana?

Señor: Es que me parece que ahí se toman decisiones importantes que luego nos afectan a todos...

Mario: Pero para usted, señora, la noticia de la semana es otra, ¿no?

Señora: Sí, claro, los incendios. He leído que este año el número de incendios ha aumentado muchísimo. ¡Nos estamos quedando sin bosques! ¡Qué mundo les vamos a dejar a nuestros hijos?

Señor: Sí, tienes razón, esa noticia también es muy importante.

Mario: Bueno, muchas gracias a los dos.

5 Mario: Hola, ¿tenéis un momento? Es para el dominical de Agencia ELE.

Chica 1: ¡Ah, vale!

Mario: ¿Cuál creéis que es la noticia de la semana?

Chica 1: Para mí, lo más importante ha sido lo de Michael Jackson. A mí me ha impresionado mucho, la verdad. Y creo que ha impactado al mundo entero, porque era muy joven.

Chica 2: Esa noticia es impactante, pero ¿importante? Para mí, importante es que se está quemando media España. ¿No lo has visto en el telediario? Tenemos unos veranos más extremos que nunca, y todo es por el cambio climático, claro. Y, bueno, si se quema el campo, mucha gente lo pierde todo... Eso, comparado con la muerte del músico...

Chica 1: Bueno, mujer, es que no es un músico cualquiera...

Mario: Vale, vale, muchas gracias a las dos.

En línea con

2 El dominical

b

Mujer 1: Para mí un domingo sin *El País Semanal*, no es domingo. Ni el resto de la semana porque me dura toda la semana... es mi ventana al mundo.

Hombre 1: Yo leo *El País Semanal* por dos razones. La primera es la variedad de sus reportajes, creo que siempre hay uno o dos que te interesan. Son muy diferentes entre ellos y eso es lo que me gusta. La segunda razón es que te entretiene el domingo, ya puede ser un domingo de resaca en casa, de piscina o de playa. Es un buen entretenimiento, te alegra los domingos.

Mujer 2: Para mí *El País Semanal* es como el café de los domingos. Huele bien, huele a café recién hecho, sabe a tostada... No sé, es un placer, un compañero imprescindible del fin de semana.

Hombre 2: Es el referente de las revistas... de los periódicos. Bueno, de las revistas semanales de los periódicos.

Mujer 3: *El País Semanal* para mí es un suplemento de cultura, información, política que leo los domingos y que acabo de leer entre semana porque los domingos no me da tiempo a leérmelo entero.

Hombre 3: *El País Semanal* es un magazine que dan los domingos y la verdad es que es muy interesante porque se trata de ciertos temas y de ciertas entrevistas, de personajes de actualidad con una mayor profundidad. Marca una diferencia bastante grande y muy interesante.

Mujer 4: Es el ritual de cada mañana, *El País*, el desayuno y a empezar el día.

Mujer 5: *El País Semanal* para mí es información, el fin de semana, aprender un poquito más, saber un poco más de lo que pasa en el mundo y empezar la semana con más información de la vida.

Mujer 6: Para mí *El País Semanal* es domingo, domingo, domingo... ¡Un buen domingo!

Mujer 7: El único desayuno tranquilo de toda la semana. Un ritual que dura aproximadamente hora y media.

Entre líneas

2. ¿Te puedo pedir un favor?
b

1 Sergio: ¡Uf!, ¡Qué frío!, ¿eh? Parece mentira, en esta época. De día hace calor, pero ahora, ¡uf! yo estoy helado, vamos, que tengo un frío…

Vecino 1: Enseguida enciendo el fuego.

2 Sergio: Oye, Teresa, mira es que, necesito ir al río para hacer unas fotos y… está bastante lejos, la verdad. Si voy andando se va a hacer de noche… ¿puedo pedirte un favor? ¿Me dejas tu coche? Va a ser solo un momentito, pero, bueno, si lo necesitas tú…

Vecina 2: Sí, no hay problema, toma las llaves, pero no tiene mucha gasolina, ¿eh?

3 Sergio: Me encuentro fatal, no sé qué me pasa… Perdona, ¿tienes una aspirina? Es que me duele mucho la cabeza.

Vecino 3: Sí, claro, toma.

4 Sergio: ¡Madre mía! ¡Cómo llueve! Pues tengo que ir un momento a casa de Teresa. Pues, no sé, umhhh… ¿Puedes dejarme un paraguas?

Vecino 1: Lo siento, es que se me rompió el otro día, pero si quieres te dejo un impermeable…

4. Alojamientos para todos los gustos
b

Padre: Mira, esta casa está muy bien y tiene columpios para los niños…

Madre: Sí, el jardín está muy bien, pero, no sé, una casa rural, ¡tenemos que cocinar! Me gustaría descansar un poco…

Padre: Pero, entonces, tenemos que buscar un hotel…

Madre: Bueno, un hostal pequeño, con restaurante.

Padre: Como este, Hostal Restaurante Pirineos.

Madre: No, este no. No tiene jardín y está en el centro del pueblo.

Padre: De acuerdo… ¿Y este? Hostal Residencia Paz: es pequeño, está en el campo, tiene jardín ¡y con piscina! Y tiene restaurante.

Madre: Sí, este es el que me gusta más. Pero tenemos que llamar, porque no sé si está cerca del pueblo, y la piscina, en mayo, no sé, quizá no está abierta…

Padre: Y la televisión, pregunta si las habitaciones tienen televisión, que es la final de la Champions…

5. Quería hacer una reserva
a

Recepcionista: ¿Dígame?

Madre: Hola, buenos días. Quería hacer una reserva para la primera semana de mayo. Del 31 de abril al 5 de mayo.

Recepcionista: Un momento, por favor. Sí, tenemos habitaciones libres. ¿Cuántas personas?

Madre: Somos siete personas: dos parejas y tres niños.

Recepcionista: ¿Los niños duermen juntos?

Madre: Sí, sí, los tres juntos.

Recepcionista: Entonces, ¿son dos habitaciones dobles y una triple?

Madre: Sí, dos dobles y una triple.

Recepcionista: Muy bien. ¿Quieren alojamiento y desayuno?

Madre: Pues, habíamos pensado comer fuera, pero cenar en el hostal, ¿es posible?

Recepcionista: Claro, claro, media pensión, entonces.

Madre: Sí, eso es, media pensión. ¿Cuánto cuesta cada habitación?

Recepcionista: Pues las dobles, con media pensión, son 80 euros y la triple, 95.

Madre: Muy bien. Una pregunta, ¿las habitaciones tienen televisión?

Recepcionista: Sí, todas y baño también.

Madre: ¿Y el pueblo está muy lejos?

Recepcionista: No, son diez minutos a pie, un paseíto.

Madre: ¡Ah! Muy bien. Y en mayo, ¿la piscina está abierta?

Recepcionista: Sí, sí, abrimos la piscina esa semana precisamente.

Madre: De acuerdo.

Recepcionista: ¿A nombre de quién hago la reserva?

Madre: María Palomo García.

Recepcionista: Muy bien. Por favor, tiene usted que confirmar la reserva 15 días antes de su llegada. ¿Me da un teléfono de contacto, por favor?

Madre: Claro, 93 478 65 12

Recepcionista: Muchas gracias, señora Palomo.

Madre: A usted.

En línea con

2. Buenos vecinos
c

Consulta 1

Telefonista: Buenos días, ¿en qué puedo ayudarle?

Hombre: Hola, buenos días. Quería saber si puedo ir con mi perro a la playa, porque no sé, la gente me mira mal y no sé si está prohibido…

Telefonista: Espere un momento, que consulte la normativa municipal…, sí, aquí está, le leo: Se prohíbe el paso o permanencia de perros, gatos y otros animales de compañía en las playas durante la temporada alta, que comprende los días de Semana Santa, todos los fines de semana de abril a octubre y del 1 de junio al 16 de septiembre.

Hombre: Entonces, ahora sí puedo, ¿no?

Telefonista: Sí, ahora en octubre sí se puede, pero solo los días de diario, el fin de semana, no.

Hombre: Muy bien, muchas gracias.

Telefonista: De nada, adiós.

Consulta 2

Telefonista: Buenos días, ¿en qué puedo ayudarle?

Mujer: Mire, es que tengo un problema porque a mí me gustan mucho las plantas y tengo el balcón precioso con muchas flores, que da gusto verlo. El caso es que tengo una vecina que siempre me riñe cuando estoy regando y dice que me va a denunciar, que aquí no se puede regar a cualquier hora. Y yo quería saber si es verdad que hay un horario para regar las plantas o no.

Telefonista: Pues sí, es verdad, hay un horario para regar las plantas. Espere un momentito y lo busco…, eso es: de 10 de la noche a 7 de la mañana. Además, usted tiene que tratar de no mojar a quienes pasan por la calle. ¡Ah! Y ese es el horario también para sacudir alfombras o ropa.

Mujer: ¡Qué curioso! Pues no lo sabía, la verdad. O sea, que tengo que regar las plantas por la noche.

Telefonista: Sí, señora, a partir de las 10 puede usted regar las plantas, con un poquito de cuidado para no molestar…

Mujer: Sí, sí, claro, si eso siempre lo hago, lo que pasa es que no sabía lo del horario… Bueno, pues ya está, muchas gracias, señorita.

Telefonista: De nada, adiós.

Consulta 3

Telefonista: Buenos días, ¿en qué puedo ayudarle?

Hombre: Hola, buenas. Yo quería saber si hay una normativa municipal sobre los animales que se pueden tener en una casa. Mire es que soy el presidente de mi comunidad de vecinos y en el cuarto piso vive una familia, con dos niños pequeños, y tienen además, cuatro perros, dos tortugas, dos conejos y varios pollitos, en fin, un zoológico. Los olores, sobre todo ahora en verano son muy fuertes, los perros ladran mucho y, en definitiva, es bastante molesto. Algunos vecinos se han quejado y yo, pues no sé si podemos hacer algo y por eso quería consultar…

Telefonista: Pero, ¿los animales están bien cuidados o están abandonados? ¿Los ladridos de los perros son persistentes? ¿Los olores son muy fuertes? ¿Estamos hablando de un problema de salud pública?

Hombre: No, hombre, de salud pública, no creo, es que huele un poco mal, sobre todo el ascensor, claro. Hasta donde yo sé, los animales están bien atendidos, pero claro, ¡son tantos…!

Telefonista: La ordenanza sobre protección, tenencia y venta de animales regula las condiciones en las que se debe tener a los animales domésticos y de compañía, en su capítulo 2. No se establece un número límite, pero sí se indica el espacio del que deben disfrutar estos animales y también las condiciones de higiene y seguridad para ellos y para el resto de los vecinos.

Hombre: Entiendo, sí…

Telefonista: Si ustedes consideran que las molestias son muy grandes, por los olores o los ruidos, deben comunicárselo, en primer lugar, a los dueños de los animales. En el caso de que no tomen las medidas oportunas, deben denunciar los hechos ante la policía municipal, para que valore las molestias y se tomen las medidas oportunas.

Hombre: O sea, que no dice el número de animales que se pueden tener en casa…

Telefonista: No, no, no, no, no, eso depende de las condiciones de la vivienda, claro.

Hombre: Ya, no sé, es que yo pensaba que cuatro perros en una casa y, además los otros bichos, pues… Bueno, pues muchas gracias, eso era todo.

Telefonista: Adiós, muchas gracias.